山西省高等教育"1331工程"提质增效建设计划
服务转型经济产业创新学科集群建设项目系列成果

生产要素流动视角下城乡一体化发展机制研究

韩媛媛 ◎ 著

Research on the Urban-Rural
Integrated Development Mechanism
from the Perspective of the Flow of

PRODUCTION
FACTORS

中国财经出版传媒集团

经济科学出版社
Economic Science Press

图书在版编目（CIP）数据

生产要素流动视角下城乡一体化发展机制研究/韩
媛媛著 . —北京：经济科学出版社，2023.6
ISBN 978 - 7 - 5218 - 4792 - 5

Ⅰ.①生…　Ⅱ.①韩…　Ⅲ.①城乡一体化 - 发展 - 研
究 - 中国　Ⅳ.①F299.21

中国国家版本馆 CIP 数据核字（2023）第 095501 号

责任编辑：杜　鹏　常家凤
责任校对：郑淑艳
责任印制：邱　天

生产要素流动视角下城乡一体化发展机制研究
韩媛媛　著
经济科学出版社出版、发行　新华书店经销
社址：北京市海淀区阜成路甲 28 号　邮编：100142
总编部电话：010-88191217　发行部电话：010-88191522
网址：www. esp. com. cn
电子邮箱：esp@ esp. com. cn
天猫网店：经济科学出版社旗舰店
网址：http://jjkxcbs. tmall. com
固安华明印业有限公司印装
710×1000　16 开　17 印张　280000 字
2023 年 6 月第 1 版　2023 年 6 月第 1 次印刷
ISBN 978 - 7 - 5218 - 4792 - 5　定价：88.00 元
（图书出现印装问题，本社负责调换。电话：010 - 88191545）
（版权所有　侵权必究　打击盗版　举报热线：010 - 88191661
QQ：2242791300　营销中心电话：010 - 88191537
电子邮箱：dbts@ esp. com. cn）

山西省高等教育"1331工程"提质增效建设计划服务转型经济产业创新学科集群建设项目系列成果

编委会

主　编　沈沛龙

副主编　张文龙　王晓婷

编　委　（按姓氏拼音为序）

崔　婕　韩媛媛　李爱忠　沈沛龙　王国峰

王建功　王　琳　王晓婷　张文龙　朱治双

总　序

山西省作为国家资源型经济转型综合配套改革示范区，正处于经济转型和高质量发展关键时期。山西省高等教育"1331工程"是山西省高等教育振兴计划工程。实施以来，有力地推动了山西高校"双一流"建设，为山西省经济社会发展提供了可靠的高素质人才和高水平科研支撑。本成果是山西省高等教育"1331工程"提质增效建设计划服务转型经济产业创新学科集群建设项目系列成果。

山西财经大学转型经济学科群立足于山西省资源型经济转型发展实际，突破单一学科在学科建设、人才培养、智库平台建设等方面无法与资源型经济转型相适应的弊端，构建交叉融合的学科群体系，坚持以习近平新时代中国特色社会主义思想为指导，牢牢把握习近平总书记关于"三新一高"的重大战略部署要求，深入贯彻落实习近平总书记考察调研山西重要指示精神，努力实现"转型发展蹚新路""高质量发展取得新突破"目标，为全方位推动高质量发展和经济转型提供重要的人力和智力支持。

转型经济学科群提质增效建设项目围绕全方位推进高质量发展主题，着重聚焦煤炭产业转型发展、现代产业合理布局和产学创研用一体化人才培育，通过智库建设、平台搭建、校企合作、团队建设、人才培养、实验室建设、数据库和实践基地建设等，提升转型经济学科群服务经济转型能力，促进山西省传统产业数字化、智能化、绿色化、高端化、平台化、服务化，促进现代产业合理布局集群发展，推进山西省产业经济转型和高质量发展，聚焦经济转型发展需求，以资源型经济转型发展中重大经济和社会问题为出发点开展基础理论和应用对策研究，力图破解经济转型发展中的重大难题。

山西省高等教育"1331 工程"提质增效建设计划服务转型经济产业创新学科集群建设项目系列成果深入研究了资源收益配置、生产要素流动、污染防控的成本效益、金融市场发展、乡村振兴、宏观政策调控等经济转型中面临的重大经济和社会问题。我们希望通过此系列成果的出版,为山西省经济转型的顺利实施作出积极贡献,奋力谱写全面建设社会主义现代化国家山西篇章!

编委会

2023 年 6 月

前　言

　　城乡关系问题自古有之。随着我国工业化和城市化的推进，特别是进入快速城镇化阶段，农村资源大量流出，城乡差距扩大，"三农"问题凸显，成为经济持续健康发展的严重障碍。对于如何解决这个问题，党和国家一直非常关注，从特色城镇化到新型城镇化，从"统筹城乡发展""城乡一体化"到"城乡融合"，思想与战略在探索中一次次深化和升华；从新农村建设到乡村振兴，实施方略与配套工程在实践中一步步拓展与完善。与此同时，学术界针对城乡关系问题的研究成果也层出不穷，学者们争相从各个学科、各个角度阐释城乡关系问题的症结所在并寻求解决之道。目前来看，在城乡良性互动中实现城乡一体化发展是实现城乡融合目标的途径，这一观点已成为各界的共识，但如何从机制层面全面、深入地理解与推进城乡一体化发展，仍是值得详细探究的问题，寻找新的视角、引入新的方法进行突破势在必行。

　　城乡之间生产要素的自由流动与合理配置，是实现城乡一体化与城乡融合的基本途径，城乡劳动力、资本、土地、技术等要素的流动态势决定城乡一体化的发展程度，而各种生产要素之间又是相互作用、相互制约的，每种生产要素的合理配置又取决于城镇和农村两个方面，必须统筹考虑。本书将劳动力、资本、土地和技术四种生产要素纳入统一的分析框架，综合运用了系统动力学和系统论、新经济地理学、比较经济史、空间计量等多学科的理论与方法来解析与构建城乡一体化发展机制，包括城乡一体化的宏观机制、微观机制、动力机制、协调机制与推进机制等，以期为城乡一体化发展提供理论指导与政策支持。

　　本书以城乡要素流动为核心，按照城乡一体化"宏观机制、微观机制—动力机制、协调机制—推进机制与政策体系"的思路进行研究。首先，通过分析城乡一体化的一般规律、模式与逻辑，从宏观角度研究生产要素对城乡一体化的影响，作为宏观分析框架；运用新经济地理学从消费与生产决策出发构建数理经济模型，为城乡一体化问题研究提供微观基础。其次，在宏观机制和微观机制的基础上，围绕新型城镇化运用系统动力学方法分析城乡一体化的动力机制；以乡村振兴为核心构建城乡一体化协调机制。最后，在考虑动力机制和协调机制的基础上，统筹新型城镇化与乡村振兴战略以构建协同推进机制和政策体系。主要研究内容如下。

（1）发展逻辑与城乡一体化宏观机制研究。每个国家所处的发展阶段和实施的经济政策差异会对城乡生产要素流动产生不同影响，而城乡劳动力、资本、土地、技术等生产要素的流动态势将最终决定城乡一体化发展程度。该部分从比较分析世界各类代表性国家的发展历史与城乡关系的演变出发，探讨生产要素对城乡关系影响的宏观机制，并运用空间计量的方法对我国城乡一体化的时空演变特征进行分析。

（2）农村经济主体行为与城乡一体化微观机制研究。从微观角度看，城乡劳动力、资本、土地、技术等生产要素流动的原动力在于农村经济主体的行为，该部分主要从消费决策与生产决策出发，探索城乡一体化的微观机制，为城乡一体化研究建立微观基础。在研究过程中，运用新经济地理学的理论和方法，构建数理模型分析城乡一体化过程中生产要素的作用，并进行仿真模拟。

（3）新型城镇化与城乡一体化动力机制研究。在宏观机制和微观机制的基础上，分析城乡一体化的动力机制。城乡一体化发展取决于很多因素，从市场的角度看，城乡发展的主要动力还在于城镇化，但传统的城镇化导致城乡生产要素流动失衡，大量农村资源流向城镇，致使城乡差距扩大。该部分围绕新型城镇化，从农民工市民化、降低劳动力转移成本、资本与技术城乡转移和城乡土地流转等方面分析城乡一体化新动力机制，主要运用系统动力学的方法探索各个因素之间的相互作用和因果关系，构建系统动力学模型，并进行仿真和预测。

（4）乡村振兴与城乡一体化协调机制研究。以新型城镇化为核心的动力机制强调的是从城镇到农村的单方向力量，要实现城乡一体化发展，还必须有农村自身的发展和制度安排的配合，因此，要以乡村振兴为中心完善城乡一体化的协调机制。乡村振兴的关键是产业振兴，而产业振兴的关键在于农业现代化、非农产业和产业融合，其中非农产业作为中间环节意义重大。该部分以农村产业体系为核心构建了城乡一体化协调机制，其中政府起主导作用。

（5）城乡一体化推进机制与政策体系构建。推进城乡一体化发展必须要实现动力机制和协调机制的相互契合，而要把这种契合落实到操作层面上，需要统筹新型城镇化与乡村振兴。该部分以生产要素为核心研究了城乡一体化的推进机制，在强调市场与政府配合的基础上，构建包括要素核心层、产业政策层和保障政策层三个层面的政策体系，以促进生产要素在城乡之间合理流动，促进城乡一体化发展。

本书的特色在于：首选，将劳动力、资本、土地和技术纳入统一的分析框架，探讨城乡一体化的宏观机制、微观机制、动力机制、协调机制和推进机制，首次从一个机制体系的视角来全方位地研究城乡一体化。其次，运用新经济地理学的理论和方法，将空间因素和传统经济学相结合，从微观主体的经济行为出发，构建数理经济模型分析生产要素对城乡一体化的微观作用机制，为城乡一体化理论建立了微观基础。再次，从系统论的视角，运用系统动力学研究以新型城镇化为核心的城乡一体化动力机制，系统动力学的引入扩展了城乡一体化的研究方法。最后，基于城乡一体化的宏观机制和微观机制研究，结合新型城镇化和乡村振兴战略的互动，以劳动力、资本、土地和技术四要素的流动为导入点，构建城乡一体化的协同推进机制，将理论分析与实践相结合。

城乡一体化发展机制庞大而繁杂，要厘清它的体系与逻辑着实不易，本书力图寻找新的视角和方法，以期在城乡一体化机制研究方面有所贡献。

韩媛媛

2023 年 4 月

目　录

第一章　绪　论

我国在早期的工业化实践中，将农业现代化与农村发展放在了次要位置，在路径依赖效应作用下，久而久之形成了二元经济结构对立的格局，"三农"问题成为影响国民经济持续健康发展的主要因素。要走出城乡关系困局，必须找对路径。城乡一体化发展无疑给我们提供了一条思路。本书将基于四种生产要素在城乡之间的流动，在分析城乡一体化的宏观机制、微观机制的基础上，研究其动力机制和协调机制，最后构建和完善城乡一体化的推进机制与政策体系，以期为理论添砖加瓦、为实践提供些许参考。

第一节　研究背景

为了破除二元经济结构，促进城乡共同发展，在国家政策方面，从"统筹城乡发展""城乡一体化"到"城乡融合"战略步步推进。党的十七大之后，"城乡一体化"作为处理城乡关系的思想被提了出来；随后，在党的十八大等重要会议中"城乡一体化"的战略框架得到了完善与充实，为如何改善城乡关系指明了方向，也为农业农村的深度发展规划了路径。它的提出，有着深刻的历史与现实背景。中国自实行改革开放以来，工业化与城镇化并驾齐驱，城乡经济、产业结构、社会结构等方面都发生了巨大改变。一方面，工业化迅速推进，促进了现代工业体系的建设，带动国民经济发展取得了显著成效；另一方面，城市的极化作用导致劳动力、资本等生产要素大规模地从农村转移到城镇。然而，自工业化开始以来，工农业长期不平衡发展，导致农业效率低下、农村发展缓慢、农民收入微薄三种现象并存。目前，城乡发展不平衡、农村发展不充分的问题仍然存在，城乡二元结构依旧是建设社会主义现代化强国和经济高质量发展进程中最大的"拦路虎"。

除了出台有关城乡关系的政策，国家在城乡发展方面还采取了一系列举措，其中最典型的就是提出要推进新型城镇化和乡村振兴。城乡一体化发展目标的实现，必然与新型城镇化战略的实施和乡村振兴目标的实现有着密不可分的关系，这也是我们在理论研究中应当注意的一个方面。

《2019年新型城镇化建设重点任务》指出，"加快实施以促进人的城镇化为核心、提高质量为导向的新型城镇化战略"，"突出抓好在城镇就业的农业转移人口落户工作"，"构建大中小城市和小城镇协调发展的城镇化空间格局"。[①] 新型城镇化是现代社会发展的潮流所向，是推进城乡融合不可或缺的一个环节。城镇化是一个多维度的区域发展过程，这个过程将极大地改变人们的生产、生活方式。我国的"新型城镇化"，既不同于传统的单纯追求"高速"的实践，也有别于其他国家的探索，而是一个因时制宜、因地制宜的全新战略。这个战略，不仅要求城镇化发展要从"高速"转向"高质"、从"粗放"转向"集约"、从"土地拉动"转向"以人为本"，还要求要从"城乡失衡"转向"城乡统筹"，从经济、人口、空间、社会、生态以及城乡统筹等多方面提升城镇化质量，提高城乡一体化水平。

与新型城镇化战略相对应，我国在农村地区相继实施了以"新农村建设"和"乡村振兴"为主题的重要战略。2006年，中央一号文件首次明确了新农村建设的目标，同时也指出了其具体任务。这是一项涵盖了生产力与生产关系变革的伟大工程，既涉及农业生产方式的现代化，也绕不开农村土地流转、社会保障体系改革、农业组织形式创新等一系列关键问题。它的框架体系涉及政治、经济、文化、社会等多个方面。乡村的建设与振兴与城乡一体化发展的目标是一致的，二者都将消除城乡二元结构、解决"三农"问题、实现城乡协调发展作为目标。党的十九大之后，"乡村振兴战略"登上历史舞台，乡村振兴是城乡一体化发展的重要环节，同时，城

---

① 国家发展改革委. 国家发展改革委关于印发《2019年新型城镇化建设重点任务》的通知[EB/OL]. (2019-03-31)[2019-04-08]. https://www.gov.cn/xinwen/2019-04/08/content_5380457.htm.

乡一体化发展也是乡村振兴的目标与手段，两者是相辅相成、互促共进的。

目前，我国逐渐进入城乡融合发展的新时代，但仍然存在着许多不利于城乡融合的体制机制，城乡生产要素不能自由流动就是一个重要的制约因素。在这样的背景下，我们选择从生产要素流动的视角出发，结合新型城镇化和乡村振兴来研究城乡发展一体化发展机制问题，力图在城乡一体化机制理论研究方面有所突破，为实践提供理论借鉴。

第二节　文献综述

国内外关于城乡一体化的研究成果十分丰硕，本书分别从五个方面进行梳理：第一，城乡关系思想的演变；第二，城乡一体化的概念与测度；第三，要素流动对城乡一体化的影响；第四，城乡一体化（动力）机制；第五，空间角度的城乡一体化研究。

一、国外城乡一体化研究

由于发展阶段的差异，国外学者相对于国内学者对城乡关系、城乡一体化的探讨要早一些。对城乡一体化问题的讨论，一直伴随着城乡关系的演进过程。早在古典经济学时期，经济学家们就开始意识到了城乡发展的关系问题，在关于城乡发展的论述中，已然包含了城乡一体化、城乡协调发展的思想。伴随着经济发展和时代的变迁，有关城乡发展问题的讨论一直在延续，推动了理论的不断向前发展。

（一）源起：20 世纪 50 年代以前的城乡一体化思想

1. 亚当·斯密（Adam Smith）的城乡和谐发展思想

从 18 世纪后半期开始，伴随着西方经济学的兴盛与发展，古典经济学的重要代表人物——亚当·斯密（1776）就已经在其著名的经济学论著《国富论》中对城乡关系进行了简要论述。他的思想主要概括为两点：第一，城市和农村之间存在着密不可分的相互关系，农村扮演着城市生活资料和制造业原料提供者的角色，而城市为农村生产了制造业产品，两者是相互依存、互利共赢的。第二，为了城乡关系和谐发展，必须遵循自然发展规律和保持城乡比例协调（亚当·斯密，1999）。亚当·斯密的理论实际上反映了工业革命之初农村孕育城市阶段这样一个历史背景，此时城乡并没有出现明显的分离、对立局面，因而学者们对城乡关系的研究中几乎没有涉及城乡对立问题。

亚当·斯密以"绝对比较优势"理论为依托，解释了要素流动对城乡发展的影响。他认为，不同地区在要素禀赋方面的情况是不同的，有的地区在某些产品的生产方面存在着绝对比较优势，这样就会导致要素资源向这些地区、向这些拥有绝对比较优势的产品生产部门集中，由此导致地区间专业化分工的出现。他的绝对比较优势理论在一定程度上解释了城乡之间出现分工、出现分离与对立现象的原因。

2. 杜能（Thunen）的"孤立国"模型

从经济学角度或者说从经济地理学角度较早论述城乡关系的学者，除了亚当·斯密，还有一个重要的人物——德国经济学家杜能。杜能对一般经济理论的研究多师承亚当·斯密，除此之外，他在农业经济理论方面也造诣颇高。作为经济地理学的创始人，杜能（1926）对城乡关系问题的讨论体现在其著名的"农业经济中的孤立国假说"中。在经济地理学和农业地理学开篇之作——《孤立国》中，他将所有的自然因素排除在"孤立国"模型之外，只考虑离城市距离的远近对农业生产方式的影响，由此推导出了农业乃至工业的布局，这些理论后来成为农业区位理论的起点（杜能，1986）。杜能的"孤立国"理论，虽然与现实相去甚远，但是与亚当·斯密的理论相比，不仅注意到了城乡之间基于工农业互换的密切关系，还在对农业布局问题的讨论中将城乡看作了一体，企图通过工农业互换和理想化的工农业布局来实现城乡的一体化发展。杜能的这些理论可以说是早期城乡一体化问题研究的典范。

3. 空想社会主义者的"乌托邦"思想

空想社会主义者也关注城乡一体化问题，他们的研究是社会学领域的研究。早在1516年，空想社会主义的创始人、英国社会学家莫尔（More）就在他的名著《乌托邦》中虚构了一个人人平等、按需分配的财产公有制国家。① 在随后 3 个多世纪的时间里，关于"乌托邦"的讨论一直没有停息，伴随着 15 ~ 17 世纪地理大发现、科技的发展和达尔文进化论的出现，对"乌托邦"的讨论也逐渐从关注空间层面过渡到了关注时间层面，在空想社会主义者的言论中，"乌托邦"从最初的地理上遥远的理想国度逐渐演化为未来的理想社会。从早期意大利空想共产主义者堪培拉（Campanella）设想的"太阳城"到 18 世纪法国空想社会主义者贝巴夫（Babeuf）倡导的人人幸福且平等的美好社会，再到 19 世纪傅立叶（Fourier）的"法郎吉"、欧文（Owen）的"和谐新村"，"乌托邦"从争论变成了现实中的实践尝试。

随着资本主义工业化和城乡不平等发展，19 世纪的空想社会主义者们站在了批判城乡对立的角度来论述城乡一体化，他们设想了未来的和谐城乡，并试图通过改良的方法来消除城乡差别、协调工农业发展。例如，欧文（1817）认为，城乡对立关系的出现主要是由旧的分工体系导致的，要消除这种城乡差别，必须改变原有的分工体系，即消灭工农业的离散状态。为此，他设想了一种既能规避城市缺陷又能拥有农村优点的"和谐新村"，这实际上是城乡一体化模式的一种设想。虽然空想社会主义者的城乡一体化实践均以失败而告终，但他们消灭城乡差别、实现城乡和谐发展的设想对后来的唯物主义者产生了深远的影响，马克思、恩格斯即从中受益。

4. 马克思主义经典作家的城乡融合思想

（1）马克思、恩格斯的城乡融合理论。马克思和恩格斯（Marx and Engels，1844）认为，城乡关系的演变本质上是生产关系随生产力发展而演变的过程，要实现城乡融合，就要利用生产力的发展来满足社会成员的共同需要。关于城乡融合问题，马克思、恩格斯进行了以下四个方面的阐述。

第一，城乡融合具有必然性。从历史唯物主义出发，马克思、恩格斯认为，城乡融合具有必然性的原因在于城乡关系的本质。他们认为，城乡关系的本质是生产关系，因此，作为生产关系的城乡关系是由生产力水平决定的。也就是说，随着生产力水平的不断提高，城乡关系也将经历一个

---

① 《乌托邦》全名：《关于最完美的国家制度和乌托邦新岛的既有益又有趣的全书》。

演进的过程，他们认为这个过程就是从城乡分离、对立逐渐走向城乡融合的过程，这个过程不可能是短暂的，任务的艰巨性决定了演进的长期性。列宁指出，马克思和恩格斯关于城乡关系的论述中有一个"基本原理"，即城乡关系恶化不利于工农业在互相依存中协调发展，随着生产力的发展，城乡对立最终会消失。① 我们从共产主义社会理论中也可以看到这个"基本原理"的影子，在这个理论中，马克思积极倡导消灭城乡差别。可见，在马克思、恩格斯看来，城乡关系必然会经历城乡之间从分离与对立向融合发展的这样一个客观过程。

第二，揭示了城乡分离、对立的直接原因是旧的社会分工，因此，要实现城乡融合就必须变革社会分工体系。在《家庭、私有制和国家起源》中，恩格斯总结概括了社会分工的演变历史，其中，农业产生于最早的社会大分工，农村、农民随之出现；农业的大发展刺激了手工业的发展，由此带来了第二次社会大分工，手工业成为独立的产业。集市作为手工业者集中的场所，随着手工业规模的扩大而扩大，最终导致城市产生，城乡关系由此出现。马克思也指出，工商业和农业的分离最终作用到了城乡关系上，导致了城乡分离的后果。② 可见，在马克思、恩格斯的论述中，城乡分离的直接诱因非旧的社会分工莫属，城乡分离是不同阶级分别从事工农业的结果，所以说城乡分离是具有阶级根源的。那么，要想实现城乡融合，就必须消灭旧的社会分工、建立新的社会分工。在城乡融合思想最早的系统阐述——恩格斯的《共产主义原理》中就指出，为了每一个人都能得到全面发展，必须进行分工的变革，而这种分工变革的空间表现形式就是城市与乡村两大人类聚集区的融合发展。

第三，要消灭城乡对立，除了改变旧的社会分工，还要在大力发展生产力的同时改变所有制的性质。马克思、恩格斯揭示了城乡关系的本质是生产关系随生产力发展而演变的过程，虽然生产力的发展是进步的，但是客观上却导致了城乡的分离和对立的不利后果，而资本主义私有制的存在

---

① 中共中央马克思恩格斯列宁斯大林著作编译局. 列宁全集（第四卷）[M]. 北京：人民出版社，1990：136.

② 中共中央马克思恩格斯列宁斯大林著作编译局. 马克思恩格斯全集（第三卷）[M]. 北京：人民出版社，1960：24－25.

更是让问题雪上加霜。① 马克思、恩格斯在《德意志意识形态》中也表达了这种思想。②

第四，实现城乡地位平等。马克思、恩格斯一生致力于实现个人社会地位平等、消灭阶级差别，他们不仅呼吁消灭阶级差别、实现个人社会地位平等，也致力于维护城市与农村地位平等。③ 马克思还在对农民贫困问题的考察过程中，揭示了农民贫困与政府管控之间的关系，这是他对城乡发展机制的一次有益的探索。马克思、恩格斯关于城乡关系方面的平等思想，是我们进行研究的思想基础，我们认为，城乡平等的一个重要表现就是要素平等，即要实现城乡要素的自由流动，本书正是基于这样的视角展开论述。

（2）列宁、斯大林（Lenin and Stalin）有关城乡关系问题的思想。列宁对待城乡对立的态度是要坚决消灭之，并将之作为共产主义建设的任务来执行。列宁倡导大力发展生产力，将生产力的发展作为实现城乡一体化的动力，他还倡议要让工业技术服务于农业。列宁的倡议实际上蕴含了以工补农的思想。

值得注意的是，斯大林（1985）特别指出，消灭城乡对立、工农对立并不意味着要消灭大城市，恰恰相反，新的大城市的出现是文化繁荣的标志，反而有利于农村的发展。这里，他提出了农村向城市看齐的要求，实际上是要求城乡之间在各方面应当是平等的，这与马克思、恩格斯的城乡融合思想是一脉相承的。

5. 空间规划学者的城乡一体化规划理论

在致力于解决拥堵、污染、疫病等城市病之时，西方城市规划学者们逐渐开始关注城乡在地理空间上的结合，由此形成了不少理论成果。从城市规划角度进行的研究有霍华德（Howard）的"田园城市"理论、赖特（Wright）的广亩城理论、盖蒂斯（Geddes）和芒福德（Mumford）的城乡一体规划理念等。

---

① 中共中央马克思恩格斯列宁斯大林著作编译局. 马克思恩格斯选集（第一卷）[M]. 北京：人民出版社，2012：104 - 105.

② 中共中央马克思恩格斯列宁斯大林著作编译局. 马克思恩格斯全集（第三卷）[M]. 北京：人民出版社，1956：57.

③ 中共中央马克思恩格斯列宁斯大林著作编译局. 马克思恩格斯文集（第九卷）[M]. 北京：人民出版社，2009：21.

（1）霍华德的"田园城市"学说。在英国，著名城市学者霍华德（1898）充分认识到城市和农村作为两个不同的空间区域各自都存在着明显的利弊之处，因此，有必要建立一种能够将城市生活与农村生活完美融合在一起的、同时拥有城乡优点的理想化结构——田园城市来规避城市和农村各自的缺陷。[①] 这种理想化的城市实际上是一种城乡接合的产物，也正是基于此，该理论模型的提出标志着现代城乡融合规划理论的建立。

（2）盖蒂斯（1904，1915）和芒福德的城市规划理论。英国学者盖蒂斯在研究中融入了人类生态学，强调人类行为在城市形成过程中的作用，他最突出的贡献是指出了区域内各生产要素之间存在着有机的联系，并论证了城市与所在地区的内在联系，这实际上是证明了城乡之间存在着基于要素层面的密切联系，因而建议应当树立城乡一体的规划理念。美国城市学家芒福德继承并发展了盖蒂斯的城市规划思想，他最重要的贡献是在区域规划中把城市和农村放在了同等重要的地位来看待，从空间角度强调城乡融合的重要性。

（3）赖特的"广亩城"理论和沙里宁（Saarinen）的空间积聚与扩散思想。赖特（1932）的"区域统一体""广亩城"发展模式也是在城市病背景下提出来的，是城市分散主义的代表，他所讲的"广亩城"是一种不同于城市的、半农田式的社团。芬兰学者沙里宁针对城市涌现出来的种种问题，提出了空间集聚与扩散的思想，他提倡建立多中心的、一体化城市群区域。

国外这些从空间规划角度进行的研究基本上是从城市规划角度出发的，这些理论虽然主张城乡融合发展，但城乡关系并不是这些理论研究的重点，他们强调农村、农业的发展并不是要把农村放在区域规划的中心，而是将农村的发展和农业的现代化作为经济发展、财富增长的重要条件和途径。不过，这些理论的发展及实践尝试为城乡融合的实现提供了选择路径。

总体来看，在 20 世纪 50 年代以前有关城乡关系问题的论述中，研究者

---

① 霍华德，在《明日，一条通向真正改革的和平道路》中提出了这个设想，并对"田园城市"做了细致的规划：一个田园城市占地 6 000 英亩，城乡占地比例是 1∶5；容纳 32 000 人居住，其中 2 000 散居于农村、30 000 集中于城市；城市的平面是圆形，六条主干道从中央公园出发将城区分为六个功能区域；等等。

关于城乡和谐发展、一体化发展问题的思路越来越清晰，讨论了城乡分离、对立背后的原因，并设计了一些实现城乡一体化的模式。第一，伴随着城乡分离与对立在西方国家的出现，这个时期的经济学家们明确了这样一个逻辑，即在经济发展过程中必须重视城乡之间的协调发展问题。第二，对于如何实现城乡一体化的发展，早期论述中有从经济地理角度进行的研究，也出现了有关生产要素对城乡一体化发展影响的讨论。早在古典经济学时期，亚当·斯密在讨论城乡关系问题的时候，已经触及了要素流动对城乡发展的影响这个问题，而且马克思、恩格斯在城乡融合思想中也谈到了生产要素问题，马克思、恩格斯认为，城乡之间在要素禀赋上确实存在明显差异，城市拥有较为充足的资本、技术等要素，而广阔的农村拥有更多的土地要素和劳动力资源，他们在讨论分工促进生产力发展问题的时候，也指出了劳动力要素在城乡间流动的重要意义。第三，早期的城乡一体化理论在如何实现城乡一体化发展的问题上，出现了两种不同的倾向：马克思主义经典作家们注重城乡之间的平等问题，特别强调要消除城乡对立的基础，而在城乡对立局面已形成的情况下，对农村发展的关注较多；另外一些研究者尤其是城市规划学者，虽然强调城乡融合发展的重要性，但是却把农村发展放在了城乡发展中的从属地位，这就为之后城市偏向论的发展埋下了伏笔。

（二）分化：20 世纪 50～70 年代的城乡一体化理论

20 世纪中后期之后，在讨论发展中国家城乡关系问题的过程中，城乡一体化发展理论被不断推进到新阶段，出现了二元经济结构理论、不平衡发展理论等多种论调。这些有关城乡发展的理论，都意识到了城乡协调发展的必要性，但有的理论偏向以城市为中心、将农村置于从属地位，有的则更为关注农村、农业的发展。

1. 具有城市偏向的研究

（1）二元结构论。针对发展中国家的城乡关系问题，西方学者提出了二元经济结构理论。在西方学者看来，二元经济结构对立是经济发展过程的必经阶段，是发展过程中出现的城市与农村在生产与组织方面的不对称现象（约翰·伊特韦尔等，1996）。"二元结构"的说法最早是 1953 年由荷兰社会学家伯克（Burke，1953）提出来的。他指出，印度尼西亚存在着二元社会结构。伯克的"二元结构"说一经提出就得到了许多西方学者的赞同，在经济学领域，众多的经济学家相继把"二元结构"引入了自己的理论，例如，刘易斯（Lewis，1954）的二元结构理论、拉尼斯和费景汉（Ranis and Fei，1961）提出的二元经济发展模型、乔根森（Jorgenson，1961）模型、哈里斯-托达罗（Harrist-Todaro，1970）模式都是这个时期的产物，其中，美国普林斯顿大学教授刘易斯的二元经济理论——著名的刘易斯模式影响最为深广。

刘易斯模式。刘易斯（1954）的二元经济结构理论被学术界称为"刘易斯模式"。刘易斯认为，二元经济结构的消除要靠农业部门的劳动力向工业部门转移，正是劳动力的转移最终促成了城乡一体化。在这个理论中，他假设发展中国家只有工业、农业两个部门，且两者分别是现代生产方式和传统生产方式的代表，生产方式的巨大差别导致劳动者收入水平出现差异，即农业收入水平低于城市工人工资水平。另外，在这个理论中，农村被假设为存在着可以向城市无限供给的过剩劳动力。刘易斯认为，在发展中国家农业部门的生产要素中，土地和资本十分稀缺而劳动力却显著过剩，因此，在农业生产中存在着劳动的边际生产率递减的现象；农业部门的收入会低于工业部门，因为工业部门的劳动生产率高于农业部门，而且只要存在一个极小的工资差就会吸引大量的农村剩余劳动力到城市现代工业中就业。由于支付农业转移劳动力的工资较低，工业部门可以节省工资支出，并将这部分资本用于扩大再生产，这样一来，就形成了良性循环。农村剩余劳动力向现代工业部门的转移会缩小城乡差距，逐渐导致二元经济结构不复存在。在刘易斯最初的理论中，秉持的是二元经济发展两阶段论——劳动力无限供给阶段和劳动力短缺阶段，"刘易斯转折点"就是这两阶段之间的转折点，意味着劳动力短缺时代即将到来。后来，刘易斯又在《对无限劳动力的反思》中进一步提出了二元经济的发展过程中三个阶段和"两个转折点"的理论，认为二元经济结构结束之际会出现"刘易斯第二拐点"。

拉尼斯—费景汉模式。拉尼斯和费景汉（1961）在刘易斯模式的基础上对二元经济结构理论进行了修改，他们的理论被经济学界称为"拉尼斯—费景汉模式"或"刘易斯—拉尼斯—费景汉模式"。这个模型把二元经济结构的发展过程分解为四个阶段：第一阶段，劳动力无限供给阶段；第二阶段，劳动边际生产率比较低的那部分农民转移到工业部门，结果会导致农业产出降低，从而导致工农业产品间的贸易条件有利于农业，进而迫使工资上涨，但是支付给转移的农业劳动力的工资水平不会高于制度工资；第三阶段，农业劳动力的收入水平超过了工业部门的工资水平，劳动力市场上的竞争态势初步形成；第四阶段，二元经济结构消亡，传统农业转变为现代农业，工农业两部门的工资皆取决于边际生产率。

虽然拉尼斯—费景汉模式与刘易斯模式一样，依然是以农业部门存在劳动力剩余、工业部门零失业为前提的，依然与现实相去甚远。但是，与刘易斯的理论相比，这个模型做了不少改进：首先，重视发展中国家农业的作用，他们指出，刘易斯忽略了农业对工业发展的促进作用；其次，更重要的是，重视农业农村的发展问题，提出了工农业两部门平衡发展的思想；最后，强调劳动力转移会受制于人口数量的变化。

乔根森模型。刘易斯、拉尼斯和费景汉的研究基本还是在古典主义经济学的框架内，而美国经济学家乔根森（1961）对工业、农业两部门发展的探究则转向了新古典主义，他更加强调农业剩余、技术进步和劳动力转移的作用。他的二元经济结构模型建立在这样的假设之上：发展中国家的经济包括工业部门和农业部门两大经济部门，这两个部门需要的生产要素是不同的，农业生产只需要劳动力和土地，而工业生产只需要劳动力和资本，而且随着时间推移，工农业生产也不是一成不变的。以这些假设为前提推导出的结论是：没有农业部门的剩余就不会有劳动力转移，劳动力转移多少取决于剩余的数量。他进一步指出，先进技术的应用可以提高农业劳动生产率，有利于农业剩余的增加，从而有利于工业的发展。这里，乔根森肯定了农业剩余的增加是二元经济结构转换的关键因素，强调了工农业之间的密切联系，尤其是农业发展对工业的积极意义，因而更加重视农业农村的发展。不过，这个模型没有讨论城市就业紧张的问题，也忽视了资本对农业发展的重要性。

哈里斯—托达罗模式。哈里斯和托达罗（1970）的理论将城市失业问题考虑了进来，建立了新的二元经济模型。他们指出，讨论二元经济结构的转换时，只考虑收入差距是片面的，还必须考虑城市就业预期。他们认为，农村劳动力向城市的转移和城市人口失业率提高两种现象是同时存在的，要降低城市失业率不能仅靠工业部门的扩大，还必须同时考虑农村的发展问题，只有实现农村与城市两个空间的协同发展，消除二者之间在各方面的差别，才能从根本上解决城市失业问题。由此他们建议，要发展农村经济，实现城乡就业平等，并实行一系列有利于农民的社会改革，从而减少农村劳动力向城市的转移。

（2）不平衡发展理论。20世纪中期以后，针对发展中国家劳动力从农村流向城市、城市失业率上升并存的局面，许多学者开始从空间角度来研究城乡二元经济问题，涌现出了一批城乡分割的不平衡发展理论。

法国学者佩鲁（Perroux，1950）提出了"推进型产业"和"增长极"的概念："推进型产业"具有一定规模和发展速度而且彼此之间是高度联合的；"推进型产业"通过前向、后向联系发挥增长极的作用。另一位法国经济学家保德威尔（Boudeville，1966）将增长极理论进一步推进，认为"增长极"首先会产生于拥有推进型产业的城镇中，成功地把增长极理论引入了区域经济理论。

北欧学者缪尔达尔（Myrdal，1957）的循环累积因果理论、美国经济学家赫希曼（Hirschman，1958）的"极化—涓滴效应理论"和弗里德曼（Friedman，1966）的"核心—边缘理论"都为不平衡发展理论贡献了力量，经过他们的争论，增长极理论成为当时研究中的重要理论。缪尔达尔（1957）的"回流—扩散效应"在一定程度上解释了城乡发展不平衡的问题：经济发展初期，城市在吸引资源要素方面具有优势，要素在城市的集聚导致集聚与规模效应，城乡发展走向不平衡；当经济发展到比较成熟的阶段，在政府调控下"以城带乡、以工补农"，利用"扩散效应"缩小城乡发展差距。赫希曼（1958）用"极化—涓流效应"解释城乡发展，即城市相对于农村是发达地区，它在经济发展的不同阶段会发挥出不同的作用，经济发展到一定阶段之后，城市会通过"涓滴效应"来带动农村地区的发展。弗里德曼（1972）将城市和农村分别看作核心地区和边远地区，具有较强创新能力的城市在空间发展中居于支配地位，而农村则处于被支配地位。

另外，利普顿（Lipton，1977）的"城市偏向论"明确指出，以城市为中心而设置的政策体系非常不利于农村地区的发展，导致资源流向城市和城乡发展不平衡。朗迪勒里（Rondineli，1983）提出了"次级城市"发展战略。他主张基于区位因素和经济情况，建立一个次级城市体系来加强城乡之间的联系。大都市区、大都市伸展区、巨型城市区等概念也被提出来。

2. 具有农村偏向的研究

二元结构理论和不平衡发展理论本质上都是更为关注城市发展的理论，这些城市中心论盛极一时，随着一系列城市中心论的发展，引发了理论界对城乡发展策略的思考，学者们开始重视农村的地位的与发展。弗里德曼、道格拉斯（Douglass，1975）提出了乡村城市发展战略。该战略认为，要让乡村获得更好的发展，需要在地方层面上与城市发展相关联。施特尔和托德林（Stöhr and Tödtling，1978）提出"选择性空间封闭发展理论"，该理论倡导推动形成以乡村为中心的区域单位。根据该理论，应当通过适当隔绝与外部联系的办法来缩小城乡发展差距，这样能够弱化城市的"极化效应"对农村的不利影响，有利于城乡协调发展；在选择权与决策权方面要给予农村更多自由，以利于开发利用农村的生产要素。另外，增强"扩散效应"，让农村地区能在更大程度上获益。

舒尔茨（Schults，1964）的传统农业改造理论从农村角度、从传统农业出发来研究发展中国家的工业化、现代化问题。20世纪中期以后，在研究发展中国家经济问题过程中涌现出来的一系列理论，也肯定了部分或者全部生产要素种类对城乡发展的影响。例如，前面提到的刘易斯等的二元经济结构理论就充分肯定了劳动力要素流动在城乡关系演变过程中的重要影响。而舒尔茨的传统农业改造理论强调人力资本投资（高素质劳动力）和技术要素的重要性，一方面强调了对传统农业进行改造，另一方面强调了人力资源的重要性。不同于刘易斯认为农业边际生产率为0的观点，舒尔茨认为传统农业已经实现了资源的优化配置，之所以落后，是因为缺少新的生产要素——新技术、新方法，而新技术、新方法如何获取？这就要加大农村人力资本投资。因此，舒尔茨最终提出的促进农业、农村发展的建议有两个核心：一是技术的注入；二是人力资本的投资。他进一步指出，后者对缩小城乡差距非常重要。舒尔茨的理论实际上强调了劳动力和技术两大要素在改变城乡关系方面的重要性，这里，他强调的劳动力要素不同于刘易斯等的农村剩余劳动力，是高素质的劳动力。

不管是二元经济理论、不平衡发展理论，还是乡村中心理论，乃至前面所讲的马克思的城乡融合思想，在城乡发展问题的讨论中都秉持这样一个观点，即认为城乡关系的发展存在着阶段性，尽管对城乡关系的表述有所不同，但实际上都认为在经历了城乡分离、城乡对立的阶段之后，最终都将消除城乡二元经济结构，向城乡融合的方向发展。但是，在讨论如何实现城乡一体化发展的时候，不少学者过于偏颇，尤其是城市中心论和乡村中心论，都在一定程度上将城市和农村对立了起来，前者强调城市的支配地位，后者则更关注农村的发展，实际上都是将城市和农村分割开来考虑城乡发展问题。值得欣慰的是，20世纪中期以后，在讨论城乡发展问题的过程中，许多学者表现出了对生产要素的高度关注。在研究发展中国家经济问题过程中涌现出来的一系列理论，肯定了生产要素对城乡发展的影响。例如，前面提到的刘易斯、舒尔茨等的理论就充分肯定了劳动力、技术等要素流动在城乡关系演变过程中的重要影响。

（三）发展：20世纪80年代以来的城乡一体化理论

这个时期的城乡关系研究成果变得更为丰富，这一时期的研究一般不再将城市和农村生硬地割裂开来，注重从城乡等值、城乡联系角度统筹考虑城乡发展问题，从地理学等其他学科、从空间角度寻找研究城乡发展问题的新范式，当然也有一些学者另辟蹊径寻找理论依据来解释城乡关系的演变并据此解释城乡一体化的必然性。

1. 城乡联系观、城乡等值观的确立

20世纪70年代城乡分割理论曾盛行一时，但偏向一方的城市中心论和乡村中心论很快被实践证明都是行不通的。20世纪80年代之后，学术界开始重新从城乡联系的角度审视城乡关系问题，其中以加拿大学者麦基（McGee）的半城市化（Desakota）模型最受关注。麦基发现中国、韩国等多个亚洲国家呈现出城乡之间边界模糊化的现象，城乡边界越来越不清晰，这是因为城乡之间的关系越来越密切，存在着相互的作用和影响。麦基认为这是一种特有的地域结构类型，并称之为"Desakota"模式。该模型走出了城乡分割理论的窠臼，将城乡一体化观点引入了城乡关系的研究，注重城乡联系的发展观由此取代了城乡分割理论。

城乡等值化理论起源自第二次世界大战后德国巴伐利亚州的等值化实验，其核心思想为"不同类但等值"，主张城乡居民享有同等水平的生活条件和国民待遇。根据该理论，城乡一体化、城乡融合承认城乡之间存在各方面的差异，尤其是在居民生活条件方面差异巨大，提出可以通过土地整治、基础设施和公共服务建设、社会保障体系建立等手段来刺激与推动农村地区的发展，促进城乡要素回报趋同并逐步缩小城乡差距、实现城乡一体化发展（Liu，Chen and Li，2015；Liu，Lu and Chen，2013）。

2. 城乡联系纽带——生产要素角度的探索

注重城乡联系的发展观涉及了一个重要的问题：城乡之间通过什么进行联系？许多学者将生产要素的流动作为城乡联系的一个重要方面，对生产要素流动的关注带动了理论的发展（Satterthwaite，2003）。

区域网络发展模型就是这一新潮流的产物。道格拉斯（Douglass，1998）提出了城乡相互作用和相互依赖的"区域网络模型"，指出城乡是通过人、信息和资本等一系列"流"的相互作用而实现城乡一体化的。还有学者则构建了城乡相互作用与区域发展的关联模式，一方面强调了发展中小城镇对缓解乡村贫困问题的重要性，另一方面强调了城乡发展过程中的劳动力、资本、信息等各方面"联系"与"流"的重要性，认为正是它们之间的不断相互作用才导致了城乡一体化发展的实现（Satterthwaite，Tacoli，2003）。林奇（Lynch，2005）认为，城乡相互作用极其复杂，城乡"资源分配"是其中一个重要方面。城乡间的相互作用是通过"食物流、资源流、人流、观念流、资金流"实现的。

值得注意的是，麦基的半城市化理论和道格拉斯的区域网络发展模型理论以及其他人的理论都肯定了多种要素在城乡之间流动的影响，虽然在他们的表述中，不一定直接出现"生产要素"的字眼，而是以"流""联系"等名词来表述。当然，也有学者在研究中表现出了倚重某种生产要素的倾向，例如，易卜拉欣（Ibrahim，2014）强调资本的重要性，他认为在没有其他干预的条件下，借助外部资本注入，农业能够发挥自身潜力发展并带动农村走向城镇化，从而缩小城乡差距。

3. 城乡一体化空间因素的发掘

对空间因素的发掘带来了新的血液，空间经济学理论和"流空间"等理论的兴起，为探索通过影响生产要素在城乡之间的流动来实现城乡一体化发展提供了新的研究框架和理论支撑。

（1）新经济地理学的发展。20世纪90年代以来，碍于传统经济学解释现代问题的局限，西方经济学家在研究中重回经济地理视角，重新审视区位、交通运输和土地等空间因素并将其纳入分析框架，由此导致新经济地理学——空间经济学的流行。这一学说认为，城市形成和不断扩大以及区域发展的基本因素非空间聚集莫属，并"试图解释导致经济活动空间聚集和空间分散的基本机理"（安虎森，2021）。克鲁格曼（Krugman，1991）提出的"核心—周边"模型是新经济地理学的重要理论之一，这个理论给地区间生产结构分化提供了解释，认为在这个过程中报酬递增、人口流动和运输成本都发挥着相应的作用。新经济地理学的发展使大批学者开始重视空间角度与空间因素，例如，卡斯特尔等（Castle et al.，2011）针对城乡居民人均经济报酬不平等现象，提出了城乡空间一体化框架，进而探讨了城乡空间的历史相互依存关系。又如，库勒（Kūle，2014）从区域政策背景及实践模式总结的角度入手，从空间区域差异的角度分析了欧洲拉脱维亚城乡融合在地方上的多样性和特殊性。

新经济地理学家们力图在一个一般均衡框架中讨论各种生产要素在各种空间范围内（区域内、区域之间、国家之间）的流动规律，特别是用多个模型详细分析了资本要素的流动规律。新经济地理学的出现与发展，无疑为研究区位经济问题提供了新的方法，对城乡一体化问题的研究也会有所助益。

（2）流空间理论。这个理论有别于新经济地理学的研究，提出了"流空间"的概念。最早由社会学家卡斯特（Castells，1989）提出，他认为"不必地理邻接即可实现共享时间的社会实践的物质组织"，即在信息技术的作用下，传统生产要素土地、资本、劳动等能够突破地域空间限制，实现实时并置。泰勒等（Taylor et al.，2007）也将流空间理论作为区域空间研究的重要范式。与传统的"场所空间"相比较，"流空间"突破了实体场所的局限，并具备了动态性和网络化特征，可以为要素流动与城乡一体化发展方面的研究提供理论支持。

当然，也有一些学派的理论从其他角度而非城乡联系的角度去讨论城乡一体化问题。例如，20 世纪 90 年代，以杨小凯为首的一批经济学家试图从新的角度来解释城乡关系的演变，分工和专业化的演进是其理论分析的出发点。总体而言，这个学派认为，城市的出现与发展乃至城乡二元结构的出现都是分工和专业化演进的结果，但是，分工和专业化不是仅产生收益而已，分工深化会带来一系列的诸如交通拥堵、社会分工扩散等影响交易效率的问题，使城乡交易效率的差距缩小，从而导致城乡差距缩小、对立程度缓和。另外，该学派还认为，不管是城市还是农村，其发展都将经历完全无分工的阶段、基于分工而发展的阶段和分工潜力耗尽而依靠经验积累发展的阶段这三个成长阶段（三种成长模式），在这三个阶段中，经济成长率分别是递减、递增和递减的，也就是城乡经济发展中都存在一个"U"型的演变轨迹。由于农村的发展总是比城市晚一个阶段，所以当城市处于第二阶段而农村处于第一阶段时，城乡二元经济结构就出现了，而当城市处于第三阶段而农村处于第二阶段时，城市发展速度的递减和农村的快速发展必然带来城乡一体化的结果（杨小凯，2004）。

总体而言，国外对城乡关系与城乡一体化问题的讨论比较早。早期以城乡协调发展、城乡融合发展论为主，比较注重城乡之间的联系，而后，经历了城市偏向论与农村偏向论的阶段，后来又向城乡联系观发展，与此相关，重视生产要素的研究和重视空间角度的研究也更为普遍。目前而言，实际上"城乡一体化"的提法在国外文献中较少，通常表述为"rural-urban linkage""rural-urban interaction"等，强调城乡间的相互联系和相互作用。在具体研究方面，多在承认城乡差异的基础上，围绕城乡在社会、空间、经济和制度等层面的差异，集中关注城乡人力资本、医疗服务、城乡福利差异和农业发展等方面。总之，重视城乡联系、要素流动和空间因素的做法，为我们研究城乡一体化问题提供了更多的视角和研究范式。

二、国内城乡一体化研究

（一）城乡一体化的概念与测度

1. 城乡一体化的概念和内涵

国内对城乡一体化概念的讨论始于周一星（1993），当时，他在有关

"Desakota"的翻译与评价中，将"Desakota"译为"乡村城镇化"，而且提出了中国的"乡村城镇化"可以从经济较为发达的局部地区开始实行的想法，例如，在珠江三角洲和长江三角洲地区，可以率先从打破统计口径开始来破除各方面的城乡分界。周一星有关"乡村城镇化"的论述是国内对城乡一体化概念最早的讨论。薛德升等（1998）、周加来（2001）对有关城乡一体化的一系列概念做了比较分析。前者主要从概念上区分了一系列名词，在此基础上，认为"城乡发展一体化"指的是城市和农村在经济社会生活各个方面的融合，也是城乡关系未来发展的趋势。运用各种加强城乡联系的具体手段，可以基本消除城乡差别。后者认为，城乡一体化是城市化发展到一定水平后才出现的。冯雷（1999）从制度安排的角度指出，倡导城乡发展一体化是为了破除户籍制度差异、公共品提供方式差异等造成城乡二元结构的各种制度安排，从而提高经济效率和实现城乡健康发展。白永秀等（2013）指出，城乡一体化发展对破除我国的二元经济结构、解决"三农"问题和推进城市化具有战略性意义，是城市和农村全方位、多层次、高效率的融合，他进一步将"城乡发展一体化"定义为一种新型城乡关系，它基于城乡各自的发展特点与分工而形成，其特点在于，通过机制建设和加强城乡空间联系，能够达到协调城乡发展、最终破除城乡二元结构的目的。

新时代赋予了城乡一体化更深刻的内涵。随着城乡融合战略的提出，理论界从城乡联系、城乡功能、制度优化、空间布局优化等视角对城乡一体化进行了界定，但未达成统一意见。伴随城乡空间联系的增强，学者们认为，城乡融合的本质是要素自由流动（刘春芳等，2018），因此，要素和公共资源的合理配置是城乡融合的基本条件，而区域协调是实现城乡融合的主要标志（金成武，2019）。城乡一体化不是城乡同质化、无差异化，而是城乡在互补、互促中实现有机统一与两个空间平等发展的过程，城乡有机统一和平衡发展才是城乡高质量融合发展的最终目的与成果（金三林，2019）。

关于城乡一体化的框架。邹军和刘晓磊（1999）从经济学、地理学等多个学科对城乡一体化的框架进行了阐释，他们将城乡一体化的主要框架概括为六个维度——政治、经济、生态环境、人口、文化和空间，并进行了多学科的统一规划。洪银兴等（2003）指出，城乡一体化的框架内容包括体制一体化、农民市民化等五个方面，体制一体化指的是城乡要素市场一体化，农民市民化要求改革现行户籍制度。朱志萍（2008）将城乡一体化视为一个系统。从城乡一体化内涵角度出发，李岳云（2010）认为，城乡一体化涵盖资源配置、社会发展、城乡关系三个维度，并提出实现这三个维度的一体化可以从产业发展、基础设施、基本公共服务提供与生产要素配置几个方面入手。魏后凯（2016）研究了新常态背景下中国城乡一体化的推进问题，要求建立城乡统一的户籍登记、土地管理、就业管理和社会保障四类制度和完善公共服务与社会治理两大体系。党的十九大之后，学者们更加关注"城乡融合"，许彩玲和李建建（2019）基于马克思主义城乡关系理论指出，城乡融合发展应当包括生产方式、生活方式以及生态环境三个方面的一体化。

目前，尽管理论界在"城乡一体化"的界定上存在着各种不同的说法，"城乡协调""城乡统筹""城乡融合"等提法也经常与"城乡一体化"混用，但总的来说，还是存在着一定的共识：首先，城乡一体化是城乡关系发展的必经阶段，是生产力发展到一定阶段的结果，对应着较高的生产力水平；其次，城乡融合是城乡关系发展的目标，它的实现过程与二元经济结构的转换是同一个过程，就是要从制度层面入手消除各方面的城乡差距、实现城乡平等；再次，城乡一体化是在城乡互动中实现的，不能靠城市或农村单方面的发展；最后，城乡一体化涵盖的内容是广泛的，政治、经济、社会、文化和生态等方面的内容都是其题中应有之义。

2. 城乡一体化的测度

城乡一体化的测度的研究主要包括以下两个方面的内容。

（1）城乡一体化测度指标体系的构建。不少学者对城乡一体化测度问题进行了研究，阐述了构建城乡一体化评估指标体系的原则，并设计了比较详细的评估指标体系。杨荣南（1997）最早提出了一个涵盖35个领域的指标体系框架，这35个领域分别属于经济、人口、空间、生活、生态环境五个方面。顾益康（2004）认为，对城乡一体化发展的评估要兼顾城乡发展、城乡区别和城乡协调三个维度，并对每个维度的具体内容进行了设计。朱颖（2008）提出，指标的设立要基于四个原则，即客观性、系统性、可操作性和可比性，并在此基础上构建了包括 3 个一级指标和 16 个二级指标的测度体系，强调可以采用专家打分法和排序定分法来计算权重。其中，一级指标包括城乡在经济、社会和生态三个方面的融合程度。近年来，学者们更加倾向于构建城乡融合多维评价体系。周佳宁等（2019）构建了"人口—空间—经济—社会—环境"多维指标框架，通过测度发现东、中、西部一体化水平依次降低。郭海红等（2020）采取空间分析、泰尔指数等方法，通过划分城乡融合的前提、动力、结果来制定评价体系，认为城乡融合存在空间非均衡性，发达地区的城乡融合水平整体高于欠发达地区，并指出南北差距逐渐超越东中西差距是城乡一体化发展的新态势。

（2）城乡一体化测度的应用。对城乡一体化发展进行实际测度的研究成果比较丰富，采用的方法也比较丰富，如主成分分析法、聚类法和层次分析法。白永秀和岳利萍（2006）以陕西为例，用系统聚类法将 11 个地级市按照城乡发展一体化程度划分为 3 类进行了研究。李志杰（2009）测度了 1991～2007 年中国城乡发展一体化水平的动态演进，采用的方法是时序主成分法；他还用聚类法对 2007 年的城乡发展一体化水平进行了分析。汪宇明等（2012）测度了 2008 年中国省际城乡发展一体化水平差异，指出了引起省际差异的原因，并提出了相应建议。近年来，不少学者选择对城乡融合区的关联度或发展水平进行测度以替代对区域城乡一体化发展程度的测度（刘玉和冯健，2017；吴燕和李红波，2020）。这里，城乡融合区指的是在地理位置上是城市与乡村的交界区域、过渡带的地区，这些地区同时具有人口密集、公共设施完备的城市特性和一二三产业并存的农村特性。

关于城乡一体化发展水平的测度方面，现有研究存在以下几方面的特征：第一，测度体系越来越科学化、系统化，涵盖的范围越来越广；第二，有关测度应用的成果非常丰富，测度的对象从省、区域逐渐扩大到了全国层面；第三，近年来，在指标的选取方面仍然存在着许多问题，例如，指标的选取存在交叉、重复的现象；又如，重要的指标可能被遗漏而无关紧要的指标反而被纳入；另外，对于是否应该包含安全感、认同度等"软性"指标也没有形成一个统一的意见。但总的来看，理论界对城乡一体化发展水平测度的研究是不断向前发展的，研究方法和手段越来越丰富，测度的结果也越来越精准。

（二）要素流动对城乡一体化的影响

随着我国城乡关系的演进，要素的自由流动对城乡一体化发展的重要意义逐渐被学界认同，这方面的文献也越来越多。在浩如烟海的研究成果中梳理要素流动对城乡一体化影响的文献，意在勾勒出要素流动影响城乡一体化的理论图谱，为之后从要素流动视角研究城乡一体化机制奠定了基础。

1. 有关多种生产要素的研究

目前，从众多的经济学论文中可以看出，学术界基本达成了要素包括劳动力、资本、土地、技术四种要素这样的共识。我们发现，虽然许多学者就生产要素的流动对城乡发展的影响这个问题进行了研究，但是这些论述中所研究的生产要素的范围并不完全一致，一部分研究所讨论的生产要素仅包括劳动力、资本、土地、技术四种要素中的两种或三种，另一部分研究中的生产要素范围则比较广泛，基本涵盖了这四种生产要素。

（1）只关注两、三种要素的研究。姜作培（2005）首先肯定了资源配置在城乡发展中的重要作用，他认为要素投入和流动方面存在的问题拉大了农村和城市的差距，只有实现城乡间生产要素的优化配置和合理流动，才能实现城乡一体化发展的目标。他指出，我国在城乡要素配置方面的主要问题是流动不畅、分配不公和利用不合理，并在此基础上提出了政府与市场共同发挥作用的整合城乡各种要素和资源的建议。姜作培的研究涉及了资本、劳动力和技术因素，但是缺少对土地要素的分析，仅在有关"旅游资源"的论述中有所涉及，另外，他将"公共资源"也纳入了生产要素的内涵之中。张泓等（2007）分析得出城乡要素流动中存在的三大问题：第一，劳动力不能顺利转移出农业部门；第二，土地要素通过非市场化的渠道由农村流入城市；第三，资本要素从农村向城市单向流动。这三个问题的存在最终导致了农民收入提高困难、农民市民化进程减缓和农业发展资本匮乏的结果，因而建立城乡间统一的生产要素流动市场机制是实现城乡一体化发展的前提。这里，他提到了三种要素，盛开（2018）也指出了城乡一体化发展必须改变人、财、地单向流动的局面，实现城乡双向流动。张传勇（2011）和王丽艳等（2017）的研究都仅着眼于劳动力、土地两种生产要素。张传勇通过实证分析得出了农村劳动力要素转移的增加和农村

生产要素流动视角下城乡一体化发展机制研究 ● ● ●

资本的增加（财政支农力度的提高、农村金融贷款限制的放松）对城乡一体化发展具有重要意义的结论，他对生产要素的讨论仅仅涵盖了劳动力和资本两种要素，而且其实证推演是建立在要素市场充分竞争的前提上的，所以对现实的解释力受到了限制。王丽艳等（2017）主要剖析了户籍制度和土地产权制度对要素自由流动的阻碍并提出了针对性的建议。刘明辉和卢飞（2019）的研究涉及了土地、资本、劳动力三种要素，基于省际数据测度了2000~2015年城乡要素错配程度对城乡融合发展水平的影响，得出了如下结论：农业部门的要素错配程度要高于非农业部门，改善城乡要素配置状态有利于城乡融合发展；该时段土地、劳动力对城乡融合发展贡献较大而资本的贡献不断下降。

（2）关注全部生产要素的研究。徐玮和谢文君（2011）在研究中部地区的城乡发展问题时，提出了统筹资金、技术、劳动力和土地四种要素的建议。曹飞（2013）充分肯定了一体化的要素市场对城乡一体化发展的基础性作用，同时指出，我国城乡发展差距的出现正是由于缺乏统一的要素市场尤其是规范的农村要素市场，因此，要推进城乡一体化建设，必须清除阻碍城乡要素流动的因素，建立统一的、协调的市场化城乡要素市场尤其是要建立规范的农村要素市场。在博士论文中，常野（2015）以江苏省为例，对要素流动对城乡发展一体化的影响问题进行了比较全面而深入的剖析，得出了在市场机制作用下实现四种生产要素的合理配置能够促进城乡一体化发展的结论。这里，他所界定的"生产要素"除了公认的资本、劳动力、技术要素之外，还包括公共资源。李红霞（2016），赵康杰和景普秋（2019）都指出了优化城乡之间资源配置的重要性。

2. 有关单一生产要素的研究

在众多讨论生产要素流动影响城乡一体化的文献中，仅讨论劳动力、资本、土地、技术四种要素其中之一的研究成果，数量也不少。我们作简单梳理。

（1）有关劳动力要素的讨论。部分学者探讨了劳动力转移的影响，认为劳动力向城市转移有利于提高农民收入和弥补城乡收入鸿沟，因而主张改革制约劳动力在城乡之间转移的制度——户籍制度及基于不同户籍的福利差异。例如，林毅夫（2003）、蔡昉（2005）等持此种观点，其中，林毅夫指出了劳动力城乡流动受阻是导致城乡差距的重要原因之一，蔡昉则针对户籍制度及其带来的城乡福利差异进行分析。张志新等（2018）运用定量研究方法证明了劳动力从农村流向城市对缩小城乡收入差距的积极意义。当然，也有部分学者对此持不同意见，孙文凯等（2011）的定量分析结果就显示，至少在短期内改革户籍制度对劳动力流动并无显著影响，因此，户籍制度改革对缩小城乡收入差距的意义不大。

（2）有关资本要素的研究。在关于资本要素的研究中，学者们普遍关注了中国城乡资本流动的单向性即资本从农村流向城市的现象，力图从理论上解释这种现象的成因。彭小辉（2012）认为，中国城乡资本流动的"卢卡斯之谜"是由中国重工业优先发展的工业化模式导致的，这一结论实际上指出了政府这只"看得见的手"在城乡资本单向流动中起了重要的作用，正是由于政府因素的干扰，导致资本没有流向这种要素更为稀缺的广大农村地区。许多学者的研究也附和了这个结论，并进一步提出了要发挥政府引导资本流向的作用，例如，丁志国（2011）验证得出，农村许多金融政策是无效或者低效的，要引导资本向农业流动从而促进城乡协调发展，必须在农村金融政策方面进行合理的制度安排。也有部分学者认为，导致资本单向流动的主要原因是农业和农村的弱质性对市场机制作用的限制，不过殊途同归，他们同样提出了发挥政府作用的政策建议，周月书等（2015）即持此种观点。龙启蒙等（2016）从"资本三循环"理论出发，指出中国资本的三个循环都没有实现资本从城市向小城镇和农村扩散，所以有必要创造新的资本循环体系。

（3）有关土地要素的研究。在土地要素方面，学者们分析了当前我国土地制度中妨碍城乡一体化发展的因素，又做了进一步的对策研究。在研究的范围方面，有的学者就土地流转、土地所有权、土地管理制度等某一方面或耕地、农村宅基地、城乡农村建设用地中的某一种土地类型进行了分析，有的则从整体出发对整个土地制度进行了研究。在对策方面，学者们普遍提出了制度创新的建议。刘爱军（2009）、何立胜等（2011）认为，推进城乡一体化发展需要完善农村土地流转制度。刘永强（2013）针对农村土地管理制度的缺陷，给出了一个改革框架，这个整体性框架充分考虑了制度改革的协调联动性，涵盖了农村耕地、农村宅基地和农村建设用地多种土地类型，涉及农村土地产权、规划、征收和流转制度多个方面。刘守英（2014）从整体角度出发，同样提出了制度创新的建议，他将土地制度的城乡分割作为影响城乡一体化发展的主要障碍，指出二元化的土地制度导致在土地管制、城乡土地配置方式、土地增值收益的城乡间分配等方面存在着许多城乡不平等之处，由此导致了与各类土地相关的一系列问题。因此，必须在所有制结构、土地市场建设、征地制度等多个方面进行创新。范垚等（2016）主张，为了促使城乡要素顺畅、规范地流动，必须进行土地整治和探索资金整合机制。崔垚等（2021）论证了城乡建设用地一体化定级的可行性，并用多种方法建立了城乡建设用地一体化定级指标体系，为城乡一体化土地市场的建设提供了借鉴。

（4）有关技术要素的研究。一部分学者从农业农村发展的角度出发，关注农业技术创新和城市技术向农村的转移。例如，刘卫柏等（2011）指出了涉农技术创新的重要性和中国在这方面的症结所在。又如，刘维奇和韩媛媛（2014）认为，农业技术水平的提高依赖于城市创造的农业新技术和非农产业向农业的技术转移，同时强调了理论技术创新和技术转移两个方面。另一部分学者重点讨论了技术革新对城乡融合的影响。例如，梁书民（2021）指出，中国应当利用未来30年新技术变革快速发展期的丰硕成果来推进城乡融合发展，他强调了新技术在法治建设、农村产业发展、城乡规划和布局方面的应用。丁凯（2021）主张利用技术变革（生产力的发展）推动城乡融合（生产关系的演进），并指出具体应从农业、农村融资、农村交通与通信、农村产业发展与融合和技术与知识推广几个方面入手来推动城乡融合。

综上所述，国内学者对生产要素流动影响城乡一体化发展的讨论成果是非常丰富的，大体形成了这样两个统一的观点：第一，从理论上肯定了要素自由流动和合理配置对城乡一体化起积极作用；第二，针对中国的现实，认为由于缺少一个城乡统一的、市场化的生产要素市场，导致要素在城市和农村流通不畅，更谈不上要素的有效配置，因而阻碍了城乡一体化的进程，所以应当采取各种措施来破除要素流动的障碍，引导资本、劳动力和技术流向农村。学者们这些研究成果无疑为城乡一体化的推进提供了许多新思路，但需要正视的是，多数研究并不完美，问题颇多：一方面，部分学者忽略了某种或某几种要素的重要性，过于强调部分要素的作用，这与现实中多种要素并存的现象是相悖的；另一方面，多数学者强调为了破除要素流动的障碍，必须发挥市场或政府的作用，有些学者虽然强调了政府和市场应当双管齐下，但是对如何实现政府调控与市场机制的有机结合并没有十分明确的制度设计。

（三）城乡一体化（动力）机制研究

关于城乡一体化机制具体应当包含哪些内容，学者们从不同的角度出发各抒己见。有的研究划定了城乡一体化机制的范围，从目前的研究成果来看，许多学者认为，城乡一体化机制应当是一个涵盖政治、经济、文化、社会、生态等多个维度在内的体系，在经济学研究领域内，又将城乡一体化剖析为户籍制度改革、要素市场建设、公共服务体制创新、社会保障制度革新等多个方面，这类研究不难识别，从五花八门的论文选题即可看出，这里不再赘述。有的研究则从如何进行一体化建设角度进行阐释，例如，方辉振（2010）主张建立以市场为导向的积聚扩散机制和以政府为主导的统筹协调机制，强调这是实现城乡一体化发展的两大核心机制。又如，白永秀等（2013）指出，为了推进城乡一体化建设，应该从集中农村生产要素、发展农村现代产业和推进农村城镇化三个方面来构建政策体系，从而促进市场经济的发展。这里，他们非常重视市场的作用，把发展市场经济作为城乡一体化发展的出路。在众多的此类研究中，我们发现，有关城乡一体化动力机制的讨论颇多，因此，这里主要梳理了有关城乡一体化动力机制的文献。有关城乡一体化动力机制的探讨，视角多种多样，我们一一梳理。

1. 系统论视角

许多学者从系统论的角度看待城乡一体化的动力体系。有的学者阐释了自己对动力机制的理解，例如，胡金林（2009）解释了动力源、动力因素和动力机制的内涵，认为动力源是基础性的必要条件，动力源发挥作用要借助于动力因素的作用，这个"借助"的过程就是动力机制发挥作用的过程。有的学者将城乡一体化的动力因素作了细分，划分为多个种类，然后分别研究各个因素对应的部分机制，例如，张登国（2009）认为，该动力机制应当涵盖产业、利益、制度和信息等内容。翁计传和闫小培（2011）强调了动力机制系统的复杂性，认为在城乡关系发展的不同阶段有着不同的主导机制，且各个动力机制的贡献度是此消彼长的。基于系统论看待城乡一体化动力机制，视角比较独特，但此类研究数量并不多，高质量的文献更是罕见，目前研究多数停留在从系统论角度看待城乡一体化动力机制的层面，并没有运用系统动力学来进行深入分析。

2. 主体视角

学者们普遍认为，城乡一体化的动力因素虽然多种多样，但基本上都与城乡一体化发展过程中的两大主体——农村和城市相关；但是，学者们在城乡一体化过程中起主要作用的动力究竟源于城市还是源于农村这个问题上，存在着明显的分歧。因此，从不同主体角度研究的城乡一体化动力机制存在着三种不同倾向：倾向于城市的城市推动型、倾向于农村的农村内生动力主导型和城乡联动发展型。

（1）城市推动型。吴伟年（2002）从增长极理论出发进行了探讨。胡世明（2007）基于工业反哺农业、城市反哺农村的视角，分析了这种做法的可能性和必要性，又指出这是现阶段实现城乡一体化的必经之路。王彩红（2011）强调，发展中国特色的小城镇有利于带动农村步入现代化，并以此为核心构建城乡一体化动力机制。周江燕等（2014）认为，经济发展水平与非农产业发展等经济因素、城市化进程与基础设施建设等空间因素是主要推动力。此类研究成果普遍强调城市的集聚和扩散作用，并主张以城促乡来推动城乡一体化。

（2）乡村内生动力型。吴向伟（2008）强调了实现农业现代化、转变农业发展方式对促进城乡一体化发展的作用，并提出了农业转变发展方式的路径。胡金林（2009）认为，组织和个人效用最大化追求力是起主导作用的内在动力。蒋贵凰（2009）认为，城乡发展内部动力机制的形成需要从上而下推动和从下而上构建，在这个过程中需要政府、农村领导班子、农民主体的积极性、农业特色产业链、农村人才培养机制以及城乡协调六个方面良好地衔接。李鑫等（2020）运用概念性框架法以及结构方程模型构建了促进乡村发展的动力机制。李志强（2020）指出，城乡发展经历了从城市带动、城乡融合到乡村主体的过程，目前，在乡村振兴战略的实施过程中，应当着力从制度层面推动乡村振兴主体性的发展。此类研究认为，农村的内生动力是城乡一体化的关键，致力于从改革农村制度入手来构建或完善城乡一体化的动力机制。

（3）城乡联动发展型。曾福生等（2010）同时重视城乡两个方面的动力因素，强调要把新型城镇化和新农村建设放在同样的高度，强调二者要协调发展从而规避各自的弊端，并为此设计了一系列有关公共产品配置、要素流动、城市群发展等在内的制度安排。张永岳和陈承明（2011）主张建设以城镇化辐射新农村和新农村建设促进城镇化为主要内容的城乡一体化联动机制。蒋志勇（2015）认为，城乡之间分工和专业化的高度协调均衡趋势导致城乡一体化发展。刘瑞强（2018）强调，城乡等值和产业互动是城乡一体化动力机制的核心。徐美银（2019）认为，新型城镇化建设是外部运行机制，农业农村改革是内部运行机制，城乡融合发展机制是外部运行机制与内部运行机制的联结机制。此类研究成果随着国家政策的倾向以及经济形势变化而与时俱进，强调城乡互促、城乡融合和共同发展。

实际上，这三种不同倾向代表了在城乡发展动力源问题上的三种不同思路：第一条思路是发挥城市能动作用、以城带乡的思路，它强调城市化、城镇化的作用；第二条思路是注重农村现代化、农村转型，从而发展农村生产力的思路，强调新农村建设、乡村振兴；第三条思路则是两方面并重。

3. 区域视角

学者们在研究中多数没有运用统计、计量等定量方法，不过近年来越来越多的人开始转向了实证研究。李同升和厍向阳（2000）以宝鸡市为例，阐明了城乡一体化动力机制体系的内容，其中强调了城市的聚集和分散作用、城市化、农合和非农产业的发展。张果等以成都市（2006）和宜宾市南溪区（2014）为例，通过多种计量手段，对城乡一体化的影响因素进行了深入分析，得出了城乡一体化的驱动力主要源于生产力水平、工业化和人口方面的因素的结论。李长坡和李青雨（2010）从机制角度探讨了许昌城乡一体化的发展模式和动力问题。

4. 主导组织力量视角

第一，强调政府调控的研究。例如，袁方成和宋江帆（2012）认为，政府引导是城乡统筹发展动力机制的一个重要方面。第二，强调"两只手"

的结合。不少学者强调应该同时发挥市场和政府的作用，其中，杨志恒（2019）认为，城乡融合发展的动力机制是以政策制度力量和与要素供需结构匹配的经济自发力量为驱动力的，在这两种力量的作用下，城乡人口身份转换与区间迁移成为影响城乡融合发展演化的关键。

通过上述分析可以发现，国内对城乡一体化动力机制的研究呈现出三种倾向：第一种是从系统的角度出发进行整体论述；第二种是基于不同主体、不同地域特征进行的研究，意图构建符合所研究区域特色的动力机制；第三种是将城乡之间的各个组织主体区分为市场与政府，着重讨论这二者所起的作用，在此基础上展开动力机制的构建。

当然，除了以上有关城乡一体化动力机制的分析视角以外，还有学者从其他角度进行了讨论。例如，基于内因与外因视角的研究，胡金林（2009）认为，组织和个人效用最大化追求力是起主导作用的内在动力。又如，强调创新作用的视角，张来武（2015）就提出了依靠创新驱动城乡一体化发展的思路。总的来说，有关城乡一体化动力机制的相关研究还十分薄弱，研究视角也颇多。作为区域发展动力的生产要素在城乡二元经济结构的形成和破解中起着重要作用，但目前从要素流动的角度研究动力机制的成果鲜见，更谈不上从系统视角进行深入研究。

（四）空间角度的城乡一体化研究

依据空间不平衡发展理论，在我国，著名学者陆大道（1984）提出的"点轴理论"成为从空间角度研究区域发展的重要理论，"点"是城镇和各级人口聚居地的代称，"轴"指管线状的基础建设，包括交通、通信干线和能源、水源通道等，点的分布将沿着轴线扩散（张莉和陆玉麒，2010）。点轴理论中的"点"实际上类似于"增长极"。虽然在表述与内容上存在着差异，但是，空间区域发展方面都秉持这样一个观点，即每个空间区域在经济增长过程中都存在着不平衡发展的规律而不是整体同步发展的，在发展之初，发达的地区（城市）吸引并积聚了大部分的资源，只有发展到一定阶段时，城市才会反哺落后的农村地区，从而实现城乡一体化发展。

近年来也出现了不少应用新经济地理学研究城乡差距、城乡要素流动和城乡一体化发展的成果。其中，学者安虎森对新经济地理学的研究较为深入。安虎森（2021）强调了"空间均衡"是聚集力和分散力平衡的关键，他认为，这对任何尺度的空间而言都是成立的，当然也适用于有关城乡关系问题的研究。在对城乡结构问题的讨论中，安虎森等（2013）指出，我国城乡结构不和谐的根源在于相对于就业结构和产业结构的非农化而言，城镇化是严重滞后的。李文宇（2015）通过设定 CP 模型分析了城乡关系的发展问题，从成本、效益与市场角度阐释了城乡一体化发展的动力。刘军辉和张古（2016）运用模型分析了户籍制度改革对劳动力转移的作用，提出了户籍制度和土地产权制度同时改革的建议。

部分学者还从农村规划角度出发进行了研究。例如，石培基等（2013）提出了集中农村人口和分散城市人口并行的整治规划方案，期望通过人口的适度集中和有机分散来达到促进农村发展和实现区域协调发展的目标。

总的来看，国内学者从空间角度入手研究城乡发展问题的成果有这样几个特点：第一，研究方法是多种多样的，尤其在定量研究方面，以多种统计软件和计量方法的应用为特点的实证分析增强了研究结论的说服力。第二，涉及的学科十分广泛，涵盖了经济学、地理学、城市规划学等多个学科，多学科知识的运用为城乡一体化问题的研究提供了多个视角和突破口。但是，也存在着诸如缺乏统一全面的城乡一体化空间效率指标体系、不能融会贯通地运用各学科知识等不足。

综上所述，国内学者主要对城乡关系的演变、城乡二元结构的成因与消除二元结构的途径、城乡一体化的内涵与外延、要素流动对城乡一体化的影响、空间视角的城乡一体化发展问题进行了研究，受西方主流理论——城市发展观和增长正统论影响，多基于城市角度而非从社会整体发展视角进行研究。国内学者对城乡一体化的动力机制和制度设计研究较多，但多从实际操作角度研究，很少涉及城乡一体化的微观机制和宏观机制这些基础性理论研究。总体而言，与国外学者一样，国内学者也认识到了生产要素流动对城乡一体化的影响，但多数只强调了某种或几种要素的作用，而很少从劳动力、资本、土地和技术四种要素整体去探讨城乡一体化的机制，虽有部分学者从多个角度分析了动力机制，但也很少考虑动力机制之间的互动与耦合，研究缺乏系统性与完整性。如何综合运用多学科理论和方法从生产要素流动的角度架构一个完整、系统的城乡一体化机制理论框架和政策体系，是未来城乡一体化问题研究的重要任务之一。

第三节　研究意义

一、学术价值

　　劳动力、资本、土地和技术四种生产要素在城乡之间的流动并不孤立，而是相互影响的，本书将四种生产要素纳入统一的分析框架进行研究，突破了以往孤立研究的局限；从城乡一体化的宏观和微观机制入手进行分析，构建宏观分析框架和微观机制模型，为城乡一体化机制研究提供了理论基础，是对城乡一体化理论的发展，弥补了理论基础研究的不足；从系统论的角度运用系统动力学构建城乡一体化的动力机制和协调机制，并强调了二者之间的协同推进问题，构建推进机制是对城乡一体化研究思路的创新，转变了以往单纯注重动力机制的研究思路。

二、应用价值

　　本书提出的以新型城镇化为核心的动力机制是以市场为主导的，以乡村振兴为核心构建的协调机制是以政府为主导的，注重政府和市场的配合，对于纠正城乡一体化推进过程中政府和市场功能错位问题具有指导意义；在综合考虑城乡一体化动力机制和协调机制的基础上构建城乡一体化发展的推进机制和政策体系，为城乡一体化发展提供了理论指导和切实可行的政策建议。

第四节　主要内容

　　本书以城乡要素流动为核心，研究城乡一体化发展的宏观机制、微观机制、动力机制、协调机制和推进机制，为城乡一体化发展提供理论指导。

城乡劳动力、资本、土地、技术等要素的流动态势决定城乡一体化的发展程度，而各种生产要素之间又是相互作用、相互制约的，每种生产要素的合理配置又取决于城镇和农村两个方面，必须统筹考虑。要促进城乡一体化发展必须厘清其内在机理——宏观机制和微观机制，在此基础之上探讨动力机制和协调机制，最后综合动力机制和协调机制构建推进机制和政策体系。本书研究主要分为以下五部分。

一、发展逻辑与城乡一体化宏观机制研究

每个国家所处的发展阶段和实施的经济政策差异都会对城乡生产要素流动产生不同影响，而城乡劳动力、资本、土地、技术等生产要素的流动态势最终决定城乡一体化发展程度。本部分从比较分析世界各类代表性国家的发展历史与城乡关系的演变出发，探讨生产要素对城乡关系影响的宏观机制，并运用空间计量的方法对我国的城乡一体化时空演变特征进行了分析。

二、农村经济主体行为与城乡一体化微观机制研究

从微观角度看，城乡劳动力、资本、土地、技术等生产要素流动的原动力在于农村经济主体的行为，本部分主要围绕消费者和农村企业经济行为特点探索城乡一体化的微观机制，运用新经济地理学的理论和方法，构建了数理模型分析城乡一体化过程中生产要素的作用并进行了仿真模拟，为城乡一体化研究建立了微观基础。

三、新型城镇化与城乡一体化动力机制研究

在宏观机制和微观机制的基础上，分析城乡一体化的动力机制。城乡一体化的发展取决于很多因素，从市场的角度看，城乡发展的主要动力在于城镇化，但传统的城镇化导致城乡生产要素流动失衡，大量农村资源流向城镇，致使城乡差距扩大。本部分围绕新型城镇化，从农民工市民化、

降低劳动力转移成本、资本技术城乡转移和城乡土地流转等几个方面分析城乡一体化新动力机制。运用系统动力学的方法探索各个因素之间的相互作用和因果关系，构建系统动力学模型，并进行了仿真和预测。

四、乡村振兴与城乡一体化协调机制研究

以新型城镇化为核心的动力机制强调的是从城镇到农村的单方向力量，要实现城乡一体化发展，还必须有农村自身发展和制度安排的配合，因此，要以乡村振兴为中心完善城乡一体化的协调机制；乡村振兴的关键是产业振兴，而产业振兴的关键在于农业现代化、非农产业和产业融合，其中非农产业作为中间环节意义重大。本部分以农村产业体系为核心构建城乡一体化协调机制，强调了政府的主导作用。

五、城乡一体化推进机制与政策体系构建

推进城乡一体化发展必须要实现动力机制和协调机制的相互契合，而要把这种契合落实到操作层面上，需要统筹新型城镇化与乡村振兴。本部分以生产要素为核心研究了城乡一体化的推进机制，强调市场与政府的配合，在此基础上构建了包括要素核心层、产业政策层和保障政策层三个层面的政策体系，以促进生产要素在城乡之间合理流动，促进城乡一体化发展。

第五节　思路方法

一、研究思路

本书按城乡一体化的"宏观机制、微观机制—动力机制、协调机制—推进机制与政策体系"的思路进行研究。首先，通过分析城乡一体化的一般规律、模式与逻辑，研究生产要素对城乡一体化发展的宏观作用机制，

作为宏观分析框架;运用新经济地理学构建数理经济模型,为城乡一体化问题研究提供了微观基础。其次,在宏观机制和微观机制的基础上分析城乡一体化的动力机制,围绕新型城镇化完善新动力机制;以乡村振兴为核心构建协调机制。最后,在综合考虑动力机制和协调机制的基础上,统筹新型城镇化与乡村振兴战略,构建推进机制和政策体系。总体思路可以由图1-1表示。

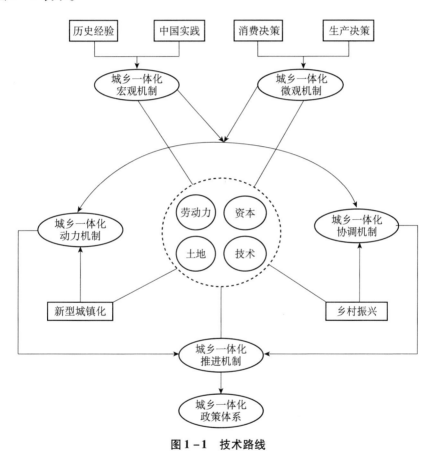

图1-1 技术路线

二、主要方法

(1)比较经济史方法。通过比较西方发达国家与中国,原生工业化国家与后发工业化国家的发展历程,分析发展阶段和宏观经济政策的差异对要素流动和城乡发展的影响，建立宏观分析框架。

（2）新经济地理学。将空间因素纳入传统经济学中，运用新经济地理学理论和方法构建城乡一体化的数理模型，探讨要素对城乡一体化作用的微观机理，并进行仿真模拟。

（3）系统动力学和系统论方法。基于系统论思想，运用系统动力学方法分析各要素对城乡一体化影响的动力机制。以新型城镇化为核心探讨各个方面相互作用的反馈关系和因果关系，并用发生数据进行模拟仿真和预测。

（4）空间计量方法。利用面板数据，运用熵值法和空间计量等实证方法研究我国城乡一体化的时空格局演变趋势及城乡一体化的影响因素。

第六节　创新与不足

一、创新之处

（1）将劳动力、资本、土地和技术纳入统一的分析框架，探讨城乡一体化的宏观机制、微观机制、动力机制、协调机制和推进机制，首次从一个机制体系的视角来全方位地研究城乡一体化。

（2）运用新经济地理学的理论和方法，将空间因素和传统经济学相结合，从微观主体的经济行为出发，构建了数理经济模型，分析生产要素对城乡一体化的微观作用机制，并进行了仿真模拟，为城乡一体化理论构建了微观基础。

（3）从系统论的视角，运用系统动力学研究以新型城镇化为核心的城乡一体化动力机制，并根据经验数据进行了模拟仿真和预测。城乡一体化是一个系统问题，各方面因素相互作用、相互反馈、互为因果，系统动力学的引入扩展了城乡一体化的研究方法。

（4）基于城乡一体化的宏观机制和微观机制研究，结合新型城镇化和乡村振兴战略的互动，以劳动力、资本、土地和技术四要素的流动为导入点，构建了城乡一体化的协同推进机制，使理论分析与实践相结合。

二、不足与可继续研究之处

本书在研究过程中以理论研究为主，没有做充分的案例分析，虽然谈到了世界上几个典型国家的模式，但是没有对世界各地和我国各个具有代表性的地区进行详细的案例研究，它们有很多做法、经验和教训，值得深入挖掘。下一步需要加强长期的实地跟踪调研，进一步总结提炼，实现从实践到理论的升华。

第二章 发展逻辑与城乡一体化宏观机制研究

改革开放以来，我国工业化与城镇化快速发展，城乡经济、产业结构、社会结构等方面都发生了明显的转变。一方面，工业化的快速推进促进了现代工业体系的建设，带动国民经济发展并取得了显著成效；另一方面，在发展过程中城市表现出极大的极化作用，吸引劳动力、资本等大量生产要素从农村转移到了城市（刘彦随等，2016）。由于农村自身发展基础薄弱，农业效率低下、农村发展缓慢、农民收入微薄并存。城乡发展不平衡、农村发展不充分现象仍明显存在，城乡二元结构依旧是建设社会主义现代化强国和高质量发展进程中最大的"拦路虎"。

第一节 相关概念和内涵

在我们的研究开始之前，有必要对研究中涉及的城乡一体化、生产要素这些核心概念进行明确界定，以便能够将后面的研究框定在一个合适的范围内进行推进。

一、城乡一体化

从目前有关城乡关系的众多研究成果来看，虽然学术界对城乡一体化问题关注已久，但是总的来说，在城乡一体化的界定方面并没有达成共识，每个研究者理解的城乡一体化的内涵都存在着或多或少的差别。总体来看，学者们共同勾画了一个涵盖经济、政治、社会、文化、生态等各方面在内的城乡融合蓝图作为城乡一体化的终极发展目标，由此大大提升了城乡一体化问题的研究难度（何仁伟，2018）。我们暂且把这个意义上的"城乡一体化"称为"广义的城乡一体化"。诚然，城乡融合目标的实现是一个极其艰巨的任务，城乡一体化进程的推进是一项极其浩繁的工程，在研究过程中确实需要研究者既要拥有高屋建瓴的大局观，又要熟悉城乡关系中涉及的各个方面的知识。但限于时间和精力，我们这里只能选择在经济学范围内、从生产要素流动的视角去研究"狭义的城乡一体化"，以期能够为城乡一体化的推进贡献些许理论与实践的参考素材。

（一）"城乡一体化"的概念

关于"城乡一体化"的概念，这里从两个方面进行阐释。

第一，本书中所指的"城乡一体化"是一个狭义的、经济学的范畴。虽然现实中城乡一体化涉及经济、政治、社会、文化、生态等方方面面，但是我们这里关注的重点是经济层面的城乡一体化，经济学研究的对象是稀缺资源的配置和财富的分配，因此，我们的"城乡一体化"主要涉及生产要素的配置、各个产业的发展和现代化，以及人民生活水平的提高和保障等经济学问题。另外，我们选择从生产要素流动的视角探讨城乡一体化问题。

第二，本书中所指的"城乡一体化"是一个涵盖了空间和时间两个维度在内的概念。从空间维度讲，城乡一体化涉及城市与农村两个空间，与"二元经济结构"是相对的，推进城乡一体化的目的就是要消除城乡之间在经济发展各个方面的鸿沟，最终实现城乡融合。我们认为，通过合理的机制设计与政策体系，引导生产要素在城乡之间进行合理的双向流动从而改变生产要素错配的局面，能够缩小城乡之间在生产、生活等经济层面的差距，最终实现城乡融合的伟大目标。

从时间维度讲，一方面，与统筹城乡发展一样，城乡一体化发展是我国实现城乡融合目标过程中的一个阶段性战略。马克思主义经济学认为，城乡关系演变的实质是生产关系随生产力的发展而不断演进的历程，随着生产力的不断发展，城乡关系必然从城乡分离、城乡对立走向城乡融合，这是一个必然趋势和客观过程，"城乡一体化"正是我国实现城乡融合目标这个客观过程中的一个"阶段性战略"。另一方面，城乡一体化的推进本身也是一个历史的、相对漫长的过程，不可能一蹴而就。正是鉴于城乡一体化的长期性和城乡融合任务的艰巨性，我们有必要对城乡一体化机制进行深入的研究以设计出更好的体制来推进城乡融合目标的实现。基于这两个方面的原因，我们认为，城乡一体化具有时间维度的内涵。

综上所述，本书中所指的"城乡一体化"是与"城乡二元经济结构"相对的一个经济学范畴，是城市与农村两大区域在生产、生活等各个经济层面互为补充、互相促进、协调发展的一个过程，是城乡关系演进过程中从城乡分离、城乡对立走向城乡融合这个客观过程中的一个必经途径。

（二）城乡一体化与城乡统筹、城乡融合

目前，在对城乡关系发展问题的讨论中，普遍存在着"城乡一体化""城乡统筹""城乡融合"三个名词混用的现象。我们认为，这三个名词在内涵上是有区别的，概括而言，"城乡融合"是城乡关系发展的目标，"城乡统筹"是城乡一体化发展的手段，而"城乡一体化"是结束我国城乡二元结构、走向城乡融合的途径。

"城乡一体化""城乡统筹""城乡融合"是有着共同之处的，它们都涉及城市和农村两个不同的人类生产生活空间，它们的内涵都绕不开"城乡关系"这个问题。这三个概念虽然都与"城乡关系"有着密不可分的联系，但各自的侧重点是不同的："城乡统筹"突出了政府掌控全局的主导作用，"统筹"的主体必然是政府，"统筹"是政府有目的的行为，是政府推动城乡一体化发展和城乡关系演变的一种手段；"城乡一体化"更强调空间层面的意义，意味着城乡在空间意义上的全方位"接触"，可以看作是一种"物理反应"；"城乡融合"是"城乡统筹""城乡一体化"指向的最终目标，是城乡一体化发展到高级阶段之后出现的一种状态，这时候城乡关系发生了从量变到质变的飞跃，类似于发生了"化学反应"。

二、城乡一体化机制（体系）

（一）城乡一体化机制

源于希腊文的"机制"一词，原义是指机器的构造和工作原理，它要讲清楚一部机器由哪些部件构成以及需要这些部件的原因，还要阐释这部机器是怎样运行的以及运行的原因。后来，"机制"这一概念被多个自然学科和社会学科广泛借用并进行了各种各样的改造，由此形成了各种各样的"机制"。

20世纪二三十年代，经济学开始了有关"机制"的讨论，后来，经济学的"机制"在演进过程中还催生出了"经济机制理论"，这一开创性贡献是由美国经济学家莱昂尼德·赫维克兹（Leonid Hurwicz）在20世纪70年代完成的。经济机制理论讨论的是什么样的经济机制可以实现既定目标的问题。良好的经济机制是针对特定目标而设计出的一系列规则，这些规则的意义是保证在有效利用信息的前提下经济活动参与者的个人利益能够符合既定目标（个人理性与社会理性的一致）（张东辉，2003）。

在本书中，我们对"城乡一体化机制"的理解与经济机制理论并不完全一致，我们赞同"城乡一体化机制"确实与特定目标——城乡融合有着密切关系，但是，"城乡一体化机制"不仅是以实现城乡融合为目标而设计的一系列规则（路径规划、制度、政策、资源配置方式等），在设计这一系列规则之前，我们还必须搞清楚城乡一体化发展过程中客观存在的规律、城乡一体化演进的内在机理，这些客观规律与内在机理也是"城乡一体化机制"的应有之义。

（二）城乡一体化机制体系及机制之间的逻辑

确切地讲，本书中的"城乡一体化机制"是一个包含了多种子机制在内的一系列机制的有机组合。具体而言，城乡一体化机制体系是一个涵盖了微观机制、宏观机制、动力机制、协调机制和推进机制五大机制在内的机制体系，这些子机制之间存在着密不可分的关系，它们互相补充、彼此协作、共同推进城乡关系向着城乡融合的目标演变。因此，研究城乡一体化机制问题，需要完成整体和局部两个层面的工作：从整体层面讲，就是要把握城乡一体化机制体系究竟包含哪些子机制，搞清楚它们之间的逻辑关系；从局部层面讲，就是要将多个子机制各个攻破，搞清楚各自内部的运行机理。

1. 城乡一体化机制体系

城乡一体化机制体系涵盖了宏观机制、微观机制、动力机制、协调机制和推进机制几个子体系。

微观机制和宏观机制是对城乡一体化发展从宏观角度和微观角度进行的内在机理的探讨，前者涉及城乡一体化发展的一般阶段性规律、发展水平的测度、时空演变特征等问题，后者则要揭示微观主体的行为对城乡一体化发展的影响。总体而言，微观机制和宏观机制是从不同角度对城乡一体化发展客观规律的阐释。

动力机制与协调机制。从系统论的角度讲，动力机制就是将若干动力因素以一定的结构和方式组合起来并诱致和激发动力源，从而促使动力源产生相应能量或发挥功能的运行机制。对一个完整的系统而言，城乡一体化发展的相关利益主体由追求效用最大化而产生的动力源、动力因素和动力机制共同组成了城乡一体化发展的动力系统。在城乡一体化的发展过程中，不仅存在着动力源、动力因素等推动城乡一体化发展的动力机制，还存在着与动力机制目标一致、路径不同、相辅相成的另一个机制——协调机制。协调机制虽然不是城乡一体化机制体系中最核心的部分，但它对核心动力机制的顺利运行起着重要的辅助和协调作用。

推进机制则是在尊重宏观机制和微观机制所揭示的城乡一体化内在规律的基础上，着眼于动力机制与协调机制两个方面的协同而设计出的具有整体性、全局性和可操作性的城乡一体化具体实现机制，它将城乡一体化机制落到了实施层面，因而还包括一系列相关政策组成的政策体系。

2. 各个机制之间的逻辑关系

结合中国的情况，本书研究主要包括发展逻辑与城乡一体化宏观机制研究、农村经济主体行为与城乡一体化微观机制研究、新型城镇化与城乡一体化动力机制研究、乡村振兴与城乡一体化协调机制研究、城乡一体化推进机制与政策体系构建。

　　五种机制从五个角度来研究城乡一体化，发展逻辑与城乡一体化宏观机制研究从要素流动对城乡一体化影响的宏观逻辑及各国经验出发，总结归纳城乡一体化的研究逻辑，并对我国的情况进行理论分析和实证研究；农村经济主体行为与城乡一体化微观机制研究基于微观经济主体的视角研究农民行为对城乡一体化的影响，突出经济主体行为动机对城乡要素流动和城乡一体化的影响；新型城镇化与城乡一体化动力机制研究从城市向农村推动城乡一体化的视角展开，论证新型城镇化是从城市向农村推动城乡一体化的主导动力；乡村振兴与城乡一体化协调机制从农村的角度探讨农村如何承接城镇化所带来的各种生产要素从而促进城乡一体化；城乡一体化推进机制与政策体系构建从城市和农村两个方面——新型城镇化与乡村振兴两大战略协调发力的角度来研究城乡一体化机制。五大机制从全方位的角度剖析城乡一体化发展机制，逻辑关系是清晰的。

　　首先，发展逻辑与城乡一体化宏观机制研究、农村经济主体行为与城乡一体化微观机制研究对城乡一体化机制的探讨具有基础性的意义，是对城乡一体化发展从宏观角度和微观角度进行的内在机理的探讨，是从不同角度对城乡一体化发展客观规律的阐释，是其他子机制运行的基础。

　　其次，新型城镇化与城乡一体化动力机制研究、乡村振兴与城乡一体化协调机制研究起到了衔接作用，它立足于发展逻辑与城乡一体化宏观机制研究、农村经济主体行为与城乡一体化微观机制研究这两个基础之上，衔接了基础理论层面的子机制和现实政策层面的子机制，将发展逻辑与城乡一体化宏观机制研究、农村经济主体行为与城乡一体化微观机制研究与城乡一体化推进机制与政策体系联系起来，使客观规律与主观政策之间有了联结的纽带。

　　以新型城镇化为核心的动力机制，是市场机制的自然规律，而以乡村振兴为核心的协调机制，则要求要素向着有利于农村产业发展的方向流动，这不是靠市场能够实现的，更多的是要依靠政府引导，因此，亟须在制度层面构建高质量的生产要素配置机制，需要破除制约城乡要素流动的因素，促进生产要素合理双向流动以促进现代农村产业体系的构建，同时，现代农村产业体系的构建也将通过市场机制促进生产要素合理双向流动。新型城镇化与城乡一体化动力机制研究、乡村振兴与城乡一体化协调机制研究一起，互相补充，兼顾了源于城市方向的城乡一体化和源于农村方向的城乡一体化发展，它们互相补充，立足于发展逻辑与城乡一体化宏观机制研究、农村经济主体行为与城乡一体化微观机制研究这两个基础之上，实现了从理论层面的机制向现实政策层面的机制完美衔接。

新型城镇化与城乡一体化动力机制研究、乡村振兴与城乡一体化协调机制研究也不无联系：城乡融合的协调机制是对接动力机制而提出的，其主要作用是协调动力机制的作用，提高乡村自身的发展水平以实现与城市经济发展外延的匹配。

最后，城乡一体化推进机制是在尊重宏观机制和微观机制所揭示的城乡一体化内在规律的基础上，着眼于动力机制与协调机制两个方面的协同机制。动力机制是从城镇到农村发力、协调机制是从农村到城镇发力来推进城乡一体化，推进制则将两者结合起来，从新型城镇化与乡村振兴衔接互动方面研究城乡一体化的协同推进。城乡一体化的推进将动力机制和协调机制相结合，本质上是重视市场和政府这两种资源配置方式相结合，同动力机制和协调机制一起，为客观理论向主观政策的过渡提供了纽带，在它们的共同作用下，城乡一体化政策体系才能够踏实落地。

三、生产要素及其流动

本书基于生产要素视角研究城乡一体化机制，因此，有必要就"生产要素"进行一些说明。经济学中的生产要素指的是用于生产的各种资源。西方经济学中的生产要素一般包括劳动、土地、资本和企业家才能四种，随着科学技术的发展，技术、信息、组织等有时候也被当作投入生产的要素。有别于西方经济学，本书中的生产要素包括劳动力、资本、土地、技术四种，其具体内涵也有所差异。劳动力是能够在生产过程中以体力、智力形式从事劳动的人，其存量、素质与结构是影响其在经济增长中的贡献的几大因素。土地主要指土地本身而不是广义的自然资源。城乡一体化研究中，主要涉及的是农村土地——耕地、宅基地和集体建设以及生态用地，关注的是这些类别的土地的使用权和经营权。资本具有实物形式和货币形式两种形态，不过，本书关注点不在形态，我们更关注按照产业划分的各类资本，主要包括农业资本、工商业资本和金融资本。技术是能够带来经济效益的科学知识，表现为实物形态和知识形态两种形态，前者是技术与实物资本结合后物化的结果，后者是技术与劳动力结合的结果。① 在本书中，我们重点讨论的是技术创新以及不同地区、产业之间的技术转移。

关于"生产要素流动"，在本书不局限于"地理空间"层面的流动，也不局限于基于生产要素在城市和乡村之间优化配置而进行的流动，其也涉及因城市内部、农村内部生产要素的优化配置而出现的生产要素流动，虽然讨论的重点在第一个方面。

劳动、资本和部分技术要素在城乡之间的流动，相对比较明显，体现为地理空间层面的流动，例如，劳动、资本以及部分技术会随着劳动者在城乡之间的迁移发生地理位置上的变化。而土地和另外部分技术要素的流动，则相对难以观察到基于地理空间的变化，尤其是土地要素。因此，突破"地理空间"的限制十分有必要。以土地要素流动为例，它实际上是土地的经营权和使用权的流转，这个流转既包括各类土地在农村内部的流转，也包括城乡之间的流转，即土地在农村、农业用途和城市各项用途之间进行转换，前者如耕地在农户之间的流转、土地在农村各项用途之间的转换，后者如土地从耕地变为城市建设用地。国家在这方面也有明确政策规定，例如，2019 年 4 月 15 日颁布的《中共中央 国务院关于建立健全城乡融合发展体制机制和政策体系的意见》中就提出，要建立集体经营性建设用地入市制度，"允许村集体在农民自愿前提下，依法把有偿收回的闲置宅基地、废弃的集体公益性建设用地转变为集体经营性建设用地入市"。

第二节　城乡关系演变的规律与模式

城乡关系是一个古老的话题。农村（乡村）作为人类最早的聚居地，

---

① 世界知识产权组织在1977年版的《供发展中国家使用的许可证贸易手册》中将"技术"定义为："技术是制造一种产品的系统知识，所采用的一种工艺或提供的一项服务，不论这种知识是否反映在一项发明、一项外形设计、一项实用新型或者一种植物新品种，或者反映在技术情报或技能中，或者反映在专家为设计、安装、开办或维修一个工厂或为管理一个工商业企业或其活动而提供的服务或协助等方面。"

也是大规模城市化完成之前人类最主要的生活场所，那里人口相对分散，以农业为主要产业。城市的出现晚于农村，是人类社会生产力和分工发展到一定阶段才出现的，被认为是人类文明的象征；与农村不同，城市人口相对集中，且以非农产业为主要产业。据考证，距今大约 1 万年前，近东地区出现了人类长期定居的农村网络（王恩涌，1989）；距今约 9000 年前，中东地区出现了最早的城市，并在距今 5000 年前形成了紧凑的城市（约翰·斯顿，2004）。农村和城市相继出现，意味着城乡关系由此产生。在人类社会历史上，城乡关系的演变占据着一席之地，考察城乡关系发展史，我们得知，城乡关系的演变存在着一定的规律，我们把这些规律称为"一般规律"，这是为了与后面讲到的城乡关系演变的特殊模式相区别。

一、城乡关系演变的一般规律

（一）城乡关系演变历程

发端于几千年前的城乡关系，随着历史的推进和城市、农村的发展呈现出不同的内容。在古代时期，城乡之间是混沌统一的，古老的城市和农村并没有严格的分界，城市多是基于军事防御和宗教传播的需要而产生的，虽然伴生着商业功能，但在商业发展方面远未达到中世纪商业城市的水平，城市虽然在政治上控制着农村，但是在经济上严重依赖农村，而农村却是自给自足的经济单位。中世纪时期，许多城市是自治的，城市发展成了商业和手工业的集中地，积累了技术、经验和大量商业资本，这些宝贵的财富流动到农村，促进了农业和农村手工业的发展，而广袤的农村也为城市提供了所需的原材料和巨大的需求，城市和农村在互利共赢中向前发展，共同见证着历史的车轮驶向近代资本主义。世界近现代史是人类历史上最辉煌的篇章，农业革命发生、世界市场形成、资本主义兴起、科技革命迭发、产业结构更替、生产生活方式走向现代化……在这个过程中，城市和农村不断发生变化，城乡关系的演变也最为复杂。因此，这一段城乡关系史也是我们最为关注的部分。世界经济史表明，三次产业先后以农业、工业、第三产业为主导产业。现代工业和现代城市的大发展是由 18 世纪产业革命的发生拉开帷幕的。在此之前，农业经济一直占据主导地位，农村作为人类的主要聚居地区已有几千年。随着主导产业从农业向工业、第三产业乃至信息产业的变迁，人类社会也逐渐经历了工业化、城市化，城乡关系在这个过程中依次经历了城乡分离、城乡对立，向城乡融合演变。

了解近现代城乡关系的演变，离不开对工业化和城市化的探究。工业革命是工业化的导火索，也是产业结构更替和城乡生活方式变化的重要推动力。工业革命之前，由于经济发展水平和集聚程度都较低，产业主导形式为农业，因而人口主要聚集在农村地区，城镇数量较少且发展水平较低。工业革命在英国爆发后，资本主义的迅速发展导致城镇数量快速增加，工业化、城市化水平同步攀升。城市化是现代经济发展中具有规律性的现象，世界各国的城市化历程，本质上是重新塑造城乡关系的一个过程。从 19 世纪到 20 世纪，大约有 4 亿人口从农村迁移到了城市之中，与此同时，城乡差距不断扩大，这在欧洲表现得最为显著（王鹏，2017）。随着经济步入发达阶段，英国、德国和美国先后突破了 70% 的城市化率，城乡差距先扩大继而缩小，最终走向了城乡融合发展。从 20 世纪中期到 21 世纪初期，后发工业化国家的城市化迅速推进，如表 2 - 1 所示。本质上后发工业化国家的城乡关系演变与原生工业化国家并没有区别，但在具体发展特点上是有差异的，突出表现为城市化发展速度极快、城乡关系演变迅速。

表 2 - 1　　　　原生工业化国家和后发工业化国家常住人口城市化率　　　　单位:%

原生工业化国家							
国家	1960 年	1970 年	1980 年	1990 年	2000 年	2010 年	2019 年
英国	78.44	77.12	78.48	78.14	78.65	81.30	83.65
德国	71.38	72.27	72.84	73.12	74.97	76.97	77.38
美国	70.00	73.60	73.74	75.30	79.06	80.77	82.46
后发工业化国家							
国家	1960 年	1970 年	1980 年	1990 年	2000 年	2010 年	2019 年
日本	63.27	71.88	76.18	77.34	78.65	90.52	91.70
韩国	27.71	40.70	56.72	73.84	79.62	81.94	81.43
中国	16.20	17.40	19.36	26.44	35.88	49.23	60.31

资料来源：城镇人口占总人口比例 [EB/OL]. [2023 - 05 - 29]. https：//data. worldbank. org. cn/indicator/SP. URB. TOTL. IN. ZS? contextual = min&locations = CN&view = chart.

（二）城乡关系演变的一般规律

通过对城乡关系演变历程尤其是近现代城乡关系演变历程的梳理，我们发现，城乡关系演变遵循着一定的客观规律：城乡关系演变中存在着与产业变迁、城乡发展（城市发展）相关的一个关系链；进一步地，要素流动在这个关系链中扮演了重要的角色。

如果从城乡关系出现之初开始观察，我们可以发现，存在着这样一个"产业变迁—城乡发展（主要是城市发展）—城乡关系演变"的链条。如果仅着眼于近现代，无论是先发工业化国家的历史还是后发工业化国家的实践，都表明近现代城乡关系的演变和产业变迁、工业化与城市化以及生产要素流动之间存在着一种密切的联系，简单来讲，就是存在着"产业变迁—工业化—城市化—城乡关系演变"这样一个关系链，注意这个链条并不表示时间先后，因为城市化、城乡关系演变本身是工业化与产业结构变迁的伴生现象。

从"关系链"的角度回顾一下近代以来的发展历程。一国的工业化、城市化阶段与该国的城乡关系密不可分，虽然世界各国的发展路径各不相同，实现工业化、城市化的时间也不尽相同，但工业化、城市化的发展阶段都大致可以分为以下三个阶段：缓慢起步的初期、快速推进的中期和稳定发展的后期。城乡关系在这个过程中经历了从城乡分离、城乡对立直至城乡融合的演进路径。随着工业革命的推进，主导产业从农业转向工业，工业化进入初期阶段；此时城市化水平较低，城市和农村之间初步显现出分离的态势；此时要素流动基本是双向的，农村为城市提供资本、劳动力和土地，而产生于城市的部分技术也被转移到农村，为农业和农村非农产业的发展作出了贡献。在工业化的加速推进阶段，主导工业部门从工业向第三产业变迁，城市化进程加快，此时城市往往通过各种形式从农村汲取大量的劳动力、资本、土地要素，以实现工业化积累，这种资源从农村向城市的单向、大规模流动导致城乡之间的差距越来越大，城乡关系越来越紧张，至于城乡对立的严重程度则与各国的基本条件和发展路径息息相关。随着工业化步入后期，信息产业逐渐占据主导地位，城市化走向尾声，在政策引导下，往往会出现城市反哺农村、工业反哺农业的阶段，之后在市场的主导作用下，生产要素在城市与农村之间逐步实现双向自由流动，城乡实现融合发展。

需要特别注意的是，生产要素的流动贯穿了整个链条，在产业之间、城乡之间微妙地扮演着联系彼此又分化彼此的双重角色，而且在各个发展阶段的流向具有普遍规律：抛却城市刚刚诞生的古代时期，从中世纪商业城市的出现开始，到大规模的工业化和城市化展开之前，城乡之间的要素流动基本上是缓和的双向流动；在工业化、城市化快速推进的中期阶段，劳动力、资本、土地等要素大规模从农村流向城市非农产业，而城市具有优势的技术要素却很少转移到农业和农村；工业化、城市化后期的要素流动则逐渐转向在城乡之间、农业与非农产业之间双向流动，在实现城乡融合之前，往往会有一个城市反哺农村、工业反哺农业的阶段，在政府的引导下让资本和技术从城市转移到农村。

一般规律的本质是生产力与生产关系的辩证统一。关系链和各阶段要素流向的规律就是我们发现的"规律性特征"，或者叫"一般规律"。隐藏于这种"一般规律"背后的本质，其实是大家所熟知的"生产力与生产关系"的辩证统一关系。从历史唯物主义出发，一方面，城市和农村的出现是人类生产力发展到一定阶段的产物，城乡关系本质是生产关系，由于生产力决定生产关系，因而城乡关系是随着生产力的发展而不断演进的历程，不同的生产力发展阶段对应着不同的城乡关系。另一方面，从历史发展过程中我们也可以观察到，城乡关系对城市化、工业化的发展也存在着或促进或制约的作用，尤其表现在城乡关系比较紧张的时期，城乡二元结构的严重对立制约了经济的发展，这也是各国在工业化、城市化中后期致力于寻求消除城乡二元结构"良方"的根本原因。

二、发达国家城乡关系演变的两种模式

虽然城乡关系演变存在着一般规律，但不可否认的是，基于不同的要素禀赋条件，各国的工业化路径大相径庭，最终导致城市化和城乡关系在演变过程中呈现出不同的特征。综观城乡关系已经基本稳定并走向融合发展的发达国家的情况，我们发现，在城乡关系的演变过程中出现了不同的现象：有的国家城乡关系演变比较缓和，没有出现严重的城乡对立；另外一些国家在工业化、城市化进程中却出现了比较严重的城乡对立。前者以英国、美国等国家为代表，后者以日本为代表。为什么城乡关系会有不同的表现呢？我们观察到，英国、美国和日本分别是先发和后发工业化国家，

工业化初始要素禀赋条件不一样，工业化的主导力量分别是市场和政府，且后者对要素流动的控制非常强。下面详细进行分析。

（一）城乡关系演变的英美模式

英国、美国等市场主导型工业化具有长期的要素积累过程和丰裕的初始要素（包括国外要素的注入）；其工业化、城市化稳步推进，城乡关系缓和演变，工业化、城市化中期没有出现严重的城乡对立局面。

1. 英国城乡关系演变

工业化开始之前，农业仍是英国的主导产业，人口主要聚集在农村地区。为数很少的城市由农村孕育出来并且发展缓慢。作为老牌的殖民国家，英国的工业化拥有天时地利。15世纪后期开始的大规模圈地运动使大量失去土地的劳动者被迫进入城市谋取生存机会，城市就这样形成与发展起来。圈地运动在为城市提供了劳动力的同时，也改变了土地的利用方式和规模，为土地私有制的最终确立做了铺垫。16世纪中叶首发于英国、荷兰的农业革命是工业革命的初始点，为工业革命的发生准备了充裕的要素：农业革命使人口突破"马尔萨斯陷阱"，为经济增长提供了大量的劳动力要素；革新了耕作方式、确立了土地私有制，土地利用方式（大规模利用）发生转变，土地要素由此"解放"；提供了大量的农业剩余（资本），部分流入商业领域，部分直接为工业革命作出了贡献。地理大发现导致世界市场形成并催生了欧洲的商业革命，商业的大发展更是为后来的工业革命（科技革命）积累了丰厚的资本。在丰裕的劳动力、土地、资本要素基础上，英国工业革命一触即发，在此之际，工业革命的大发展直接带来了技术的爆炸式增长，技术的应用导致生产率急剧提高，在解放劳动力的同时还带来了更多的资本要素。至此，工业化发展需要的劳动力、土地、资本、技术四种要素齐备了。

就这样，英国开始了工业化的过程，伴随着工业化进程的是主导产业的更替和城市化的推进。18世纪初工业革命初期，英国经济以棉纺织业等劳动密集型产业为主，这些劳动密集型产业吸纳了众多的农村剩余劳动力，此时英国的工业化发展以轻工业为主。随着经济的发展，劳动力、土地等要素逐步向城市集中，而且表现为生产要素由农村向城市单向流动，工业化、城市化水平在这一阶段同步提升，城乡也开始走向分离。

英国的工业化起步于轻工业，但到了工业化中后期，轻工业的中心地位不可避免地让给了资本密集型的重化工业，从劳动密集型产业向资本密集型产业的转变导致了严重的城市失业现象，另外，拥堵、污染等城市病也逐渐显现出来。工业化、城市化水平在这一阶段迅速提升，虽然因"城市病"频发有小部分生产要素回流到农村地区，但大部分生产要素还是由农村流向了城市，城乡对立格局形成。19 世纪中叶，随着蒸汽机的发明和改进，煤炭、钢铁等重工业以及交通运输业发展至一定水平，这些主导产业的资本密集性凸显，工业化初步实现。同时，英国也基本实现了城市化，超过 50% 人口在近 600 个城镇中定居。19 世纪末 20 世纪初，由于工业化过程中大量农业人口集中涌向城市使城市化发展过快，导致英国面临公共卫生条件差、失业严重、住房紧张、交通拥堵等"城市病"问题。据统计，1893～1907 年，城市开发与工业发展大概占用了 50 万英亩的农业用地；1914～1916 年，伦敦工业郊区每月的工业废弃物排放量达到了每平方英里38 吨。除此之外，城乡发展差距也扩大了，第二次世界大战结束后，城市居民平均收入比农村居民高 1674 英镑之多，农村有高达 22% 的自主工作者未能脱贫（武小龙，2020）。几乎同时，城市居民开始向郊区扩散。

20 世纪中期以后，英国的城市化率开始稳定、缓慢增长，政府意识到了农业衰退、城乡对立等问题，开始把农村放到与城市对等的地位，城乡关系由此进入新的阶段。英国政府先后颁布了多项法案来规划城乡发展，例如，为了阻止城市蔓延和农村无序发展，1947 年的《城乡规划法》对农村地区的规划建设进行了严格限制；出台了一些加强农村地区历史人文保护和保障农村传统特色的法律。这些法案强调了农村发展的英国特色和可持续发展的理念。英国政府认为，大都市周边郊区是联系英国城乡的纽带，因而非常注重这些地区周围的"城市村庄"发展模式。此外，为了城乡环境的公平发展，英国政府在《2000 年乡村发展白皮书》中对英国农村的发展愿景进行了描述，阐述了宜居、乐业、环保与自治的乡村发展目标（张沛、张中华和孙海军，2014）。为了配合广大农村地区进行产业结构调整，英国政府将小镇作为依托来解决农村人口的就业问题，同时，也依托小镇的交通枢纽作用将农产品送到了各地市场。

总的来说，在市场主导工业化、城市化的过程中，英国虽然出现了城乡分离与对立的局面，但与后来的发展中国家相比，城乡对立不算严重，这与良好的初始要素禀赋是分不开的，由于在发展过程中要素流动是一种缓和的流动，而不是表现为强制性的大规模"掠夺式"要素流动，因而城乡差距并不悬殊，更为人诟病的反而是各种"城市病"问题。除了英国，法国等许多欧洲国家的情况也大抵相似。

2. 美国城乡关系演变

1830 年前后，工业化开始之前，美国是一个以畜力和风力为主要动力、以马车和帆船为主要运输工具的传统农业国。19 世纪中期，美国开始大规模从欧洲引入先进技术和设备，其中，蒸汽机的使用明显提升了美国的交通运输能力。以蒸汽为动力的火车取代马车和帆船，成为国土开发和工业发展的重要工具，由此促进了美国西部城市的发展。从一定程度上说，美国的工业化、城市化进程建立在英国工业革命丰硕成果的基础上。

1880 ~ 1950 年，美国处于工业化、城市化快速推进的中期阶段。交通工具的发展与变革刺激了工业革命的发展，随着有轨电车、火车、汽车先后成为主要交通工具以及高速公路、铁路迅速延伸向四面八方，工商业和人口迅速集中于城市，城市化迅猛发展，到 20 世纪中叶步入工业化后期时，美国的城市化水平已经高达 64%。区别于英国通过"圈地运动"等方式迫使农村生产要素向城市转移的做法，美国的工业化、城市化并不是以牺牲和压榨农业而发展起来的。从一定程度来说，美国的工业化和城市化恰恰是以农业的发展为坚实后盾的。20 世纪初期，美国告别了畜力机械，20 世纪 50 年代，美国完成了现代意义上的机械化，农业机械化的发展迅速推进了农业生产率的提高，为城市准备了大量的农业剩余劳动力。除此之外，大量的国际移民是美国特有的优势，为美国带来了众多高素质的劳动力。国际移民中不乏专业的技术人员，他们给美国带来了冶铁、纺织、炼油和其他各行各业的先进技术和知识；移民中的资本家和金融家则将国际资本引入了美国。另外，这些携带大量生产要素的国际移民多数进入了美国的城市，促进了美国的城市化、工业化发展。这一过程中，美国的农业没有像欧洲那样出现衰退，因而城乡之间没有出现严重的对立。

1950 年是工业化中、后期的分界线，此时农业产值已经缩小到 5% 左右，产业结构发生了彻底改变。1970年，美国的城市化率达70%左右，标志着城市化稳定阶段的到来。在科技革命的推动下，产业结构继续升级，信息产业逐渐发展起来，而传统工业呈现颓势，这些变化推动着人口越来越向城市之外的广大区域寻求新的住所和就业机会。同时，农村地区的特有优势如低经营成本、无工会环境以及地方金融政策倾斜等，都吸引着工商企业由城市向农村地区迁移。人口和企业向郊区和农村分散的趋势标志着城乡生产、生活方式正在靠拢，意味着城乡关系逐步进入了一体化发展的阶段。区别于许多国家，美国城乡一体化是以郊区化为主要内容的，在政府的扶持下，郊区的发展速度超过了中心城市，由此进入城乡经济融合阶段。为了保障城乡融合顺利进行，美国制定了许多的法律法规。社会保障方面，始于1935年的《社会保障法》成功地将各类人群纳入了统一的社会保障体系，使得城乡居民完全享受同等政策和制度。户籍制度方面，不同于中国，美国城乡居民可以双向自由迁徙，合法公民可以自由选择居住地。宽松的户籍制度保证了人口在工业化初期从农村流向城市、在工业化中后期顺利迁移回农村和郊区，有利于形成城乡之间的自然合理布局。农业政策方面，美国政府的农业支持力度一直居高不下，从20世纪中叶开始，农业固定投资比重一直呈增加的趋势，政府农业支出远远超过了农业税收。产业融合方面，美国在城乡一体化过程中非常重视农业现代化、工业化和第三产业的协调互动发展。美国工业化与英国类似，以纺织工业等轻工业为基础发展起来，然后进入重工业、新兴工业部门，之后，制定了一系列有利于产业转移的政策鼓励城市工厂迁往郊区，为农村工业化发展创造了有利条件。这样，美国的农业与工业携手并进，农村发展与城市化同时进行，实现了工、农、城、乡良性互动的发展（付娜，2014）。

在美国的发展史中，我们观察到了大量的外部要素注入，这无疑会对城乡关系的发展产生深远影响。作为一个移民国家，美国有着丰裕的要素资源：大量的移民带来了大量的劳动力；部分移民同时带来了英国工业革命的先进技术成果；移民中的资本家、金融家同时带来了国外的资本；美国还拥有自然资源充裕的广袤土地，并通过自由占地运动、国有土地私有化、实施《宅地法》等方式一步步确立了土地私有制，实现了资本主义雇佣制大农场经营。这样，在持续外部要素注入和国内丰富自然资源的支持下，美国的工业化迅速推进，在这个过程中，农业的机械化、现代化同时推进，农村发展与城市化同时进行，城乡关系演变过程中并没有出现严重的城乡对立局面。

（二）城乡关系演变的日本模式

1868 年明治维新之前，日本是一个农业国，农村是主要的生产生活场所，城市数目极少。明治维新开始后，日本在政治、文化、经济、军事等方面进行了大刀阔斧的改革，经济逐步发展起来。国土狭小的日本在工业化的初始要素禀赋方面并不占优势，不过，西方外来技术和设备为日本工业化提供了重要的支持。明治维新之后，随着农村劳动力向工业部门的流动，城市逐渐成为人口聚居地和经济中心。

第二次世界大战结束后，日本工业进入了发展的黄金时期，这一阶段日本的城市化率飞速提升，1950～1977 年，城市化率由 37% 增长到了 76%。在工业化、城市化过程中，日本选择了出口导向型战略，这是以牺牲农民利益为代价的发展战略，由于片面追求工业发展而严重制约了农业农村的发展，农业发展慢、农民收入低的问题逐渐显现出来，城乡差距不断扩大。农业农村的凋敝驱使农村人口大规模流向城市，传统村落社会迅速崩溃，形成了严重的城乡对立局面。

1977 年以后，日本步入工业化、城市化后期，城市化速度稳定下来，城市化率以 0.45% 的年平均速度增长。鉴于工业已经具备了反哺农业的能力，政府改变了过去的城市和工业偏向，转向了"以工带农、以城促乡"的发展模式，通过对农业、农村、农民给予补贴和颁布一系列政策来保证农村的发展。空间规划方面，早在 1962 年制定并实施的《全国综合开发规划》，就从城乡一体的视角对农村和城市的开发与规划作出了安排，强调要缩小城乡、区域差距。法律法规方面，颁布了不少法律来配合城乡一体化发展。《农村地区引入工业促进法》引导工业有序地向农村转移；《农地法》《农业协同组合法》对农民养老金制度做了规定；《农振法》保证了农村土地使用权能够顺利流转；《村落地域建设法》规范了农村村落周边土地利用秩序。财政政策方面，中央财政的农业相关支出一直占财政支出的 7% 以上，建立了中央财政与地方财政共同承担的直接补贴制度。例如，农民购买农机具等生产设施可以享受到高达 80% 的补贴，由中央财政和地方财政平均分摊，剩下的 20% 还可以从农协贷款（张雅光，2018）。公共服务方面，政府对农村公共服务更加关注，鼓励农村职业技术教育和农民组织的发展。户籍制度方面，创造了一个宽松的户籍管理环境，有利于城乡之间的交流与互动。可见，在工业化与城市化后期，日本建立了一个统筹城乡发展的政策支持体系。

总之，作为后发的工业化国家，日本的工业化是在政府主导下进行的，工业化过程相对短暂，工业化初始要素积聚与内部要素流动具有一定的同时性，政府在这个过程中控制了要素流动，同时有大量外部资本注入（掠夺）、技术引进。由于政府的强制干预带有明显的工业偏向和城市偏向，城乡关系一度走向紧张，不过，由于在工业化、城市化后期采取了一系列反哺农业、农村的政策，最终使城乡走向融合发展。

（三）两种模式的比较分析

综合与比较两种不同的模式，我们发现一些相同之处和特殊之处。

1. 两种模式的相同之处

与前面我们讨论的城乡关系演变的一般规律一致，在两种模式中，要素流动都呈现出先从农村流向城市、后从城市回流到农村的趋势。工业化和城市化的初、中期，农业都曾直接或间接地、自发或被动地为工业化、城市化提供资本、劳动力、土地等要素，这是与产业变迁顺序和城乡发展规律相符合的。到了工业化、城市化的后期，各国均有或多或少的统筹城乡发展的措施出台，引导要素从城市向农村流动，这些举措对于城乡融合的实现大有裨益。

2. 两种模式的特殊之处

在日本模式中，政府主要是通过控制生产要素的流动方向和规模来控制工业化、城市化的进程的，进而影响了城乡关系。实际上，越是后发地、要素禀赋不佳的国家，工业化、城市化越是倾向于政府主导，对农业、农村要素的索取就越直接，城乡对立就越严重，原因在于，控制要素流动是政府主导的重要手段和直接目的之一，而在工业化和城市化的初、中期，政府具有明显的工业导向和城市偏向；也可以说，政府主导工业化的国家正是通过控制要素流动从而控制了工业化、城市化的节奏，进而影响了城乡关系的演进。控制要素流动的重要性基于工业化、城市化不利的初始要素禀赋，初始要素禀赋的不利要求必须在工业化、城市化的过程中同时实现要素的积累和流动。

而在英美模式中，控制生产要素的流动对政府而言并不是那么重要，工业化、城市化过程中生产要素的流动基于市场的自发引导，有着明显的利润趋向。这是因为，在工业化、城市化开始之前，这些国家就已经积累了大量的各种生产要素或者具备了获得大量生产要素的条件。要素积累与要素流动从某种意义上说是分离的过程。

联系中国来看，以上结论与中国的城乡关系演变史也是契合的。中国进行工业化的初始要素禀赋太差，几乎没有外部要素（资本、技术）资源可用，被迫选择了政府主导工业化和"重工业优先发展"的工业化战略，工业化推进很快，但由于初始条件差，城市化推进和城乡关系的演变都具有一定的曲折性和长期性。在薄弱的初始要素禀赋背景下，控制要素流动的重要性更加突出。这样，在工业化和城市化的初、中期，通过政府的强力干预，要素获得和要素流动的过程几乎是同时发生的，由于政策具有明显的城市偏向和工业偏向，导致后来形成了明显的城乡二元结构对立格局，如表2-2所示。随着中国步入工业化、城市化后期，城乡二元结构对立对城乡发展的制约日益凸显，对城乡融合发展的需要越来越强烈，因而政府对城乡关系越来越关注。这也是我们选择研究城乡发展问题的重要背景。

表2-2　　　　　　　　两种模式及与中国的比较

模式	初始要素条件	工业化主导力量	要素控制	城乡对立
英美	好	市场	弱	不严重
日本	不好，但有外部要素引入	政府	较强	较严重
中国	很差，很少外部要素注入	政府	很强	严重

第三节　新中国城乡关系演变历程

历史上中国是一个传统农业大国，也是综合国力位居世界前列的强国。

但是近代以来，中国并没有像西方发达国家一样发生代表先进生产力的工业革命和产生机器大工业，自然传统农业和现代工业并存的二元结构在中国也没有内生性地出现。19 世纪西方的铁蹄踏入华夏大地之前，中国的经济结构并不是二元的。伴随着外国资本主义在中国开设工厂、兴办企业，中国民族资本主义也逐渐兴起。然而受到战争的破坏和影响，中国工业发展极为缓慢。1949 年中华人民共和国成立之际，中国仍是一个农业大国。当时的社会总产值中工业占比不足一成，且有九成的人口生活在农村。该阶段城乡之间呈现开放的自然发展状态，城乡人口自由流动，雇工与借贷自由，土地可以自由买卖。新中国成立之后，伴随着工业化的推进，城乡关系经历了长期的分离与对立，并在政府统筹城乡发展的举措下确立了城乡融合的目标。

一、新中国处理城乡关系的政策思路演变历程

新中国成立以来，党和政府对城乡关系问题一直比较重视，在漫长的理论与实践探索中，中国共产党对城乡关系的认识不断深化，处理城乡关系的思想也经历了城乡兼顾、城乡互动、城乡协调（统筹城乡发展）、城乡一体化和城乡融合多个阶段。

（一）"城乡兼顾"思想

政府对城乡关系问题的探索开始得比较早。1949 年，党的七届二中全会之后，党的工作重心就开始向城市倾斜。面对此时落后的国民经济和薄弱的农业基础，毛泽东同志继承马克思、恩格斯和列宁的城乡关系思想，在七届二中全会报告中明确指出，"从现在起，开始了由城市到乡村并由城市领导乡村的时期。党的工作重心由乡村移到了城市。"他还强调，"城乡必须兼顾，必须使城市工作和乡村工作、使工人和农民、使工业和农业，紧密地联系起来"。[①] 这主要包括三个方面的内容：第一，重点发展城市建设，同时不忽略农村建设；第二，兼顾工人阶级和农民阶级的利益；第三，

---

① 毛泽东. 毛泽东选集（第四卷）[M]. 北京：人民出版社，1991：1427.

促进工农业协调发展，工农并举。毛泽东"城乡兼顾"的思想，从地理空间、阶级关系以及产业发展等方面对城乡发展关系都做了规划。但是，中华人民共和国成立后，面对严峻的政治经济形势，被迫选择了重工业偏向的工业化战略，这种重工轻农的发展模式要求农业要为工业服务、为工业积累以资本为首要内容的生产要素，因此，在工业日益繁荣的同时，农业、农村却发展缓慢，更严重的是，形成了明显的城乡对立的二元经济结构。

（二）"城乡互动"思想

面对农村发展明显落后于城市发展和国民经济发展的局面，邓小平同志提出了"城乡互动"的城乡关系思想，要求科学处理城乡关系以服务于经济建设这个中心任务，并指出农业和工业、农村和城市是"相互影响""相互促进"的，这是一个"非常生动、非常有说服力的发展过程"。① 该思想涵盖了经济、社会和生态等多个方面。这个时候，社会主义市场经济理论的提出，也为城乡关系的处理提供了崭新的资源配置方式——将计划经济和市场经济有机结合。理论发展的背后是实践的支撑与检验。党的十一届三中全会后，我国开始了农村改革，农村经历了"两个飞跃"：人民公社解体与家庭联产承包责任制建立；发展适度规模经营和集体经济。在农业发展的过程中，乡镇企业逐步壮大起来，对农村经济的发展起到了至关重要的作用，虽然并未撼动二元经济结构，但在一定程度上缩小了城乡差距。这个时期强调城乡互动、工农互动、市场调节的取向和注重科技、人才培养以及关注生态保护的思想，为以后统筹城乡发展、城乡一体化和城乡融合等思想的提出奠定了理论基础。

（三）"统筹城乡发展"思想

改革开放顺利进行了十年左右之后，遇到了一些难题，与此同时，国际形势风起云涌，东欧剧变、苏联解体，世界格局从两级走向多极，逐渐形成了美、日、欧三足鼎立的形势。在国内外政治经济形势变化的同时，我国的城乡关系也面临着新的考验，城乡差距、工农差距日益凸显。只有

---

① 中共中央文献编辑委员会．邓小平文选（第三卷）［M］．北京：人民出版社，1994：326.

处理好城乡差距、城乡关系问题，才能让改革和发展良好地进行下去。此时，以江泽民同志为代表的第三代领导人适时提出了"统筹城乡发展"的重要思想，将农业农村问题作为社会发展中的主要问题来对待，同时着手对城市国有企业进行以建立现代企业制度为目标的改革，还要发展小城镇。由此，长久以来形成的以工业为中心、农业支持工业的格局被彻底打破。"统筹城乡发展"最早见于党的十六大报告，后来成为"五个统筹"之首。①

（四）"城乡一体化"思想

2007 年，胡锦涛同志在党的十七大报告中提出要"统筹城乡发展"。② 此时，从整体来看，城市和农村在各方面还是存在着巨大的差距，诸如城乡要素配置不合理、城乡公共服务差距巨大等问题依然存在，城乡二元结构的破除还有待时日。党的十七大之后，随着对城乡关系问题认识的深化，"城乡一体化"的概念被提了出来。2012 年 10 月，党的十八大报告强调了城乡一体化的重要性，认为它是促进"三农"发展的根本出路；阐述了促进城乡一体化的方针是要通过统筹城乡和支持农村发展的途径来实现城乡一体化的发展；明确了城乡一体化建设的目标，要通过体制机制的完善，"形成以工促农、以城带乡、工农互惠、城乡一体的新型工农、城乡关系"。③ 至此，我们完全摒弃了把城市与农村作为两个分立的个体来治理的城乡分治思维范式，真正完全将城市和农村作为一个整体来看待。为了推进城乡一体化，2013 年和 2014 年的中央一号文件都对健全城乡一体化的体制机制工作进行了具体的部署，这是对城乡一体化的细化和推进。

（五）"城乡融合"思想

党的十九大进一步提出了"城乡融合"的概念和"乡村振兴战略"，同时要求把"三农"问题放在优先地位来解决，"建立健全城乡融合发展体制

① 江泽民. 全面建设小康社会 开创中国特色社会主义事业新局面［R/OL］. (2002－11－08)［2002－11－17］. http：//news. sohu. com/00/05/news204410500. shtml.

② 胡锦涛. 高举中国特色社会主义伟大旗帜 为夺取全面建设小康社会新胜利而奋斗［R/OL］. (2007－10－15)［2007－10－25］. https：//www. chinapeople. com/peopleele/pqrty/pqrtyinfo. aspx? pid＝4044.

③ 胡锦涛. 坚定不移沿着中国特色社会主义道路前进 为全面建成小康社会而奋斗［R/OL］. (2012－11－08)［2012－11－18］. http：//cpc. people. com. cn/n/2012/1118/c64094－19612151. html.

机制和政策体系"。① 在我国存在的各种各样影响城乡发展的因素中，体制性的问题依然占据重要地位。党和国家及时看到了这一点，适时提出了从体制构建和政策设计方面推进城乡发展的总体要求，其中对要素市场化改革强调颇多，要求从体制机制上破除要素流向农村的障碍。②

从"统筹城乡发展""城乡一体化"至"城乡融合"理论的发展，伴随着我国城乡关系变化的整个过程。"城乡一体化"是中国共产党基于对城乡关系的不断探索实践而提出来的战略思想，是在尊重历史发展规律、汲取马克思主义理论精髓、总结经验教训和借鉴他国模式的基础上提炼出来的理论精华。

二、新中国城乡关系发展阶段

（一）关于城乡关系发展阶段划分依据的说明

根据前面对城乡关系演变规律的探讨，城乡关系的发展过程中存在着"产业变迁—工业化—城市化—城乡关系演变"这样一个一般规律，其中生产要素的流动贯穿始终，而且在各个发展阶段的流向具有普遍规律，大体上经历了缓和的双向流动、农村向城市的单向流动和政府引导下的双向流动三个阶段。因为生产要素在城乡关系演变规律中扮演着重要的角色，所以在城乡关系演变过程中必须要考虑生产要素的流动问题。

进一步地，联系发达国家实现城乡关系演变的模式来看，政府控制要素流动的举措会影响城乡关系的演进。我国的情况更接近于日本模式。如前所述，在日本模式中，政府主要是通过控制生产要素的流动方向和规模来控制工业化、城市化的进程，进而影响城乡关系的。控制要素流动的重要性基于工业化、城市化不利的初始要素禀赋，初始要素禀赋的不利要求必须在工业化、城市化的过程中同时实现要素的积累和流动。要素禀赋不佳的后发国家更倾向于政府主导工业化和城市化，而政府具有工业导向和城市偏

① 习近平. 决胜全面建成小康社会 夺取新时代中国特色社会主义伟大胜利 [R/OL]. (2017 –10 –18) [2017 –10 –28]. http://cpc. people. com. cn/n1/2017/1028/c64094 –29613660. html.

② 中共中央 国务院. 关于建立健全城乡融合发展体制机制和政策体系的意见 [R/OL]. (2019 –04 –15) [2019 –05 –06]. http://politics. people. com. cn/n1/2019/0506/c1001 –31065514. html.

向，这就容易导致严重的城乡对立。中国当时的情况类似于日本模式。新中国成立初期，经济基础薄弱，几乎没有外部要素可以利用，在政府主导下选择了"重工业优先发展"的工业化战略，政府控制了要素的流动。由于政策具有工业偏向和城市偏向，导致出现了城乡二元结构对立的格局。在这个过程中，政府干预要素流动的举措是基于要素禀赋和要素流动的实际情况而制定的，会影响城乡关系的走向，而且这些举措会随着工业化、城市化的发展演变而呈现出阶段性特征，并集中体现在工业化战略和国家其他重大战略中。

由于生产要素在城乡关系演变一般规律和模式中的重要地位，在划分城乡关系演变阶段的时候必须考虑生产要素这个因素，而干预生产要素流动的举措往往集中体现在国家的重大战略政策之中。因此，我们在划分新中国城乡关系演变阶段的时候，选择以国家重大政策、战略作为城乡关系演变历程的节点。诚然，从国家政策干预要素流动到最终导致城乡关系演变之间可能会存在一定的时滞，导致这种分期方法可能并不是十分精确，但是其足以反映出城乡关系演变的大致情况与基本走向，而我们进行阶段划分的根本目的，是要在梳理历史逻辑的基础上判断城乡关系的现状从而支持城乡一体化研究的必要性，这样一个分期依据并不会影响我们的基本判断。

因此，依据城乡关系演变的一般规律和演变模式，从生产要素流动角度出发，选择重大战略政策的实施时间为时间节点来划分我国城乡关系的演变阶段是具有可行性的。这些国家的重大战略政策，包括工业化战略、改革开放政策，与前面介绍的政府处理城乡关系的政策思路也不无联系。本书选取了三个关键时间节点：1953 年工业化开始、1978 年改革开放和2002 年党的十六大提出"统筹城乡经济社会发展"，据此将城乡关系演变历程分为了四个阶段。1953 年是新中国重工业优先发展的工业化战略开始实施的时间，之后在计划经济体制下对生产要素进行了强力的干预；1978 年改革开放是我国经济体制方面与对外政策方面发生重大改变的开始；2002年党的十六大提出"统筹城乡经济社会发展"，直指城乡关系。

（二）城乡关系演变的四个阶段

1. 城乡融洽发展（1949～1953 年）

中华人民共和国成立时，国民经济一派衰败景象。到 1952 年，国民经济基本恢复。在这个时期，毛泽东同志提出了以城市为中心、"城乡兼顾"

的要求：第一，重点发展城市建设，但不忽略农村建设；第二，兼顾工人阶级和农民阶级的利益；第三，促进工农业协调发展，工农并举。总体而言，这个时候的城乡关系还是比较融洽的，城乡间的开放发展状态促进了城市工商业的发展，激发了农民的生产积极性，农村劳动力、土地、农产品和城市劳动力、资本等生产要素基本可以在城乡间自由地流动。

由于积贫积弱的局面已久，中国进行工业化的条件十分不理想，初始条件影响了中国的工业化战略，进一步影响了以农业为主要业态的农村和以非农产业为主的城市的发展，并进一步改变了城乡关系的演进路径，因此，城乡融洽发展的历程非常短暂，在紧接着的工业化发展过程中，工农、城乡的发展差距由于战略、政策原因而越来越大，城乡很快走向了分离和对立。

2. 城乡分离与城乡对立局面的形成（1953～1978 年）

（1）1953～1958 年：工业化起步与城乡分离。在工业化面临的众多困难中，资本要素和技术要素严重短缺。20 世纪中期的中国，既没有通过殖民掠夺实现资本原始积累的条件，也缺乏完善的金融体系和银行系统，更不能完全依靠外国投资来实现工业化，只能通过强制性的行政手段，靠压缩国内消费和剥夺农业剩余来进行强制储蓄。由于经济发展的起点很低，自我积累能力十分落后，强制储蓄的资金规模仍然有限，资本稀缺成为中国工业化启动之后相当长一段时期内的难题。工业化的重要意义之一在于机械力代替人力。经过三年的经济恢复，虽然重工业在现代工业中的比重已经从 1949 年的 16.4% 上升到了 1952 年的 35.6%，但是绝大多数机器制造业仍以零部件为主要产品，能够成套生产的只有纺织机械等少数设备，这样，工业发展所需的先进机器设备在很大程度上都需要从国外引进。[①]

为了快速步入发达的工业国家，政府制定了以重工业为导向的发展战略，政府资金大多用来支持城市建设、发展工业。为了满足资金要求，只能通过政府财政手段来对农业剩余进行集中（张海鹏，2019）。政府出台了一系列制度安排，包括工农产品价格剪刀差、统购统销制度以及户籍制度等，城乡二元体制也随之形成，这就限制了劳动力等各种生产要素在城乡间的自由流动（林毅夫，1994）。1953 年 12 月开始实行统购统销制度，使

---

① 国务院全国工业普查领导小组办公室. 中国工业经济统计资料（1986）［M］. 北京：中国统计出版社，1987：117，181.

农村资本开始以农产品"剪刀差"的方式流向城市。1956 年、1957 年相继颁布实施了《国务院关于防止农村人口盲目外流的指示》《国务院关于防止农村人口外流的补充指示》等一系列政策，严格控制农民转移到城市。1958 年《中华人民共和国户口登记条例》出台，运行至今的二元户籍制度登上了历史舞台。粮食等农产品统购统销与农民进城限制政策的出台，标志着城乡分离关系雏形基本形成，也奠定了城乡"二元结构"的制度与政策基础，城乡逐步走向分离。

（2）1958～1978 年：工业化深化与城乡对立。1958 年人民公社成立。"政社合一"和集体经营进一步强化了政府对农业生产要素的配置权，这样，在计划经济体制下，生产要素被分别禁锢在了城市和农村内部（刘伟，2009）。这一时期除农产品、资本从乡村指令性流向城市，城市人口以"上山下乡"的方式流向农村外，其他要素完全停止了城乡间的流动。这一阶段将城市及重工业放在了首位而忽略了农业、农村的进步。政府严格管控劳动力转移，强制资本单向流动，从而使得资源配置不断失衡，导致"三农"发展缺乏发展的内生动力。

3. 城乡对立局面的固化（1978～2002 年）

在这一阶段，城乡关系是曲折发展的。随着农村改革和城市改革的相继推行，城乡对立在经历了短暂的缓解之后，随着经济体制变革的深入、市场机制的逐步推进又进一步加剧。

（1）1978～1985 年：农村改革与城乡对立暂时缓解。改革开放后，市场经济发展推动集贸市场的开放，促进了农村市场的发育，使农村商品经济逐步与市场经济接轨。1978 年，农村开始探索实行经济改革，人民公社体制与统购统销制度被废除，中央连年在一号文件中把"三农"问题作为中心问题，要素流动的"紧箍咒"出现了松动。与此同时，20 世纪 80 年代乡镇企业发展迅速，一方面，改变了农村地区非农产业无足轻重的局面，带来了农村生产力一次大的飞跃，为工业化提供了新的路径；另一方面，乡镇企业带动了本地农民非农就业，增加了农民收入，培育了劳动力市场。农村地区释放了被压抑多年的生产力，农民收入急速增加，城乡居民收入比从 2.6 缩小至 1.7，资本从乡村流向城市的趋势得以缓解（周振、伍振军和孔祥智，2015）。这一时期，农村劳动力、资本、土地等主要生产要素限制性地流向城市，总体流动规模不大；同时，随着乡镇企业的快速发展，城市部分资本、技术开始流向乡村。总体而言，城乡对立局面有所缓和。

（2）1985～2002 年：城市改革与城乡对立空前加剧。1985 年以后，农村改革进程放缓，改革发展的重心全面向城市和工业转移。在农村，乡镇企业经历了大的调整转型期，对劳动力的吸纳程度减弱，很多农民的工资性收入减少。在城市，改革步伐超越农村，收入差距又呈现出扩大趋势。虽然也有部分资本、技术等要素流入乡村，但受工业化、城市化速度加快以及户籍制度附加的教育、医疗、保险等政策限制，总体上呈现出城乡发展要素单向流动的特征，各类生产要素向城市集聚，大量农村土地被城市指令性征用，人口从乡村流向城市的规模逐年扩大。这导致城乡二元结构进一步加深，"三农"问题凸显。市场经济快速发展，市场对资源配置的"无形的手"的作用使得生产要素在利益驱动下向城市、工业聚集，更进一步促进了城镇的发展，城市发展明显再次快于农村，城乡差距进一步拉大，城乡对立再次严峻起来，与之前城乡对立严峻的阶段相比，更为严重。

4. 城乡对立局面有限缓解（2002 年至今）

随着工业化、城市化进入后期，党和国家对城乡关系的认识更加深刻，"统筹城乡发展""城乡一体化""城乡融合"的提法相继出现，城乡关系在一系列战略和政策推动之下，较之前阶段有所改善，但离城乡融合的目标依然相去甚远。

步入 21 世纪，国民经济发展取得很大进展，2003 年，我国第一产业GDP、工业 GDP 分别为 17 092.1 亿元、53 092.9 亿元，工业产值已是农业产值的 3.1 倍，基本具备了工业反哺农业的物质条件。① 因此，面对城乡关系发展失衡现状，党中央提出了一系列理论对城乡发展实践进行指导。2003年 10 月，"统筹城乡发展"被置于"五个统筹"的第一位。2004 年中央一号文件《中共中央　国务院关于促进农民增加收入若干政策的意见》倡导加大对农业的投入、消除体制束缚机制障碍，并提出"多予、少取、放活"的方针。2005 年，党的十六届五中全会提出了推进社会主义新农村建设的要求。2006 年，始于三年前的农业税减免工作落下帷幕，农业税不复存在。2007 年，党中央进一步指出要建立"以工促农，以城带乡"机制。该阶段

① 中华人民共和国统计局. 中国统计年鉴（2004）［M］. 北京：中国统计出版社，2005. http：// www. stats. gov. cn/sj/ndsj/yb2004 – c/indexch. htm.

"三农"支持力度加强，城乡收入差距开始缩小，但农村人口及其自有资本、土地等要素仍大规模流入城市，要素流动的自由度增强，带来了城乡差距拉大、要素高速非农化、主体过早老弱化、水土环境污损化和村庄严重空废化等农村问题（刘彦随，严镔和王艳飞，2016）。

随着城乡关系的演变，党中央对城乡问题的认识越来越深刻，继"统筹城乡发展"之后，又提出了"城乡一体化发展"，同时，一系列有关城乡关系发展的战略和政策也相继出台。2012 年 10 月，党的十八大报告强调了"城乡发展一体化"；2013 年中央一号文件，《中共中央 国务院关于加快发展现代农业 进一步增强农村发展活力的若干意见》以"增强农村发展活力为主题"，提出举全国之力持之以恒强化农业、惠及农村、富裕农民，加大要素在市场指导下的流动性，促进城乡一体化发展；2014 年底，国家确定了新型城镇化综合试点名单；2015 年，中央农村工作会议进一步指出要从供给入手改变农业发展方式，增强农业发展的内生动力。

2017 年，党的十九大提出了"城乡融合"的概念。同时，针对"三农"问题提出了"乡村振兴战略"。2019 年 5 月，出台了《关于建立健全城乡融合发展体制机制和政策体系的意见》。2020 年 3 月，出台了《关于构建更加完善的要素市场化配置体制机制的意见》。这些政策加快了户籍与土地制度改革和公共要素分配政策调整等变革，优化了农村生产要素流出和流入的市场化渠道与环境，城乡之间生产要素流动自由度明显增强。

"城乡融合"思想的提出，赋予了新时代城乡关系更多的内涵与特征。从 21 世纪之初，党中央就对城乡二元结构不断地作出尝试以期改善"不健康"的城乡关系，虽取得很大成效，但主要手段还是对农村、农民以及农业的不断"输血"，并没有从根源上帮助其"造血"，使得"三农"仍然是社会发展的一块短板。实施"乡村振兴战略"是中央改变城乡政策思路的举措，从国家战略层面改善了对农村地位的认识，将农村与城市置于同等的发展地位与治理层次。这必然要求对城乡关系进行重新认识，进一步增强农村发展的自主性、内生性、主动性，从而推进城乡一体化和城乡融合发展。

在统筹城乡发展、城乡一体化发展战略下，现实中并没有做到将农村和城市放到同等地位，农业农村发展仍处于相对被动的状态。我国"以城带乡、以工补农"的实力仍需提高，还存在着诸如城镇工业发展存在挤占农村农业发展空间的现象等。由此导致"城市病"和"农村病"并存，城乡发展不平衡、农业与农村发展不充分并行，严重阻碍了我国建设社会主义现代化强国的步伐。而城乡融合战略由于处于政策运行的初始阶段，尚未从根本上改变城乡对立的局面，仅使城乡对立的局面得到了有限的改善。

目前，政府的一系列处理城乡关系、城乡发展问题的政策举措在一定程度上加快了生产要素在城乡之间的双向流动，使得城乡对立局面得到了有限缓解，但是中国仍然处在城乡对立的漩涡中，并没有实现真正的"破冰"，城乡之间的双向生产要素流动机制仍未建立，城乡居民生产、生活差距依然巨大，城乡产业尚未融合，离城乡融合的伟大目标还有很远的距离。因此，从理论上探讨城乡一体化发展机制、为城乡融合的实现提供理论支撑是十分必要的。

综上可见，中国的城乡关系演变是一条独具特色的道路，新中国成立以来城乡关系经历了曲折的历程，概括而言，经历了城乡融洽发展逐步走向城乡分离、城乡对立并固化的过程，并在21世纪之后实现了城乡对立的有限缓解。如图2-1所示。在这个过程中，国家战略从重工业导向、城市偏向的工业化战略转向了促进工农、城乡协调发展的城乡一体化发展战略，对待生产要素的政策则是从控制、放松控制转变为完善要素市场、促进要素自由流动。

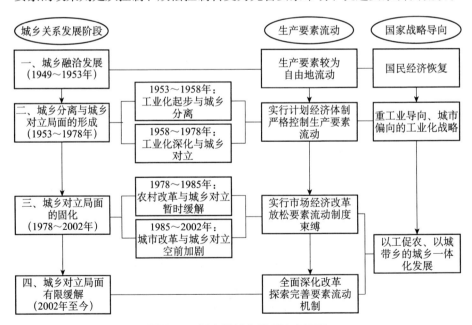

图2-1　新中国城乡关系演变历程

第四节 城乡一体化宏观机制

城乡一体化发展强调的首先是"平等",将城乡置于同等地位,其次是"整体",将城乡纳入一个整体框架进行布局;再次是"价值",城乡一体化发展不是城乡同样发展,而是展现各自价值,互补互促;最后是"多维",城乡一体化涵盖要素、生产力、生态环境、基础设施和公共服务等多个方面。可见,城乡一体化过程是将城乡作为一个有机整体的互动过程,这个过程涉及要素的自由流动与高效配置、产业的合理规划与互补、空间的合理规划与区域协调、基础设施与公共服务的均等化发展、经济水平的稳步提高与城乡差距缩小、生态保护与可持续发展等多个方面,各方面共同推进城乡之间要素流通、成果共享、优劣互补、共同繁荣,最终能够实现人的自由全面发展和人与自然的友好共存。从中外城乡关系演变历程中,我们观察到了生产要素角色的重要性。

一、生产要素影响城乡关系发展的逻辑

在讨论城乡一体化宏观机制之前,我们有必要搞清楚生产要素流动影响城乡关系的机理,这样将有助于我们清晰地认识生产要素流动在城乡一体化宏观机制中的地位,更好地了解城乡一体化宏观机制的运行。

生产要素流动是产业之间、城乡之间重要的互动手段。众所周知,生产要素在城乡之间流动,本质上是资源配置的一个过程,那么,这种资源配置是如何最终作用到城乡关系上的?这中间必然存在着一些环节,环环相扣才能推动城乡关系发展。我们认为,生产要素流动是通过影响城乡产业发展进而影响产业变迁与工业化、城市化发展,从而最终作用到城乡关系上的。生产要素流动是起点,城乡关系是终点,产业变迁与工业化、城市化是传递环节。

(一)生产要素流动导致产业变迁与产业布局变化

生产要素流动会从产业发展速度、产业发展质量、产业结构和产业布

局四个方面影响城乡产业发展，其中前三者最终会带来产业结构变迁。

1. 生产要素流动导致产业变迁

（1）间接路径。生产要素流动会影响产业发展速度。每个产业的发展都离不开大量生产要素的聚集。从世界经济史来看，三大产业在依次作为主导产业的时候，各自都是生产要素聚集最多的产业，虽然各个产业需要的要素结构不同，但总体而言，生产要素的规模极大地影响着产业的发展速度。正如大家所熟知的，工业化快速推进时期，由于资本、劳动力等要素大规模向城市非农产业转移，导致城市非农产业迅速发展而缺少要素的农业则明显衰退。

生产要素流动影响产业发展质量。生产要素流动通过影响生产方式变革和影响分工与专业化而影响产业发展质量。合理的生产要素流动有利于提升产业发展质量。一方面，生产要素流动影响生产方式变革。城乡之间鸿沟如此之大，原因除了城乡之间在产业结构上的区别外，很大程度上在于生产方式上存在差异，而这种差异正是技术水平上的差距。如果让劳动力在城乡之间自由转移，就可以加速技术的传播，使农村务工者逐渐转变为现代产业工人，并随着技术日趋成熟逐渐成为人力资本专用性较高的劳动力。这些劳动力中会有一部分返乡创业，带回先进的技术，从而促进农业生产方式的变革。另一方面，生产要素流动影响劳动分工。例如，土地的流转导致土地资源重新配置，有利于经营主体比较优势的发挥：具有农业比较优势的农户，转入更多的土地来进行生产，形成规模经济效益，生产效率进一步提高；具有非农业比较优势的农户选择土地转让，在增收的同时积累了转投其他生产的资本，这是一种优化。就这样，土地要素的流动提高了农业和农村非农产业的分工和专业化水平，进而影响了农村各产业的发展质量与结构变化。

而产业发展速度和产业发展质量的变化，最终会引起产业结构的变化。尤其在发展的早期阶段，资本、劳动等要素从农村农业向工业部门的流入，必然带来工业部门的迅速发展和农业部门的衰落，而工业由于更利于吸引资本和应用新技术而提高了发展质量。速度与质量的共同提高最终将带来工农业结构的转换。

（2）直接途径。生产要素流动影响产业结构主要表现为对三次产业结构的影响。一方面，对城市、农村内部产业结构的影响。前面介绍过，生产要素流动会影响产业的发展速度，而产业发展速度的不同会导致三次产业比例发生变化。西蒙·库兹涅茨（S. Kuznets，1941）的产业结构理论表明，随着产业结构的优化升级，第二产业和第三产业会逐渐取代农业成为最重要的产业，在此过程中，劳动生产效率逐步提高，经济水平也不断提高。当城市逐步向第三产业为主的产业结构调整时，第二产业也在向农村转移，此时，如果农村做好了产业承接的准备，积极引进先进的技术，利用长期积累的人力资本与资本，逐步调整优化农村的产业结构，农村就会得以发展。如果生产要素流动不畅、不合理，必然会影响这个过程。另一方面，对城市、农村内部产业结构的影响。以农村为例，土地流转使农户发生了分化，部分农民继续从事农业并大规模集中使用土地，部分农民可能会转向农村非农产业，这样就带来了农村内部产业结构的变化。

2. 生产要素流动影响产业布局

生产要素流动从空间层面来讲是生产要素在城乡两个不同空间之间的配置，而这种配置的落脚点是城乡的产业。这种资源配置是倾向于城市的产业还是农村的产业、倾向于城市和农村哪些产业，都会对城乡产业布局产生一定的影响。例如，国家对城市或农村某一产业的大规模投资往往标志着扶持力度的加强，这就意味着倾向性配套设施与制度的到来，在国家的示范效应下，"嗅觉"敏锐的企业与个人投资者将会被吸引，这些来自国家、企业和个人的资本最终将共同影响该区域该产业的发展，从而改变该地区的城乡产业布局。

（二）产业结构变迁、产业布局变化推动工业化、城市化

产业结构变迁是工业化的标志之一。工业化通常被定义为工业（特别是其中的制造业）或第二产业产值（或收入）在国民生产总值（或国民收入）中比重不断上升的过程，以及工业就业人数在总就业人数中比重不断上升的过程。虽然工业化并不能狭隘地理解为工业发展，但工业发展是工业化最显著的特征。这就意味着产业结构的变迁本身就是工业化的应有之义。当工业迅速发展导致产业结构从第一产业为主向第二产业为主的结构过渡时，意味着工业化正在进行中。

产业结构变迁同样会推动城市化的发展，随着工业部门的迅速发展，吸引了大量的农村剩余劳动力到城市务工，产业结构的调整、科学技术的发展以及人口的聚集等带来了传统乡村型社会向现代城市型社会的转变。这个转变过程就是城市化过程。

工业化、城市化的发展也会反过来对产业结构变迁产生影响，刺激产业结构由第一产业向第二产业和第三产业转变，但在这里不是我们关注的重点。

（三）工业化、城市化的发展带动城乡关系演变

工业化、城市化的推进，导致城乡之间在生产与生活方面的差距逐渐拉开，城乡关系就此发生转变。在工业化初期，此时城市化水平较低，城市和农村之间初步显现出分离的态势。在工业化的加速推进阶段，城市化进程加快，资源从农村向城市的单向、大规模流动导致城乡之间的差距越来越大，城乡关系越来越紧张，至于城乡对立的严重程度则与各国的基本条件和发展路径息息相关。随着工业化步入后期，工业化本身对农业工业化提出了城市反哺农村、工业反哺农业的要求，经过这一反哺阶段之后，城乡逐渐走向融合发展。

总之，如图2-2所示，生产要素流动会从产业发展速度、产业发展质量、产业结构和产业布局四个方面影响城乡产业发展，导致产业变迁，进而影响工业化与城市化进程，最终导致城乡关系随之演变。当然，工业化、城市化与城乡关系也会反过来影响生产要素的流动，从而使这个逻辑变成了一个循环，又回到了生产要素流动的问题上。因此，生产要素流动尤其是初始生产要素流动在这个过程中会起到非常关键的作用，如果初始生产要素流动是合理的双向流动，会导致理想的结局，即城乡一体化发展和城乡融合目标的实现；如果要素流动不畅、不合理，则会阻碍城乡产业的发展，可能会拉大城乡发展差距与居民生活水平差距，最终加剧城乡对立，与城乡融合的目标背道而驰。

二、城乡一体化宏观机制的内容

城乡一体化发展以一定经济水平为前提基础，以生产要素合理流动为

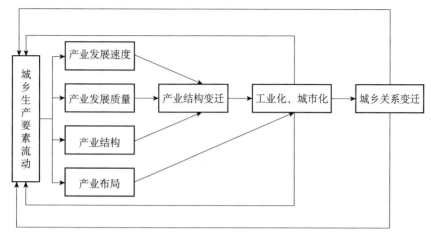

图 2 - 2　生产要素流动作用于城乡关系的机理

主要手段，以城乡产业合理布局、协同发展为重要途径，以公共服务设施均等为必要保障，以空间协同、环境优美的城乡融合发展为最终目标。

（一）城乡一体化的前提基础：一定经济水平

城乡一体化发展是经济水平发展到一定程度的产物（高波和孔令池，2019）。2019 年，我国人均 GDP 突破了 1 万美元关卡，这象征着我国稳步于世界中等收入国家之列，与高收入国家差距逐步缩小。[①] 2020 年，全国人均可支配收入为 32 189 元，居民人均消费支出 21 210 元，这也意味着随着收入水平的提升，居民消费水平不断增强，释放出了巨大经济活力。经济快速增长，为工农相互促进、城乡互补发展提供了物质条件，带动了现代农业与农村第二产业和第三产业共同发展，提高了农民收入，促使城乡融合发展。

（二）城乡一体化的主要手段：生产要素合理流动

长期以来，一方面，新中国成立之初国家重工业导向的工业发展战略和统购统销制度、户籍制度以及人民公社制度等制度安排，使生产要素单

---

① 中华人民共和国统计局. 中国统计年鉴（2021）［M］. 北京：中国统计出版社，2022. http：//www. stats. gov. cn/sj/ndsj/2021/indexch. htm.

向流向城市与工业；另一方面，以市场为"无形的手"进行资源配置时，由于环境变化、产权模糊等原因，农村剩余劳动力会自发流向更能获利的城市与工业，工商资本难以进入乡村，致使农村、农业发展严重缺少资本、技术、高素质劳动力等要素。这样，由于在发展过程中处于劣势地位，导致大量农民外出寻求出路、老人务农和农业凋零等问题（高耿子，2020）。实际上，城乡之间各有优势，农村拥有充足的土地要素、聚集了大量的人口且生态环境优美，城市是先进技术、资本等要素的聚集地，只有充分利用资源，取长补短，才能促进城市与乡村各自发挥比较优势，缩小城乡差距。因此，促进要素自由双向流动是城乡一体化发展的主要手段。

（三）城乡一体化的重要途径：产业结构优化与产业布局合理化

产业的重要性历来为学术界和政府所重视。不少学者认为，产业是经济发展的载体，促进产业在城乡合理布局，增强工农业发展的有机联系，是推动城乡融合发展的主要路径（许彩玲和李建建，2019）。政府也特别强调促进农村各产业发展、完善农村产业体系的重要性。2015 年，政府提出了完善农村产业体系的要求，完善农村产业体系要从两个方面着手：一方面，要发挥现代工业的带动作用，鼓励农业运用现代先进技术，从而延长产业链以增加农业附加值，生产高质量农产品以满足人民美好生活需要；另一方面，要激发农业、农村内部活力，发挥资源优势发展特色农业、农村服务业等以引领农村新业态。同时，要盘活农村要素，消化本地剩余劳动力，减少涌入城市的流动人口数量，解决城市人口拥挤等病态问题。这里，我们认为，促进城乡产业合理布局与产业结构优化是城乡一体化发展的重要途径。虽然产业发展包含产业发展速度和质量、产业布局和产业结构等多个方面，但是，产业布局和产业结构是衡量产业发展的两个较高层次的指标，产业布局不合理、结构失衡最终会影响产业发展速度和质量。

（四）城乡一体化的必要保障：公共服务设施均等

公共服务设施均等是实现城乡一体化的必要保障。公共服务设施包括基础设施建设与公共服务两个方面。通过推动供水、供电、燃气、交通等基础设施农村普及化，降低交易成本，增加经济效益，助推农村经济增长，增强农村竞争力，能够对城乡一体化提供有力支撑。医疗、教育、社会保障、就业保障等是最基本的权利。通过教育投资、就业鼓励等手段能够提高农村人力资本供给和提升劳动力素质。通过社会保障、医疗、居住的均等化，保障社会公平，一方面，有利于保障转移至城市的农民工市民化，稳定流动人口；另一方面，能够吸引更多高素质劳动力、资本下乡创新创业，推动农村地区产业转型。

（五）城乡一体化的最终目标：空间协同、生态优美的城乡融合发展

城乡一体化发展最终要达到城乡融合。这个"融合"显然不是要将农村与城市"标准化"或"一致化"，而是要让城乡各自发挥其优势，成为互补、互促的统一体：城市作为资本、现代技术等要素的集聚中心，发展资本与技术密集型的产业；农村拥有良好生态环境，并作为劳动力、土地等要素的集聚地区，应结合"互联网＋"延长产业链条，形成现代农业体系，促进农村三产融合发展。在空间上达到城乡协同、科学、合理的格局才是彻底的城乡融合发展。另外，城乡融合发展也有生态要求。"绿水青山就是金山银山"，习近平总书记的"两山"理论在一定程度上也对城乡融合提出了要求。要实现人的自由而全面发展，对人与自然和谐相处必须有深刻且清醒的认识，人与自然不是对立面，人的全面发展依托于自然界。长久以来，以经济增长为目标导向的发展战略对生态环境造成了巨大压力，对自然资源无限制地攫取导致资源面临枯竭危机，短期利益的获取在损害着长期利益的实现。只有实现城乡生态融合，高效、合理、适度利用资源和保护环境，人与自然共同构建的"生命共同体"才能实现持续且长久的发展。

图2-3概括了城乡一体化发展的宏观内在机理。一定高度的经济发展水平是实现城乡一体化发展的物质基础，没有一定经济水平的支撑，城乡产业发展、公共服务和基础设施均等化将无法进行下去；公共服务设施均等是城乡一体化的必要保障，有了这个保障，城乡要素流动、城乡产业发展才能顺利进行。在一定的经济基础上，通过引导生产要素合理流动，对产业发展速度与质量、产业结构和产业布局产生积极影响，达到城乡间产

业合理布局、结构优化：于农村是促进了农业、农村非农产业的发展，于城市是促进了产业转型升级和现代化经济体系建设；农村各产业的发展、城市产业转型升级也会反过来影响要素流动，形成良性循环。农业、农村非农产业的发展进而促进了农民增收和农村可持续发展，城市产业转型升级则有利于城市承载能力的提高和城市化健康发展，产业结构优化和产业结构合理化也会对城乡的健康发展产生积极影响。最终将实现空间协同、环境优美的城乡融合发展目标。

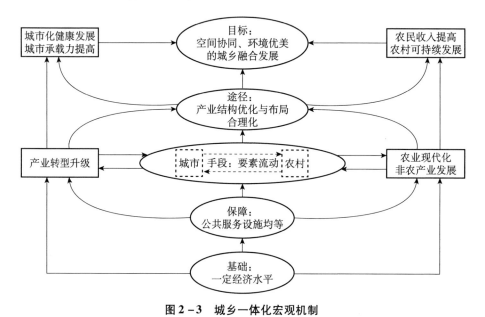

图 2-3　城乡一体化宏观机制

第五节　生产要素与城乡一体化水平的时空演变

生产要素流动对城乡一体化发展的影响不只体现在时间维度上，同样也体现在空间差异性上，鉴于此，本节从时空差异的角度研究生产要素流动对我国城乡一体化水平的影响。首先，测度城乡一体化水平，考察其时空变化的差异性；其次，通过空间计量经济学方法分析生产要素流动在其中所起的作用。

　　城乡一体化发展水平的测度是城乡一体化的概念从理论探讨走向实证研究的关键步骤。要准确把握我国各地区差异巨大的城乡差别并且为各地区制定符合其特色又不失一般性的实现路径和政策建议，首先要对城乡一体化水平进行测度。关于城乡一体化水平的测度问题，已有的研究成果浩如烟海，学者们主要进行了两方面的研究：构建指标和进行测度。一方面，有关测度水平指标体系构建的研究大体分为两类：一类文献全面考虑了城乡一体化的多个维度，以此为基础构建指标体系；另一类文献将城乡一体化的发展细分为城乡发展度、城乡协调度和城乡差异度等方面，对不同的方面设置了不同的评价指标，最后综合构成了城乡一体化评价指标体系。另一方面，有关城乡一体化水平的测度。对于这一文献的丰硕成果，着重关注所运用的方法。学者们运用各类不同的方法对我国城乡一体化的发展水平和效率等进行了分析测度，给出了评价。

　　城乡一体化发展的水平测度大多停留在理论分析层面，且为数不多的定量研究大多只分析某一年的静态水平，而对其空间异质性及时空动态变化规律考虑得较少。本节尝试从多维视角出发，构建科学、合理、系统的城乡一体化测度评价框架，并对城乡一体化的时空演变特征进行了分析，以把握发展的动态性，然后就要素流动对城乡一体化的空间影响问题进行了实证研究。

一、指标选取及数据来源

　　本节依据城乡一体化高质量发展内涵选取不同维度的指标，对城乡一体化水平进行测度。我国关于城乡融合的评价则主要采用定量手段，其方法主要有：综合指数法、耦合协调度模型、直觉模糊综合评价、数据包络分析、社会网络分析等。从定量评价采用的频次来看，以综合指数法及耦合协调度模型为主，体现了系统论和二元结构论的思想。权重的确定是综合评价中的一个关键点，主要有主观确权法（专家打分法）和客观确权法（主成分分析法、熵权法）。随着对城乡融合时空演变及影响因素研究的进一步深入，空间面板数据的使用对评价方法提出了更高的要求，空间统计方法被更多地运用，如用全局主成分分析代替经典主成分分析方法以保证评价结果在时空维度上的统一性、整体性和可比性。在流空间理论的指导下，社会网络模型逐渐成为城乡间要素流动的重要分析工具，例如周佳宁等（2020）以人流、物流、资金流、信息流为"要素流"，解析各种流对城乡融合的驱动过程与机制，但缺少对各要素流之间相互作用和综合作用机制的探索。此外，城乡空间均衡理论和等值化理论在城乡融合研究中的地位日益凸显，但当前的相关研究仍停留在理论层面的机理分析，相应的定量研究有待进一步拓展。总之，鉴于各类方法都有优缺点，关键是要将具体研究目标、研究内容与研究手段综合考虑，多种研究方法交叉使用将是一种选择，既可以克服单一方法的缺点，也可以在数据充足的前提下相互印证，从而获得更为科学的评价结果。本书使用熵权 TOPSIS 法和空间计量的方法进行研究，TOPSIS 算法又被称作双基点法，其核心思想是在对各测度指标进行标准化处理的基础上，采用熵权法赋予各测度指标权重值，然后利用 TOPSIS 法对各省份城乡一体化发展水平进行量化排序。本章的数据指标包括正负向指标，主成分分析法的综合评价由于正负项指标导致意义不太明确，因子分析法采用最小二乘法时可能会失效。本书所选取的熵权法指标权重值是基于各测度指标数据变异程度所反映的信息量得到，降低了指标赋权时主观人为因素的干扰；TOPSIS 法通过比较各测度对象与最优方案及最劣方案的相对距离进行量化排序，具有计算简单、结果合理的优势。熵权 TOPSIS 法将熵权法和 TOPSIS 法两种方法的优点相结合，使城乡一体化发展水平测度结果更具客观性和合理性。

本书根据城乡融合内涵，选取不同维度的指标，对城乡融合水平进行测度，依据指标选取的科学性、全面性、合理性以及数据可得性的原则，并参考赵德起（2019）的研究中对指标的选取，选取了具体包含要素、产业、空间、社会、经济以及生态六个方面的指标，具体指标见表 2 - 3。数据方面，由于港、澳、台地区和西藏的数据缺失严重，因而只选择了包含我国 30 个省份的 2008～2019 年的数据，所有原始数据均来源于中国国家统计局、各省份统计年鉴、中国城市统计年鉴、EPS 数据库等权威途径。地区 GDP、社会消费品零售总额等数据均以 2 000 为基期、根据 GDP 指数、消费价格指数等计算而得。部分缺失值采用均值插值法进行了填补。

表 2 – 3　　　　　　　　　城乡一体化水平测度指标体系及权重

一级指标	二级指标	三级指标	单位	指标权重
要素流动	劳动力	人口城镇化率	%	0.041
		客运周转量	亿人/千米	0.103
	资本	财政支农	%	0.031
	技术	科学技术支出与财政总支出比	%	0.116
产业结构与布局	第一产业与二、三产业对比	非农产业贡献率	%	0.014
		非农就业人数占比	%	0.035
	二元对比	二元对比系数	/	0.006
经济水平	经济发展水平	地区人均 GDP	元	0.089
		财政收入占 GDP 比重	%	0.061
	收入消费水平对比	城乡居民可配收入比	农村 = 1	0.023
		城乡居民消费比	农村 = 1	0.022
		城乡居民恩格尔系数比	农村 = 1	0.012
公共服务设施	基础设施	城市道路照明灯	盏	0.076
		每万人拥有公交车辆	标台	0.060
		每万人拥有公厕数	座	0.054
		用水普及率	%	0.010
		燃气普及率	%	0.018
	城乡公共服务水平对比	城乡人均医疗保健支出比	乡村 = 1	0.013
		城乡人均交通通信支出比	乡村 = 1	0.017
		城乡人均教育文化娱乐比	乡村 = 1	0.015
空间协同	空间承载力	建成区面积占城区面积比重	%	0.061
		人均道路拥有面积	平方米	0.038
生态优美	污染水平	单位 GDP 工业废水排放量	万吨/亿元	0.008
		单位 GDP 二氧化硫排放量	吨/亿元	0.008
	资源消耗	万元 GDP 能耗	万吨标煤/亿元	0.010
	治理投入	环境保护投资占 GDP 比	%	0.059

二、熵值法确定权重

在对城乡一体化水平进行评价时，本书选取了多指标综合评价方法，该方法可以将具有多个评价对象和维度的指标转变为无量纲的、相对的评价值，然后对该对象进行综合评价。该方法旨在解决不同维度指标的相关问题，反映被评价对象的总体趋势和熟练程度，从而进行公平比较，解决排序等问题。有关计算城乡一体化发展水平的指标权重的方法大体可分为两类：主观赋权法和客观赋权法。其中，主观赋权法以层次分析法为主，其缺陷也较为明显，该方法会受到研究者主观意志的影响，研究结果主观性较强。客观赋权法以熵值法、因子分析法等为代表，弥补了层次分析法受到主观意志影响的缺陷。因此，为使城乡一体化水平的评价更具有客观性，本书在测度方法上选择以熵值法测算城乡一体化程度。

首先，建立原始数据矩阵，由 m 个地区 n 项评价指标构成原始指标数据矩阵：$X = \{x_{ij}\}_{m \times n}$，其中，$x_{ij}$ 为第 i 个地区第 j 个指标的指标值，且 $0 \leq i \leq m$，$0 \leq j \leq n$。通过对各指标进行标准化处理从而实现数据之间的可比性。

其次，通过式（2.1）确定第 j 项指标的权重：

$$w_j = (1 - c_j) / \sum_{j=1}^{n} (1 - c_j) \tag{2.1}$$

其中，$c_j = -N \sum_{i=1}^{m} [(X'_{ij} / \sum_{i=1}^{m} X'_{ij}) \times \ln(X'_{ij} / \sum_{i=1}^{m} X'_{ij})]$，$N = 1/\ln m$，$i = 1, 2, \cdots, m$；$j = 1, 2, \cdots, n$。

最后，根据指标权重计算各省份各年份城乡一体化水平：

$$S_i = \sum_{j=1}^{n} (W_j \times X'_{ij}) \tag{2.2}$$

各省份 2008~2019 年城乡一体化水平总体得分如表 2-4 所示。

表 2-4　　　　　　30 个省份 2008~2019 年城乡一体化水平

地区	2008年	2009年	2010年	2011年	2012年	2013年	2014年	2015年	2016年	2017年	2018年	2019年
北京	0.508	0.514	0.491	0.501	0.514	0.510	0.537	0.510	0.513	0.529	0.524	0.517
天津	0.376	0.393	0.401	0.447	0.476	0.502	0.514	0.509	0.506	0.518	0.476	0.492

续表

地区	2008 年	2009 年	2010 年	2011 年	2012 年	2013 年	2014 年	2015 年	2016 年	2017 年	2018 年	2019 年
河北	0.282	0.297	0.328	0.353	0.363	0.373	0.380	0.385	0.399	0.413	0.423	0.416
山西	0.266	0.275	0.280	0.302	0.332	0.367	0.368	0.356	0.387	0.359	0.375	0.383
内蒙古	0.269	0.285	0.303	0.333	0.358	0.387	0.403	0.421	0.428	0.441	0.437	0.455
辽宁	0.364	0.375	0.379	0.408	0.427	0.420	0.425	0.407	0.398	0.398	0.397	0.407
吉林	0.270	0.291	0.299	0.320	0.340	0.358	0.350	0.361	0.358	0.359	0.357	0.359
黑龙江	0.343	0.349	0.372	0.373	0.390	0.402	0.406	0.410	0.415	0.418	0.428	0.434
上海	0.469	0.529	0.504	0.507	0.526	0.516	0.518	0.517	0.544	0.559	0.552	0.555
江苏	0.429	0.454	0.472	0.504	0.532	0.537	0.558	0.574	0.579	0.588	0.590	0.600
浙江	0.446	0.438	0.451	0.467	0.483	0.487	0.503	0.511	0.519	0.520	0.527	0.550
安徽	0.277	0.298	0.329	0.363	0.383	0.396	0.423	0.424	0.469	0.463	0.471	0.486
福建	0.294	0.303	0.319	0.342	0.360	0.373	0.399	0.409	0.407	0.435	0.463	0.470
江西	0.286	0.298	0.323	0.342	0.363	0.372	0.393	0.405	0.412	0.440	0.450	0.448
山东	0.346	0.355	0.370	0.400	0.419	0.406	0.417	0.426	0.431	0.444	0.448	0.469
河南	0.271	0.287	0.298	0.320	0.333	0.341	0.363	0.369	0.384	0.416	0.428	0.444
湖北	0.277	0.284	0.293	0.320	0.333	0.346	0.393	0.391	0.418	0.427	0.438	0.449
湖南	0.276	0.287	0.286	0.304	0.320	0.334	0.357	0.376	0.372	0.372	0.404	0.423
广东	0.353	0.382	0.434	0.434	0.460	0.445	0.464	0.483	0.513	0.521	0.553	0.565
广西	0.197	0.230	0.230	0.250	0.278	0.284	0.307	0.312	0.316	0.330	0.383	0.346
海南	0.215	0.246	0.259	0.293	0.311	0.321	0.332	0.336	0.343	0.356	0.359	0.387
重庆	0.223	0.250	0.246	0.285	0.290	0.311	0.338	0.347	0.353	0.365	0.378	0.385
四川	0.235	0.253	0.256	0.297	0.319	0.328	0.344	0.339	0.355	0.364	0.387	0.392
贵州	0.139	0.157	0.183	0.205	0.222	0.267	0.290	0.306	0.310	0.332	0.359	0.355
云南	0.214	0.216	0.237	0.247	0.259	0.267	0.301	0.306	0.316	0.323	0.349	0.343
陕西	0.284	0.307	0.329	0.349	0.353	0.368	0.394	0.394	0.400	0.413	0.420	0.425
甘肃	0.193	0.211	0.223	0.248	0.276	0.303	0.311	0.326	0.327	0.333	0.360	0.355
青海	0.281	0.278	0.278	0.302	0.315	0.322	0.334	0.330	0.346	0.354	0.370	0.378
宁夏	0.273	0.287	0.325	0.332	0.335	0.359	0.386	0.408	0.411	0.417	0.413	0.457
新疆	0.320	0.324	0.333	0.365	0.389	0.415	0.445	0.415	0.417	0.411	0.398	0.435

三、时空演变特征分析

(一) 城乡一体化的时序演变分析

(1) 根据熵值法计算得出的城乡一体化发展水平测度结果（如表 2 - 3 所示）可知，从增量来看，2008~2019 年我国各省份城乡一体化水平均呈现出上升趋势。整体城乡一体化平均水平从 2008 年的 0.299 增长至 2019 年的 0.439，增长幅度达 146.82%，年均增长速度为 3.25%。横向来看，省域城乡一体化水平差距由 0.369 缩小至 0.254，区域均衡发展战略取得显著成效，但整体城乡一体化水平较低，城乡一体化水平分布在 [0.139，0.600]。

(2) 城乡一体化发展的六个维度在发展过程中表现不一。首先，要素流动和经济水平两个维度的一体化水平低于整体水平。在要素流动方面，由于历史的原因，城乡发展存在户籍制度障碍、土地制度障碍，农村剩余劳动力虽不断进入城市，"离土离乡，进厂进城"，但由于二元体制的存在，进城农民无法享受到市民待遇，住房、医疗、社会保障等基本权利无法得到保障，不能实现真正的"市民化"。在经济水平方面，2008 年、2019 年城乡居民可支配收入比分别为 3.31:1、2.64:1，2019 年可支配收入绝对值相差 26 338.13 元；2008 年、2019 年城乡居民人均消费比分别为 3.60:1、2.11:1，2019 年人均消费绝对值相差 14 735.68 元。城乡收入与消费相对差距整体呈现缩小趋势，但绝对值依然较大，城乡居民生活水平仍然存在一定差距，经济水平的物质保障作用发挥有限。2008 年经济一体化水平最高值为北京市（0.495），最低值为贵州省（0.144），最高值是最低值的 3.44 倍；2019 年江苏省经济一体化水平最高，达到 0.555，是最低值青海省（0.174）的 3.190 倍，经济一体化水平在各省域之间相差悬殊，且差距缩小趋势并不明显。城乡经济一体化程度增长速度快速提升，由 2008 年的 0.241 提升至 2019 年的 0.432，增长幅度远超过总体水平。

其次，由图 2 - 4 可知，生态一体化水平整体呈现波动态势，没有明显上升或下降趋势。改革开放后，工业化迅速推进，排污总量增加，环境质量总体恶化。但通过 20 世纪 80 年代以来对沙尘暴、工厂烟尘、酸雨等的治理，环境治理取得一定成效，因而在 21 世纪初始，生态一体化取得了较好成效。但农业的粗放式经营使农业在产出与效益较低的情况下却成为高消耗、高污染的产业。2010年，《第一次全国污染源普查公报》数据显示，农业污染源排放的氨氮等主要污染物已远超工业与生活源，成为我国污染源之首。而且农村环境保护方面的公共物品供给极度匮乏，更加剧了农村生态环境的恶化，从而致使2008～2019年城乡生态一体化增长态势并不显著。

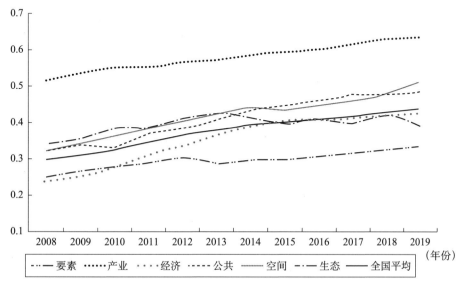

图2-4　各维度指标2008～2019年一体化平均水平

最后，产业一体化、空间一体化及公共基础设施一体化超过总体得分。20世纪80年代乡镇企业作为一匹"黑马"快速发展，转变了农村农业独大的产业格局，吸纳了大量农村剩余劳动力，为农村工业化提供了物质基础，并改善了工业在城乡之间的空间分布格局，为缩小城乡差距提供了支撑。但乡镇企业面对产权改革、管理方式以及市场化、国际化改革的冲击与阻碍，对城乡产业一体化、空间一体化形成了制约。乡村在基础设施、产业结构等方面存在劣势，土地的资产属性缺失，因而无法吸引足够的资本、技术下乡，致使城乡一体化无法实现持续且高质量的发展。不过，近年来国家在城乡统筹、新农村建设、城乡一体化等一系列战略部署下，不断加大对农村地区基础设施与公共服务的投入，保障了农业生产、农民生活的基本条件，增强了农村发展的内生动力，推进了城乡一体化的高质量发展。

（3）东部地区城乡一体化水平长期处于领先地位，远超全国平均水平，中部地区与西部地区低于平均水平，但中部地区在 2019 年与全国平均水平齐平，如图 2 - 5 所示。纵向来看，东、中、西部地区整体呈现上升态势，增长率逐年降低，增速渐缓。中西部地区以郑州、武汉、成都、重庆等地区为经济核心区，带动中西部地区积极发展，东、西部地区不平衡有所缓解。东北地区虽在 2014 年之前超过全国平均水平，但自 2013 年之后城乡一体化水平呈现出负增长态势，整体呈现倒 "U" 型轨迹。2019 年上海、江苏、广东是城乡一体化发展水平最高的三个省份，这些地区城镇化水平较高，并以长三角城市群、粤港澳大湾区建设为着力点推进区域要素流动、产业集聚，加大对周边农村地区的公共基础设施投入，由此推动了城乡一体化持续、健康、高质量发展。东北老工业基地的资源枯竭型城市在要素投入、产业规模、基础设施等方面均存在制约，城市与农村发展均缺乏内生动力，无法带动城乡互促互融，南北差距显著存在。

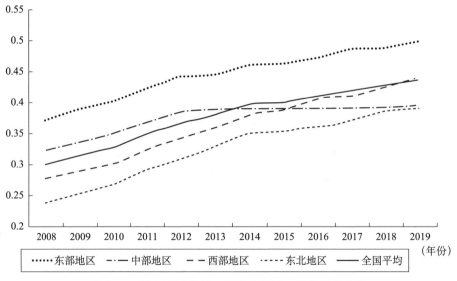

图 2 - 5　四大区域 2008 ~ 2019 年城乡一体化平均水平

（二）城乡一体化发展的空间演变规律

地理学第一定律表明，事物之间普遍存在着相关性，而且距离近的事物比距离远的事物相关性更强。由于经济、社会、生态、文化等多方面的相关联系，城乡区域之间也必然存在着相关性。因此，需要对城乡一体化水平进行空间相关性检验。空间相关性检验分为全局相关性检验与局部相关性检验。

1. 全局分析

全局空间自相关分析用于确定研究区域整体的空间特征。本书采用全局莫兰指数（Moran' I）统计量来检验城乡一体化水平的空间相关性，指数越接近1，表明空间相关性越大（杨维、姚程和苏梦颖，2019）。以 xi 表示区域 i 的城乡一体化水平：

$$I = \frac{n \sum\limits_{i=1}^{n} \sum\limits_{j=1}^{n} w_{ij}(x_i - \bar{x})(x_j - \bar{x})}{\sum\limits_{i=1}^{n} \sum\limits_{j=1}^{n} w_{ij} \sum\limits_{i=1}^{n}(x_i - \bar{x})^2} = \frac{\sum\limits_{i=1}^{n} \sum\limits_{j \neq 1}^{n} w_{ij}(x_i - \bar{x})(x_j - \bar{x})}{S^2 \sum\limits_{i=1}^{n} \sum\limits_{j \neq 1}^{n} w_{ij}}$$

$$S^2 = \frac{1}{n} \sum_i (x_i - \bar{x})^2 \quad \bar{x} = \frac{1}{n} \sum_{i=1}^{n} x_i \tag{2.3}$$

其中，w_{ij} 为空间权重。本书选择以省域经济联系构建空间权重矩阵来衡量城乡一体化空间维度上的相关性。区域间的互动关系普遍存在，表现为相互吸引程度，可以采用经济引力来度量，引力模型也是当前应用较为广泛的模型之一。以 $E_{ij,t}$、$E_{ji,t}$ 分别代表 t 时期区域 i 对 j 及 j 对 i 的经济联系：

$$E_{ij,t} = K_{it} \times \frac{\sqrt{G_{it}P_{it}}\sqrt{G_{jt}P_{jt}}}{d_{ij}}, K_{it} = \frac{G_{it}}{G_{it} + G_{jt}} \tag{2.4}$$

$$E_{ji,t} = K_{jt} \times \frac{\sqrt{G_{it}P_{it}}\sqrt{G_{jt}P_{jt}}}{d_{ij}}, K_{jt} = \frac{G_{jt}}{G_{it} + G_{jt}} \tag{2.5}$$

其中，G_{it} 与 G_{jt} 表示城市 i 与 j 在 t 时期的 GDP，P_{it} 与 P_{jt} 表示城市 i 与 j 在 t 时期的总人口，d_{ij} 表示两地间的地理距离。为避免内生性，在空间分析中均采用2007年经济联系作为空间权重矩阵。

根据正态分布检验值，当 $P < 0.05$ 时，此时拒绝原假设——空间对象不存在空间随机性，即在95%的概率下存在空间自相关。检验结果如表2-5所示。2008~2019年莫兰指数均通过了显著性检验，即城乡一体化在空间上存在正的自相关，经济相邻区域互相影响，城乡一体化水平具有集聚效应。在经济联系空间矩阵下，莫兰指数逐年递增，这在一定程度上表明经济联系密切区域对本区域城乡一体化发展起到了更为重要的作用。

表 2 - 5 城乡一体化水平空间全局自相关检验

年份	莫兰I	z值	年份	莫兰I	z值	年份	莫兰I	z值
2008	0.192	3.884	2012	0.223	4.397	2016	0.277	5.329
2009	0.188	3.812	2013	0.205	4.093	2017	0.274	5.278
2010	0.208	4.138	2014	0.207	4.131	2018	0.321	6.081
2011	0.225	4.433	2015	0.237	4.647	2019	0.314	5.959

2. 局部分析

局部空间自相关分析是用来测量某一地点与周围区域的空间差异和显著性的；全局空间自相关分析只能用来揭示地理现象的整体空间依赖性，而不能提供局部空间差异的比较。因此，有必要进行局部空间自相关分析来说明局部的差异。

借助莫兰散点图来说明城乡一体化水平的空间相关性。通过绘制莫兰散点图，可以分析一个区域与其相邻区域之间的空间关系。莫兰散点图可分为四个象限，分别表示区域与其邻区的四种局部空间形态。第一象限（H-H）反映出，高观测值区域单元周边同样也是高值区域，第三象限（L-L）反映出低观测值区域单元周边同样也是低值区域。H-H和L-L象限的省份每年都有略微差异，如表2-6所示。结合地图分布与莫兰散点图，可以得出如下结论。

表 2 - 6 2008~2019 年城乡一体化发展 H-H、L-L 象限集中省份

年份	H-H区域省份	L-L区域省份
2008	京、津、辽、黑、沪、苏、浙、鲁、粤	湘、桂、琼、川、渝、黔、云、青、甘、陕、宁
2012	京、津、辽、黑、沪、苏、浙、鲁、皖	湘、桂、琼、川、渝、黔、云、青、甘、陕、宁
2016	京、津、蒙、沪、苏、浙、鲁、皖、鄂、粤	桂、川、渝、黔、云、青、甘、陕、琼
2019	京、津、蒙、沪、苏、浙、皖、闽、赣、鲁、豫、鄂	黑、琼、桂、川、渝、黔、云、青、甘、新

第一，我国30个省份的城乡一体化水平呈现出显著的空间差异性，整体呈现出"阶梯形分布"结构。东、中、西部地区城乡一体化水平由高到低依次排列。城乡一体化平均水平得分最高的地区是长三角与广东地区，

得分最低的是西部云南、贵州等区域。另外，我国城乡一体化表现出多核心中心极化特征，北京、天津、上海、江苏、浙江、广东这 6 个地区的城乡一体化水平都处于第一梯度。这主要是由于这些地区是全国经济发展水平较高的地区，能够利用地理区位优势等条件通过虹吸效应和规模效应聚集更多的高素质劳动力、资本等要素，以及管理、信息等优势资源。处于最后梯度的地区如贵州、云南、青海、甘肃等地区，自身经济发展相对落后，在发展过程中需要选择符合自身特点的发展方式，增强自身对资源的吸引力。

第二，30 个省份的莫兰年散点图表明，各省份的城乡发展水平集中在两个终端附近，即大多数的省份位于第一、第三象限，处于 H–H、L–L 区域：高城乡一体化水平省份相邻（第一象限），主要集中在沿海地区，且由表 2–5 可以看出，此区域内省份变动不大，北京、天津、上海、江苏、浙江在研究区间内一直处于 H–H 区域，其他个别省份如山东、福建、安徽会在个别年份也进入高聚集区；较低城乡一体化水平省份相邻（第三象限），主要包括贵州、云南、广西等西部地区的省份。除此之外，2013 年之前东北地区辽宁、黑龙江位于 H–H 区域，之后退出并在 2019 年进入了 L–L 区域，形成较大反转。

第三，动态来看，研究区间内城乡一体化水平分布格局没有发生明显波动，整体呈现稳定的分布态势。在相对稳定的分布态势下，也会随着要素、经济、产业等变迁发生局部变迁。具体来看，东北地区辽宁与黑龙江在 2013 年分别位于第一、第二梯度，而在 2019 年均落在第三、第四梯度，处于相对较后的位置。而与之相反，中部地区湖北、安徽等省份与西部地区的陕西等均在梯度中有了不同程度的提升。

四、生产要素流动对城乡一体化时空演变的影响

（一）计量模型构建与变量选取

1. 模型构建

为了更好地分析城乡一体化，本书中充分考虑了城乡一体化的空间效

应，构建了如下空间计量模型：

$$desa_{i,t} = \alpha + \gamma \sum_{j=1}^{n} w_{ij} lnt_{j,t} + \beta X_{i,t} + \rho_1 \sum_{j=1}^{n} w_{ij} X_{e,j,t} + \rho_2 \sum_{j=1}^{n} w_{ij} X_{o,j,t}$$
$$+ \varepsilon_i + \lambda_t + \mu_{i,t} \qquad (2.6)$$

其中，i、j 表示省份（i、j = 1，2，…，n），t 表示年份，ε_i 为省份个体固定效应，λ_t 表示时间固定效应，$\mu_{i,t}$ 为随机扰动项；$desa_{i,t}$ 为因变量，表示第 i 个省份第 t 年的城乡一体化水平；X 表示解释变量，$X_{e,j,t}$ 与 $X_{o,j,t}$ 分别为推动第 i 个省市第 t 年城乡一体化发展的内生与外生动力因素；γ、ρ 分别表示空间溢出效应，w_{ij} 表示空间权重矩阵，它用空间经济联系矩阵、空间邻接矩阵以及地理距离矩阵来衡量。

2. 变量选取

推进城乡一体化发展必然要破解城乡二元体制，推动要素自由流动与合理配置，从而带动产业结构变迁，增强内生发展动力。政府以及宏观社会经济发展在要素配置过程中发挥了不容忽视的作用。分析城乡一体化影响因素，可将其分为内生与外生两个方面进行考虑。

内生影响因素包含：第一，产业结构（$ind_{i,t}$）。以泰尔指数测度产业结构合理化程度，具体公式如下：

$$ind_{i,t} = \sum_{m=1}^{3} \frac{Y_{i,m,t}}{Y_{i,t}} ln\left(\frac{Y_{i,m,t}}{Y_{i,t}} \Big/ \frac{L_{i,m,t}}{L_{i,t}}\right), m = 1,2,3 \qquad (2.7)$$

其中，$Y_{i,m,t}$、$L_{i,m,t}$ 分别表示 i 地区 t 时 m 产业的产值与就业人数，$Y_{i,t}$、$L_{i,t}$ 分别为 i 地区 t 时总产值与总就业人数。$ind_{i,t}$ 越小，表明该区域要素投入与产出越均衡，产业结构越合理；反之，ind 越大，产业结构越不合理。第二，人力资本（hc）。新时代城乡一体化是追求高质量发展的城乡一体化，人力资本在经济社会高质量发展过程中提供了内生动力，一般而言，人力资本含量越高，越能促进城乡一体化水平的提升。教育水平的发展，尤其是高等教育的发展更容易推动人力资本的形成，故这里采取每十万人口高等学校在校人数来衡量人力资本水平。第三，技术水平（tech）。技术提升不仅能够推动产业结构升级、促进经济高质量发展，而且能够推动农业产业化、提升农村一二三产业融合水平和增强农村内生发展动力。这里采用每万人专利申请授权数量来衡量技术水平。第四，金融发展（fin）。金融规模扩张能够促进金融资本流向农村、农民，进而为农民实现技术提升和人力资本积累提供物质基础，但金融资本分配不均同样也可能带来"个人寻租"，从而降低城乡一体化水平。这里采用金融业生产总值与国内生产总值的比例来衡量金融发展水平。第五，经济水平（eco）。经济发展水平为城乡一体化发展提供了基石，是城乡一体化高质量推进的基础。这里选取经济密度指标即国内生产总值与行政区面积的比值来衡量经济发展水平，经济密度相较人均生产总值更能反映出地区经济发展水平与区域集中程度。

外生影响因素包含：第一，政府行为（gov）。政府在城乡一体化进程中通过实施产业规划、提供公共设施服务等行为影响城乡一体化水平，地方政府财政分配就充分体现了政府的经济决策方向。这里选取地方政府财政支出比占国内生产总值的比例衡量政府行为。第二，市场化程度（market）。市场在要素配置过程中起决定性作用，市场化程度越高，要素越表现为根据其收益率进行流动。该部分参照了王小鲁构建的市场化指数，最新的数据仅提供至 2016 年，但考虑到其变动缓慢，故使用前三年数据代替本年市场化程度。第三，区域联系（cont）。从地理学的角度出发，相邻的空间单位具有相互作用和影响，随着地区间联系日益紧密，区域关联由双向、线性向全域、多维转化，各省份在经济系统中不再是独立的个体，城乡一体化发展会受到其他省份的影响。因此，这里采用引力模型构建区域经济联系网络，将区域联系纳入城乡一体化因素分析模型中。第四，对外开放度（open）。对外开放是我国的一项基本国策，2020 年国家提出要构建国内国际双循环。对外开放水平也是促进区域城乡发展的重要变量，这里以当年汇率对实际外资利用额进行处理，并以其占 GDP 的比重作为衡量地区对外开放水平的代理变量。第五，市场需求（dem）。生活质量的改变会引导消费需求发生变化，尤其会提高对农产品深加工、三产融合带来的新兴农文旅融合产品的需求，即市场需求会引导城乡生产方式的变迁，从而影响城乡一体化。这里采取人均社会消费品零售总额作为市场需求的衡量指标来度量其对城乡一体化的影响。第六，数字经济发展（dig）。数字技术的使用将促进经济集聚（曹玉平，2020），通过缩小城乡公共服务、弥补信息不对称等措施可以缩小城乡收入差距（程名望、张家平，2019），从而影响城乡一体化进程。这里采用互联网普及率衡量数字经济的发展。

关于数据。各省份地理面积数据来自中华人民共和国中央人民政府网；实际外资利用额以当年汇率转换为人民币计算而得；互联网普及率以各省份上网人数与总人数的比值确定；为消除量纲，对人力资本、技术水平、经济密度、市场需求替代变量取对数处理；由于金融发展、政府规模及数字经济对城乡一体化的边际贡献过小，因而将数值缩小100倍处理。变量描述性统计如表2-7所示。

表2-7 变量描述性统计

项目	变量名称	衡量指标	符号	均值	标准差	最小值	最大值
因变量	城乡一体化	城乡一体化水平	desa	0.379	0.087	0.139	0.600
内生影响因素	人力资本	每十万人高等院校在校生数（人）	hc	2 518.471	888.116	969.091	6 749.963
	技术水平	每万人专利申请授权数（个）	tech	8.73	11.087	0.399	61.161
	金融发展	金融业生产总值占GDP比值	fin	6.794	5.804	0.996	34.164
	产业结构	产业合理化指数	ind	1.005	0.348	0.251	1.985
	经济水平	经济密度（万元/平方千米）	eco	2 238.753	5 273.751	3.891	39 019.570
外生影响因素	政府行为	财政支出占GDP比重	gov	30.218	31.914	7.759	246.818
	市场力量	市场化指数	market	6.320	1.831	2.330	10.000
	市场需求	人均社会消费零售总额（元）	dem	3 245.446	1 637.268	1 091.279	8 407.881
	对外开放度	实际外资利用额占GDP比重	open	2.027	1.633	0.000	8.191
	数字经济	互联网普及率	dig	45.289	15.583	5.120	83.011

（二）基准模型结果分析

1. 模型基本检验

表2-4显示，省域城乡一体化水平在研究时间内具有显著集聚效应，存在空间自相关，因此，要求在进行回归分析时采用具有空间因素的空间

模型；稳健 LM-sar 和 LM-sar 均在 1% 的显著性水平上拒绝了原假设，这进一步说明了选择空间模型具有合理性。表 2－8 中显示了空间误差、空间滞后及空间杜宾模型三个模型的回归结果，比较 R^2 和 log-L 能够得出选择空间杜宾模型更合适的结论。三个模型中各影响因素对城乡融合的显著性未发生明显变化，表明模型具有一定的稳健性。进而进行 LR 与 Wald 检验对是否可以将空间杜宾模型简化为空间误差模型或空间滞后模型进行判断。表 2－9 显示的结果证明，选取空间杜宾模型是恰当的。同时，Hausman 检验结果表明，选取固定效应更合理。因此，后面将用时空双固定效应的空间杜宾模型进行分析。

表 2－8　　　　　　　　　　　　　基准模型结果

变量	经济联系空间矩阵			SDM 效应分解		
	m（1）sar	m（2）sem	m（3）sdm	直接效应	间接效应	总效应
lnhc	0.055 ***	0.057 ***	0.051 ***	0.048 ***	0.056 *	0.104 ***
	(0.012)	(0.011)	(0.012)	(0.012)	(0.026)	(0.025)
lntech	0.015 ***	0.014 ***	0.017 ***	0.017 ***	－0.004 ***	0.013 ***
	(0.004)	(0.004)	(0.004)	(0.004)	(0.002)	(0.003)
fin	－0.377 ***	－0.437 ***	－0.403 ***	－0.366 ***	－0.559 *	－0.924 ***
	(0.109)	(0.109)	(0.105)	(0.099)	(0.334)	(0.343)
ind	－0.010	－0.007	－0.006	－0.006 *	0.002	－0.005
	(0.007)	(0.007)	(0.007)	(0.008)	(0.002)	(0.005)
lneco	0.126 ***	0.132 ***	0.133 ***	0.125 ***	0.164 ***	0.289 ***
	(0.019)	(0.019)	(0.018)	(0.018)	(0.046)	(0.048)
gov	－0.019 ***	－0.021 ***	－0.014 *	－0.011	0.002	－0.008
	(0.006)	(0.006)	(0.006)	(0.006)	(0.002)	(0.005)
market	0.006 **	0.006 **	0.005 **	0.006 **	－0.002 *	0.004 **
	(0.002)	(0.002)	(0.002)	(0.003)	(0.001)	(0.002)
lndem	0.057 *	0.041	0.081 ***	0.094 ***	－0.274 ***	－0.181
	(0.030)	(0.029)	(0.030)	(0.032)	(0.075)	(0.068)
lnopen	0.002 **	0.002 ***	0.001 *	0.001 *	0.0069 **	0.008 *
	(0.001)	(0.001)	(0.001)	(0.001)	(0.003)	(0.001)
inter	0.029	0.036	0.047	0.049 *	－0.012	0.037
	(0.031)	(0.031)	(0.030)	(0.030)	(0.008)	(0.021)
ρ	－0.163	0.037	－0.338 ***			
	(0.116)	(0.032)	(0.122)			

续表

变量	经济联系空间矩阵			SDM 效应分解		
	m（1）sar	m（2）sem	m（3）sdm	直接效应	间接效应	总效应
R²	0.915	0.913	0.915			
log - L	1 033.89	1 037.637	1 050.647			
Obs	360	360	360			

注：括号中为 t 统计量。***、**、* 分别表示在 1%、5%、10% 的水平上显著。

表 2 - 9　　　　　　　　　　　模型基本检验

模型	R LM-sar	R LM-sem	Hausman	LR-sar	LR-sem	Wald-sar	Wald-sem
经济距离	28.673***	55.351***	146.5***	196.86***	42.31***	45.82***	43.37***
邻接距离	20.335***	13.470***	74.22***	45.73***	44.68***	38.23***	46.18***
地理矩阵	16.997***	94.578***	212.54***	88.55***	87.30***	84.30***	101.93***

注：*** 表示在 1% 的水平上显著。

2. 基准模型结果分析

根据经济联系空间权重矩阵回归结果可以得出，空间滞后项系数显著为负，表明在经济联系密切的区域间城乡一体化水平的发展存在着此消彼长的关系。内生影响因素中人力资本、技术水平、金融产业及经济发展水平对城乡一体化水平均具有显著影响，人力资本与技术水平每提升 1%，将会推动城乡一体化水平提升 0.051 个、0.0145 个单位，而金融产业发展对城乡一体化呈显著的抑制作用，可能是由于长时间金融资本的单向流动致使当前金融资本较多集中于城市第二产业和第三产业，金融资本的要素错配及城乡间要素流动受阻拉大了城乡、工农间的差距。产业结构合理化指数对城乡一体化的估计结果不完全显著。外生影响因素中，市场化程度、市场需求与对外开放程度均能够显著推动城乡一体化发展。政府规模在 10% 的显著性水平上呈现出对城乡一体化的抑制作用，政府干预致使城乡关系失衡，难以促进城乡一体化发展。其中，经济发展水平对城乡一体化的促进作用最大，经济快速增长为城乡互补发展提供了物质基础，带动了现代农业与农村第二产业和第三产业共同发展，提高了农民收入，推进了城乡一体化发展。

通过对基准模型进行效应分解发现：第一，内生影响因素中人力资本、对外开放因素不仅能够促进本区域城乡一体化发展，还能通过发挥空间溢出效应对其经济联系密切区域缩小城乡二元差距起到显著推动作用。人力资本作为要素参与生产能够带动普通劳动力的流动，例如，京津冀、长三角等城市群中核心城市对人力资本的吸引，将会辐射河北、安徽等省份，提高其城乡一体化水平。第二，技术水平、市场化程度及本地市场需求则相反，会显著抑制经济密切联系区域的城乡一体化发展：一方面，技术水平的提升将会通过知识溢出促进本地农业技术变革与农业非农化发展，提高生产率，同时，市场化程度的提高将促进要素流向要素收益率更高的区域，从而推动本地城乡一体化水平；另一方面，技术条件改善与市场需求增强，将会吸引更多企业流向本地，发挥本地市场循环累积效应，从而对其他区域的城乡发展形成阻碍。这里市场需求空间溢出效应显著为负且大于其对本地城乡一体化的促进作用，表明当前市场需求规模及结构未能促进城乡一体化发展。一方面，根据世界银行公开的数据，我国 2020 年居民消费率为 55%，低于同时间美国、日本等世界上其他发达国家及与中国邻近的印度等新兴市场国家 25% 左右的水平；另一方面，随着收入不断提升，消费者对商品的多样化、优质化需求不断涌现，传统商品供给越来越满足不了消费者的需求，这就致使需求难以对城乡一体化起到促进作用。

（三）稳健性分析

1. 更换空间权重矩阵

选取常用的二进制邻接矩阵与空间地理距离矩阵对前述构建的省域经济联系空间权重矩阵进行稳健性分析。邻接矩阵（W2）是基于观测城市是否相邻而构建的空间权重矩阵，相邻的城市为 1，反之为 0。即：

$$w_{ij}^1 = \begin{cases} 1; \text{城市 i 与城市 j 相邻} \\ 0; \text{其他} \end{cases} \tag{2.8}$$

距离相近的区域之间事物相关性更大。遵循"远小近大"的原则构建地理距离空间权重矩阵（W3），距离越近，被赋予的权重越大，反之权重越小。

$$w_{ij}^2 = \begin{cases} 1/d_{ij}, i \neq j \\ 0, i = j \end{cases} \tag{2.9}$$

利用邻接矩阵与地理矩阵对城乡一体化的影响因素再次进行分析。内生性因素中人力资本、技术水平与金融发展均对城乡一体化水平具有显著影响，与基准模型结果符号保持一致。在邻接矩阵与反距离矩阵下，产业结构合理度指数与城乡一体化水平呈反向关联，表明产业结构越合理，越能促进城乡一体化水平的提高，但这与经济联系矩阵间接效应结果有所出入，原因可能是因为产业结构对其他区域城乡一体化水平的影响仅限于与其相邻区域或一定地理距离范围内的区域，而与之经济关联较大、相距较远的区域则较少受到影响。经济密度直接效应与间接效应符号相反，可能是因为地区经济联系紧密的区域互通互联能够对双方形成促进作用，而地理邻近或一定地理范围内的区域之间会形成经济"虹吸效应"，对较不发达地区形成经济抑制，从而抑制城乡一体化发展。外生性因素中政府行为、市场化程度、市场需求、对外开放度符号及稳健性均与基准模型一致。稳健性检验结果如表 2 - 10 所示。

表 2 - 10　　　　　　　　　　　　稳健性检验

变量	空间邻接矩阵				反距离矩阵			
	m (4)	直接效应	间接效应	总效应	m (5)	直接效应	间接效应	总效应
lnhc	0.054 *** (0.013)	0.053 *** (0.014)	0.094 *** (0.027)	0.146 *** (0.025)	0.051 *** (0.012)	0.052 *** (0.013)	0.022 *** (0.007)	0.074 *** (0.008)
lntech	0.015 *** (0.004)	0.014 *** (0.004)	− 0.002 (0.002)	0.013 *** (0.004)	0.020 *** (0.004)	0.016 *** (0.004)	0.081 *** (0.018)	0.097 *** (0.018)
fin	− 0.238 ** (0.113)	− 0.226 ** (0.108)	0.027 (0.028)	− 0.199 ** (0.098)	− 0.204 * (0.113)	− 0.144 (0.107)	− 1.117 ** (0.484)	− 1.261 ** (0.497)
ind	− 0.014 * (0.008)	− 0.016 ** (0.008)	0.116 *** (0.034)	0.100 *** (0.035)	− 0.010 (0.008)	− 0.015 ** (0.007)	0.143 *** (0.048)	0.128 *** (0.049)
lneco	0.109 *** (0.019)	0.109 *** (0.019)	− 0.013 (0.011)	0.096 *** (0.020)	0.112 *** (0.018)	0.115 *** (0.018)	− 0.047 *** (0.012)	0.068 *** (0.015)
gov	0.007 (0.008)	0.009 (0.008)	− 0.062 ** (0.025)	− 0.054 ** (0.024)	− 0.008 (0.007)	− 0.002 (0.007)	− 0.166 * (0.097)	− 0.167 * (0.096)
market	0.007 *** (0.004)	0.006 *** (0.003)	− 0.001 (0.002)	0.005 *** (0.004)	0.002 (0.001)	0.004 (0.002)	− 0.001 (0.001)	0.003 (0.002)
lndem	0.057 * (0.032)	0.061 * (0.031)	− 0.306 *** (0.076)	− 0.245 (0.082)	0.115 *** (0.030)	0.122 *** (0.032)	− 0.179 ** (0.081)	− 0.057 (0.072)
lnopen	0.001 (0.0008)	0.001 * (0.001)	0.001 (0.0001)	0.002 (0.001)	0.0027 *** (0.001)	0.002 ** (0.001)	0.0169 *** (0.004)	0.019 *** (0.005)

变量	空间邻接矩阵				反距离矩阵			
	m（4）	直接效应	间接效应	总效应	m（5）	直接效应	间接效应	总效应
inter	0.042 (0.031)	0.044 (0.030)	−0.005 (0.006)	0.038 (0.027)	0.066 (0.030)	0.046 (0.032)	−0.037 (0.156)	0.009 (0.157)
ρ	−0.146 * (0.124)				−0.688 *** (0.224)			
R^2	0.911				0.885			

注：括号中为 t 统计量。*** 、** 、* 分别表示在 1%、5%、10% 的水平上显著。

2. 解决内生性问题

为消除同期变量可能存在的反相关因果关系对研究结论的影响，进一步将除经济联系外的解释变量均滞后一期（王嵩、范斐、王雪利，2020），模型效应分解结果如表 2 – 11 所示。各变量的系数虽有一定程度的减小，但符号、显著性与基本模型基本保持一致，从而能够验证上述分析。

表 2 – 11　　　　　　　　　　　滞后一期变量结果

变量	经济联系空间矩阵（m6）			空间邻接矩阵（m7）			反距离矩阵（m8）		
	直接效应	间接效应	总效应	直接效应	间接效应	总效应	直接效应	间接效应	总效应
$Lnhc_{t-1}$	0.033 ** (0.013)	0.104 *** (0.030)	0.137 *** (0.030)	0.041 *** (0.014)	−0.009 * (0.005)	0.031 *** (0.012)	0.044 *** (0.014)	0.019 ** (0.007)	0.134 *** (0.011)
$lntech_{t-1}$	0.014 *** (0.011)	−0.003 * (0.008)	0.011 *** (0.010)	0.012 *** (0.011)	−0.003 * (0.008)	0.009 *** (0.012)	0.013 *** (0.003)	0.065 *** (0.022)	0.079 *** (0.021)
fin_{t-1}	−0.192 * (0.103)	0.0393 (0.030)	−0.153 * (0.082)	0.016 (0.114)	−0.003 (0.027)	0.013 (0.089)	0.135 (0.112)	−0.059 (0.051)	0.075 (0.064)
ind_{t-1}	−0.012 * (0.007)	0.002 (0.001)	−0.010 * (0.006)	−0.019 *** (0.007)	0.087 *** (0.026)	0.067 *** (0.027)	−0.016 ** (0.007)	0.099 *** (0.047)	0.083 * (0.047)
$lneco_{t-1}$	0.172 *** (0.021)	−0.0335 ** (0.016)	0.139 *** (0.022)	0.186 *** (0.021)	0.114 *** (0.043)	0.300 *** (0.041)	0.187 *** (0.020)	−0.027 (0.083)	0.159 * (0.084)
gov_{t-1}	−0.011 (0.007)	0.002 (0.002)	−0.009 (0.006)	0.008 (0.008)	−0.077 *** (0.025)	−0.069 *** (0.023)	0.001 (0.008)	−0.287 *** (0.102)	−0.286 *** (0.101)
$market_{t-1}$	0.003 (0.002)	−0.001 (0.001)	0.003 (0.002)	0.004 (0.002)	−0.001 (0.001)	0.003 (0.002)	0.0002 (0.003)	−0.000 (0.001)	0.001 (0.001)

续表

变量	经济联系空间矩阵（m6）			空间邻接矩阵（m7）			反距离矩阵（m8）		
	直接效应	间接效应	总效应	直接效应	间接效应	总效应	直接效应	间接效应	总效应
$lndem_{t-1}$	0.115*** (0.033)	-0.245*** (0.087)	-0.130 (0.083)	0.079** (0.031)	-0.225*** (0.063)	-0.145** (0.069)	0.119*** (0.032)	-0.200*** (0.077)	-0.081 (0.069)
$lnopen_{t-1}$	0.001 (0.001)	0.009*** (0.003)	0.011*** (0.003)	0.001 (0.001)	-0.0002 (0.0002)	0.001 (0.001)	0.002** (0.001)	0.016*** (0.005)	0.018*** (0.005)
$inter_{t-1}$	0.017 (0.029)	-0.003 (0.006)	0.014 (0.023)	0.019 (0.029)	-0.004 (0.007)	0.015 (0.022)	0.023 (0.029)	0.464*** (0.147)	0.487*** (0.150)
ρ	-0.252** (0.123)			-0.283* (0.146)			-0.785*** (0.266)		
R^2	0.917			0.906			0.888		
Hausman	62.48***			137.01***			211.44***		

注：括号中为 t 统计量。***、**、*分别表示在1%、5%、10%的水平上显著。

本章首先分析了城乡一体化宏观机制，在此基础上，通过构建城乡一体化发展水平测度框架，利用 30 个省份 2008～2019 年的面板数据，运用熵值法、空间自相关分析、空间杜宾模型等实证方法研究了我国城乡一体化的时空格局演变趋势及城乡融合的影响因素。研究得到以下几点结论。

第一，我国城乡一体化程度不断提高。城乡一体化是城乡关系演变在新时代背景下的一个新突破，是我们党与时俱进的城乡关系发展战略。城乡一体化发展改变了以往农村的"弱势"地位，将农村与城市置于了同等地位。通过城乡一体化发展，促进了城乡融合，增强了农村发展的内生性、主动性，增强了其自身的"造血"能力。研究表明，2008～2019 年，我国城乡一体化程度不断提高。分维度来看，要素流动和公共服务设施水平整体较低但增长速度较快；经济一体化对城乡一体化的物质保障作用不足；空间与产业一体化相较于整体水平较高，但在研究期间有回落趋势；生态一体化水平在研究区间内无明显增长趋势，对城乡一体化的贡献减小。

第二，我国城乡一体化水平的时空变化呈现出较稳定的态势，但是局部发生了明显变化。从空间维度看，东北地区的城乡一体化水平排名在逐渐退后，而西部与中部地区个别地域排名逐步提高，迈向了更高层次。从空间动态演化来看，我国城乡一体化水平呈"阶梯状"分布，东、中、西部地区由高到低依次排列。另外，城乡一体化水平具有较高的空间正相关性，城乡一体化在空间上具有集聚效应。

第三，城乡一体化发展的影响因素中，内生性因素对其促进作用更大。经济发展水平与人力资本存量的促进作用比较显著，不仅能够促进本地的城乡一体化水平，还能通过发挥空间溢出效应促进其他地区的城乡一体化；技术水平、市场化程度及本地市场需求则相反，会显著抑制经济密切联系区域的城乡一体化发展；产业结构合理化程度与数字经济发展水平能够显著促进本地城乡一体化，但尚未发挥其溢出效应。

根据前述得出的结论，从宏观的角度看，促进城乡一体化发展需要做到以下几点。

第一，要求各级政府充分认识农村在发展中的地位与作用，发挥规划引领作用，推动城乡一体化和城乡融合。通过政府顶层设计，积极探索乡村建设用地与宅基地"三权分置"的具体实施方案，在保持土地资源社会属性基础上发挥其经济属性，盘活要素，从而增加农民收入；同时，强化政府在提供公共服务设施方面的主体责任，为城乡"畅通"提供物质保障，以多元渠道为高质量劳动力、资本、技术等要素进入并留在农村提供条件。但同时也应处理好政府与市场在城乡一体化发展过程中的关系，对政府的过度干预而导致的资源错配进行纠正。

第二，发挥产业融合在推进城乡一体化过程中的纽带作用。要推动农业现代化、产业化，生产高质量、符合人民需求的农副产品。同时，在农村大力发展休闲观光农业、农村旅游、农村电商等新兴业态，推动农业与其他产业相互渗透，促进农村三大产业融合发展，为农民创造就业岗位，增加农民收入。

第三，注重协调经济发展与生态环境的关系。切实扭转以放弃生态环境而追求短期经济增长的传统做法，解决经济发展与高耗能、高污染的矛盾，深入贯彻绿色发展理念，实现发展方式的根本转变。在推动城市现代文明向乡村辐射的同时保留乡村独特的生态价值、优秀传统文化，避免在城乡发展过程中形成城乡"不分彼此""城乡同一"，而是要以乡村独特的价值推动其发展，构建新的绿色生态环境发展引擎，释放乡村发展的潜力。

第四，加强区域合作，发挥区域协同作用。由于城乡发展存在集聚效应，所以在考虑本地区的一体化发展时应该兼顾周边地区的发展，提高区域间空间联系强度，促进城乡一体化共同发展。东部省份的城乡一体化发展一直处于较高水平，城乡之间要素流动、产业互动、公共服务设施等一体化水平领先，这些地区应加强对周边地区的带动作用，以创新驱动新的经济发展模式，从而实现更高水平的融合。中部地区整体城乡一体化处于初级发展阶段，应促进这些区域经济的协调发展，在更大范围内普及公共服务设施，促进要素流动。整体来看，西部省份与东北地区省份的城乡一体化水平相对较低，这些地区发展重点应放在优化产业布局方面，增强产业互动对城乡一体化的带动作用，并通过政策倾斜促进区域经济高速发展，更好地实现城乡一体化发展。

第五，构建城乡发展的"双循环"格局。一方面，把握数字经济时代技术飞速发展的机遇，加快农业供给侧结构性改革步伐，将数字技术应用于农业生产，满足人们对高质量农产品及服务的需求，从而扩大内需、释放经济内生动力；另一方面，加强企业对外联系，鼓励企业引进外资，引导企业全方位、多领域开放，以实现内循环与外循环双轨齐驱、共同致力于城乡高质量一体化发展。

第三章　农村经济主体行为与城乡一体化微观机制研究

　　在新的历史时期，党对城乡关系的认识也在不断升华，不断强调通过推动城乡之间要素的双向流动来实现城乡一体化与融合发展。但是，由于农村土地要素的不可流动性、户籍制度约束使城乡公共服务差异悬殊，导致城市居民实际收入水平远高于农村居民，农民工市民化阻碍重重。因此，必须通过促进要素流动来缩小城乡收入差距，进而推进城乡一体化发展。同时，在当前背景下，释放农村活力、促进农民消费也成为扩大国内市场的重要途径。2019 年，中国国民总收入已经突破 1 万美元，中国迈入了中等收入国家行列。经济快速发展带来了收入差距的扩大，巨大且持续扩大的城乡收入差距对国民经济稳定发展、城乡融合发展提出了严峻挑战（罗楚亮、李实和岳希明，2021）。从 2020 年国家统计局公布的数据来看，全国整体城乡收入比为 2.56，虽较 2019 年（2.64）有所缩小，但与 2000 年相比绝对值仍较大，如图 3 - 1 所示。从区域差别的视角来看，从 2000 年至今，西部地区的城乡收入差距更大，比国家平均水平要高，其中，2020 年以甘肃、贵州、云南、青海、西藏、陕西等省份尤为严重，城乡收入比均超过 2.8，这在一定程度上说明，"三农"问题仍然是解决发展不平衡不充分问题的关键所在。

　　基于此，本章构建了以新经济地理模型为基础的城乡两地区、农业与制造业两部门的劳动力流动理论框架来研究城乡一体化的微观机制，在考虑劳动力迁移成本与非农产业技术差异的基础上，对城乡人均收入差异及产业分布进行了分析，基本结论为：非农产品消费偏好的增加会增强农业

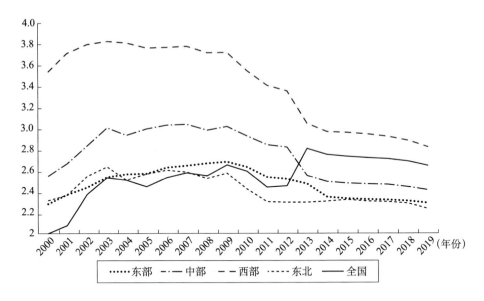

图 3 - 1 中国城乡居民收入比

资料来源：中华人民共和国统计局．中国统计年鉴（2021）［M］．北京：中国统计出版社，2022. http://www.stats.gov.cn/sj/ndsj/2021/indexch.htm.

劳动力在短期内的转移动力，城镇化程度较高的区域缩小城乡收入差距会弱化劳动力转移动力；农业剩余劳动力流动将提高实际收入水平，并有效缩小城乡劳动力福利差异；城乡基础设施服务差距过大会阻碍农村非农产业发展，区域内与区域间技术溢出分别对产业发挥集聚与分散作用；贸易自由度和劳动力迁移成本较低时能促进产业集聚，当城乡一体化水平较高时，则会促进非农产业向农村扩散。

第一节　文献述评

关于城乡一体化微观机制领域的研究，主要讨论的是劳动力流动对城乡差异尤其是城乡收入差距的影响。我们分别对以新古典理论为基础的研究成果和新经济地理学的研究成果进行介绍。

一、以新古典理论为基础的劳动力流动模型

劳动力流动是城镇化的重要表现，同样，也在城乡一体化过程中具有重要地位。破解二元结构，构建新型城乡关系，实现城乡融合是要将城市与乡村置于平等地位统筹考虑经济、要素、空间、社会等各方面的融合（李爱民，2019）。城乡一体化是社会发展到一定水平的产物，要素自由流动是其最重要的表现之一，劳动力是生产要素中最活跃的部分，劳动力市场一体化是促进城乡一体化的基础动力（黄燕芬和张超，2021）。

在二元结构依旧的前提下，农村剩余劳动力的转移给他们带来的工资与福利水平仍然比较低，远不及城市居民，城乡之间收入水平差距将长期存在。因此，不少学者分析了城乡收入差距悬殊的成因。学术界从多种角度对影响城乡收入差距的因素进行了分析：一部分学者从历史和制度方面去寻找原因，认为以户籍制度为核心的一系列城乡分割的制度体系是造成城乡收入差距的重要原因（李实和朱梦冰，2018），除此之外，加固城乡二元经济的城市偏向政策（陈斌开，2010；Wang and Weaver，2013）、财政分配政策（朱德云和高焱域，2020）也是导致城乡收入差距的制度因素。另一部分学者认为，要素市场不完善、劳动力流动受阻、户籍歧视等也是导致城乡收入差距存在显著差异的原因。

劳动力流动对城乡收入差距会产生怎样的影响，每个人对此的认识不同，概括起来基本包含以下两种观点。第一，缩小城乡差距论。在劳动力无限供给的假设基础上，刘易斯（1954）所提出来的劳动力流动模型认为，城乡工资收入差距是劳动力流动的重要动因。基于二元经济理论，国内学者也对劳动力流动展进行了研究，认为劳动力自由流动能够促进农业剩余劳动力的转移，进而缩小城乡劳动生产率的差异，提高农民收入，并缓解城乡收入差距带来的发展不平衡，建议中国在城镇化进程中可以通过流动人口转换户籍的方法来提升城镇化水平，进而缩小城乡差距（宋建和王静，2018）。第二，扩大城乡差距论。该理论认为，农村劳动力的流出将导致农业荒废和农村"空心化"问题凸显。缪尔达尔（1960）认为，在劳动力迁移过程中，拥有高素质、生产效率较高的劳动力会率先去往生产率更高、

经济发展水平更高的区域，这些高质量劳动力的流动将进一步带动其他劳动力的流动，从而导致城乡收入差距扩大。

总体来看，以新古典理论为基础的城乡劳动力流动模型认为，外生因素的不同是决定经济差异的主要原因，这种外生因素主要是经济因素，而未考虑农村劳动力流入城市后的适应性、歧视等因素。

二、新经济地理学的劳动力流动模型

新经济地理学将产业上下游之间的联系与贸易成本结合在一起，通过考察区域一体化背景下的劳动力流动，进而分析区域差异等问题（谢燮和杨开忠，2016）。新经济地理学在报酬递增与存在贸易成本的前提下分析了劳动力迁移的动力问题，认为循环累积因果效应导致某个区域的消费者实际效用水平较高，从而引起了劳动力向该地区的集聚（Ottaviano and Peri，2012）。井藤（Itoh R，2010）在考察了人力资本的迁移现象后进行了预测：当迁移成本足够低时，人口分布随着经济发展水平变化呈倒"U"型；当迁移成本处于中间水平时，区域间收入差距随着经济发展水平变化表现出倒"U"型；迁移成本过高会促进人口单向转移，不断扩大地区收入差距。奥塔维亚诺（Ottaviano，1999）通过研究最初规模不等的两个区域发现，只有在优势地区领先差距较小、贸易成本足够低时，劣势地区才能破解领先地区的规模优势锁定效应，才能实现赶超。谭策天和何文（2019）考察了户籍歧视因素，研究得出，城市"土著"阻碍户籍开放的动力在于保证城市居民的收入水平。唐颂和黄亮雄（2013）以中国人口普查数据证实，由于产品交易成本的存在，劳动力倾向于集中在产品生产区。

综上所述，现有文献中存在以下不足。第一，在以新古典理论为基础的研究中，将劳动力流动解释为外生变量控制的流动，这样就无法从内生性角度分析劳动力流动对城乡收入差距乃至城乡一体化的影响。第二，新经济地理学虽然从规模报酬、交易成本等角度说明了劳动力流动对区域差异的影响，但未纳入农业剩余劳动力来考虑城乡实际收入差异对城乡发展的影响。为了弥补这些不足，本章将构建包括城乡两地区、农业与制造业两部门、农业劳动力与制造业劳动力两部分要素的新经济地理模型，并纳入农村剩余劳动力、劳动力转移成本与技术差异等要素来分析劳动力转移和产业转移，意图为促进城乡一体化发展提供微观基础。

第二节 模型假设与初始经济均衡

一、消费决策

假设具有相同偏好的消费者对农产品和制造业产品同时进行消费，农产品是同质产品，制造业产品是差异化产品的组合。以 μ 和 $1 - \mu$ 分别代表制造业产品与农产品的支出份额。以 u 表示城市，r 表示农村，则消费者消费两种产品的总效用可以用如下公式表示：

$$U = \mu \ln C_M + (1 - \mu) \ln C_A \tag{3.1}$$

其中，$0 < \mu < 1$，C_M 和 C_A 分别表示制造业产品组合和农产品的消费量。以 P_A 表示农产品价格，P_M 表示制造业产品的价格指数，Y 表示消费者的收入。假设不存在储蓄，消费者的全部收入都用来消费，则在消费者的收入约束下通过满足其效用最大化能够得到消费者对两种产品的消费数量：

$$C_A = (1 - \mu) Y / p_A \tag{3.2A}$$

$$C_M = \mu Y / P_M \tag{3.2B}$$

以 $C_M = \left[\int_{i=0}^{N} c_i^{\rho} di \right]^{1/\rho} (0 < \rho < 1)$ 表示消费者对制造业产品的需求。其中，N 表示城市制造业部门产品的种类数量；c_i 表示消费者对第 i 种制造业产品的需求；ρ 表示消费者对多样化产品的偏好程度，ρ 越接近于 1，消费者消费越倾向于多样化，反之，则多样化消费偏好就越弱，ρ 与消费者的替代弹性关系为 $\rho = \sigma / (\sigma - 1)$；以 p_j 表示第 j 种产品的价格，则制造业产品组合的价格指数为 $P_M^u = \left[\int_{j=0}^{N} p_j^{1-\sigma} dj \right]^{1/(1-\sigma)}$，$P_M^r = \left[\int_{j=0}^{N} (\tau_m p_j)^{1-\sigma} dj \right]^{1/(1-\sigma)}$。假设农产品交易无成本，农村与城市具有相同的购买价格，制造业产品交易成本以"冰山成本"的形式表示，即 1 单位销往农村的制造业产品在到达农村时实际上只剩 $\tau_m (\tau_m \geqslant 1)$ 的余量。将其代入消费者效用最大化的消费数量中，得到城市与农村消费者对代表性产品的消费数量分别为：

$$c_j^u = \frac{\mu E^u p_{j,u}^{-\sigma}}{(P_M^u)^{1-\sigma}} \qquad\qquad (3.3A)$$

$$c_j^r = \frac{\mu E^r (\tau_m p)_j^{-\sigma}}{(P_M^r)^{1-\sigma}} \qquad\qquad (3.3B)$$

将消费者对农产品及制造业产品的消费组合代入式（3.1）得到消费者间接效用函数及实际工资水平：

$$V_u = \ln Y_u - \mu \ln P_M^u - (1-\mu)\ln p_A + a; \omega_u = \ln Y_u - \mu \ln P_M^u \quad (3.4A)$$

$$V_r = \ln Y_r - \mu \ln P_M^r - (1-\mu)\ln p_A + a; \omega_r = \ln Y_r - \mu \ln P_M^r \quad (3.4B)$$

其中，V、ω 分别表示消费者间接效用与实际工资收入，a 表示与商品价格及消费者支出水平无关的部分，$a = \mu \ln \mu + (1-\mu) \ln (1-\mu)$。

二、生产决策

参考保罗·克鲁格曼（Paul Krugman，1991）核心——边缘模型，构建"2×2×1"模型框架：在经济系统中存在两个区域：农村和城市；两个部门：农业部门与制造业生产部门；使用劳动力要素进行生产。在初始状态下，农村和城市进行专业化生产，农村为农业生产区，城市为制造业产品生产区。

（一）农业部门

考虑到农村的实际情况，假设初始状态下农村劳动力禀赋丰富，农产品生产受到土地、技术等条件约束，农业剩余劳动力是否发生转移不会对农产品生产总量产生影响。此时，农业劳动力收入按照农产品生产的边际产量定价，即 $w_a = \frac{Q_A}{\overline{L}(1-u)}$，其中，$Q_A$ 表示农产品产量；以农产品为计价单位，即令农产品的价格 $p_A = 1$。$\overline{L}$ 表示经济系统中总人口，u 为此时城市人口占总人口的比重，即人口城镇化率，$1-u$ 为此时农村人口在总人口的比重。

（二）制造业部门

制造业部门以 D-S（迪克希特－斯蒂格利茨）框架、规模报酬递增为生产基础，假定制造业企业只使用劳动力作为要素生产多样化产品。城市代表性厂商现代产品生产函数为 $F_j = w_L (f + ax_j)$。其中，a 为单位产出所需制造业劳动力，x_j 为产出水平。代表性制造业厂商利润为 $\pi_j = p_j x_j - w_L (f + ax_j)$。则均衡时企业利润最大化条件：

$$\frac{d\pi}{dx} = p_j + x_j \frac{dp}{dx} - aw_L = p_j \left(1 + \frac{x_j dp}{p_j dx}\right) - aw_L \tag{3.5}$$

令 $\sigma = -\frac{pdx}{xdp}$ 表示需求价格弹性，则 $\frac{d\pi}{dx} = p_j \left(1 - \frac{1}{\sigma}\right) - aw_L = 0$，由此得到

代表性企业商品价格为 $p_j = \frac{aw_L \sigma}{\sigma - 1}$，产品价格与商品种类无关，因此，多样

化制造业产品的最优定价为：$p_u = \frac{aw_L \sigma}{\sigma - 1}$，$p_r = \tau_m \frac{aw_L \sigma}{\sigma - 1}$。

制造业行业为垄断竞争行业，行业内厂商可以自由进入与退出，因此，在达到均衡时，行业内厂商均达到零利润，即 $\pi_j = p_j x_j - w_L (f + ax_j) = 0$，将厂商制定的最优价格代入，厂商规模为 $x_j = \frac{f(\sigma - 1)}{a}$，由此可以看出，厂商规模与产品本身无关，因而行业内所有厂商规模均保持一致且为 $x = \frac{f(\sigma - 1)}{a}$。

每个企业使用劳动力总数为 $L = \sigma f$，从而得到制造业部门产品种类为 $N = \frac{u\bar{L}}{\sigma f}$，假设经济系统不存在人口增长，为方便问题描述不妨令 $\bar{L} = 1$，$N = \frac{u}{\sigma f}$。

为简化分析，令 $a = \frac{\sigma - 1}{\sigma}$，则 $p_u = w_L$，$p_r = \tau_m w_L$，根据价格指数定义，城市与农村消费者面临的制造业产品价格指数分别为：

$$(P_M^u)^{1-\sigma} = Np_u^{1-\sigma} = \frac{u}{\sigma f} (w_L)^{1-\sigma} \tag{3.6A}$$

$$(P_M^r)^{1-\sigma} = N (\tau_m p_u)^{1-\sigma} = \frac{u}{\sigma f} (\tau_m w_L)^{1-\sigma} \tag{3.6B}$$

三、均衡分析

根据农产品市场均衡，两地的消费者均以总收入中 $1 - \mu$ 部分用于农产

品的购买，由此得到 $(1 - \mu) [w_a (1 - u) \overline{L} + w_L u \overline{L}] = w_a (1 - u) \overline{L}$，则两种劳动力的收入关系为：

$$w_L = \frac{\mu (1 - u)}{u (1 - \mu)} w_a \qquad (3.7)$$

将劳动力名义工资关系及消费价格指数代入消费者间接效用函数中，得到城乡人均间接效用函数为：

$$V_u = (1 - \mu) \ln \frac{\mu (1 - u)}{u (1 - \mu)} w_a - \mu (1 - \sigma) \ln \frac{u}{\sigma f} + a \qquad (3.8A)$$

$$V_r = (1 - \mu) \ln w_a - \mu (1 - \sigma) \ln \frac{u}{\sigma f} - \mu \ln \frac{\tau_m \mu (1 - u)}{u (1 - \mu)} + a \quad (3.8B)$$

由于假设农产品在区域间交易无成本，即消费者间接效用函数差与实际收入差相同，因而以消费者效用函数差代表实际工资差异。根据式（3.8）得出城乡消费者效用差为：

$$\Delta V_1 = V_u - V_r = \ln \frac{\mu (1 - u)}{u (1 - \mu)} + \mu \ln \tau_m \qquad (3.9)$$

根据我国经济发展历程，新中国成立至改革开放的近 30 年中，城市化发展缓慢，城市化率处于较低水平，从而判断 $\Delta V_1 > 0$。

根据式（3.9），$\frac{\partial \Delta V_1}{\partial \tau_m} = \frac{\mu}{\tau_m} > 0$，当城乡专业生产时，制造业产品交易成本越大，农民为购买制造业产品额外付出的成本就越大，从而越会扩大城乡消费者的实际收入差异。新中国成立初期，为保证工业化的快速发展，城乡二元户籍制度及与之相互配合的附属政策约束了人口与商品的流通，例如，商品购买需要"票证"，尤其是农村居民购买自行车等产品有严苛的限制条件，这样，附着在产品本身上的交易成本拉了城乡居民的收入水平。$\frac{\partial \Delta V_1}{\partial \mu} = \frac{1}{\mu (1 - \mu)} > 0$，随着消费者对制造业产品消费偏好的增加，城乡劳动力的收入差距逐渐增大。$\frac{\partial \Delta V_1}{\partial u} = \frac{-1}{u (1 - u)} < 0$，该式表明，城镇化发展进入较高水平时，城乡劳动力的收入差距将逐渐缩小，有利于推动城乡一体化发展。

随着城乡间接效用水平差异增大，农林劳动力具有了较强的转移动力。由于生活成本、户籍制度及附属在户口上的住房、教育等福利政策的缺失，导致农民在进城时需要付出一定的转移成本。参考萨缪尔森的"冰山交易成本"概念，令 τ_l（$\tau_l \geq 1$）表示劳动力流动成本，其含义为有 τ_l 单位农村剩余劳动力迁移至城市，但只剩余 1 单位有效劳动力（Samuelson P. A., 1954）。

劳动力迁移决策根据即期实际收益进行，当农村剩余劳动力预期转移后实际效用大于转移前时，则会作出转移决策。即满足 $V_r \geq V_a$ 时，农村剩余劳动力将向城市转移。

$$\tau_l \leq \exp\left[\frac{1}{(1-\mu)}\ln\frac{\mu(1-u)}{u(1-\mu)} + \frac{\mu}{(1-\mu)}\ln\tau_m\right] = \tau_l^* \qquad (3.10)$$

当劳动力跨区转移成本额满足 $\tau_l < \tau_l^*$ 时，农村剩余劳动力具有向城市转移的动力。当劳动力流动成本高于临界值时，转移新增效用不足以弥补转移成本，劳动力不会转移。放松商品交易环境、减小商品运输损耗、提高消费者对制造业产品的消费偏好能够降低劳动力转移门槛，直至 $\tau_l = \tau_l^*$，即城乡劳动力的实际收入水平保持一致时，才会停止农村劳动力的单向转移行为。

第三节　农村劳动力单向流动与城乡收入差距

在城乡居民收入及实际收入存在巨大差异的背景下，农村居民会通过向城市转移寻求更高收入，但由于户籍制度等制度约束，转移农民并不会成为真正的城市居民，因而在考虑农民单向流动模型时需要将这部分转移劳动力与城市原来的居民区分开来，即此时经济系统中存在三种劳动力：农村劳动力、迁移进城市的农村劳动力及拥有城市户籍的城市劳动力。

一、消费决策

假设不同区域消费者具有同质性且消费者效用函数与转移前保持一致，此时通过消费者效用最大化条件，可以得到城市原始居民对农产品及制造业产品的需求函数：

$$C_A^u = (1 - \mu)Y_u/p_A; C_M^u = \mu Y_u/P_M^u, c_{M,i}^u = \frac{\mu w p_u^{-\sigma}}{(P_M^u)^{1-\sigma}}$$

$$(3.11A; 3.11B)$$

迁移居民对两类商品的需求为:

$$C_A^r = (1 - \mu)Y_r/p_A; C_M^r = \mu Y_r/P_M^u, c_{M,i}^r = \frac{\mu w_r (p_u)^{-\sigma}}{(P_M^u)^{1-\sigma}}$$

$$(3.12A; 3.12B)$$

农民对商品的需求为:

$$C_A^a = (1 - \mu)Y_a/p_A; C_M^a = \mu Y_a/P_M^r, c_{M,i}^r = \frac{\mu \tilde{w}_a (\tau_m p_u)^{-\sigma}}{(P_M^r)^{1-\sigma}}$$

$$(3.13A; 3.13B)$$

其中,C_A、C_M 分别为代表性消费者对农产品及制造业产品的需求。

根据消费者效用最大化时的消费决策及效用函数,得到消费者间接效用函数:

城市原始居民间接效用函数:$V_u = \ln w_u - \mu \ln P_M^u + a$ (3.14A)

迁移居民间接效用函数:$V_r = \ln (w_u/\tau_1) - \mu \ln P_M^u + a$ (3.14B)

农民间接效用函数:$V_a = \ln \tilde{w}_a - \mu \ln P_M^r + a$ (3.14C)

二、生产决策

(一) 农业生产决策

假设农村剩余劳动力向城市制造业流动的人口占总人口的比重为 h,则此时从事农业生产的人数减少至 $1 - u - h$。由于农村存在大量剩余劳动力,劳动力的转移不会影响农业生产,此时 $\tilde{w}_a = \frac{Q_A}{1 - u - h}$,$\tilde{w}_a$ 为发生劳动力转移后从事农业劳动者的工资水平。

(二) 制造业生产决策

由于转移成本的存在,农村劳动力转移至城市将产生一定损耗,制造业有效劳动力数量为 $u + \dfrac{h}{\tau_1}$；采用与转移前一致的生产函数进行生产，代表性制造业厂商使用的劳动力数量为 σf。厂商根据其利润最大化原则制定生产决策，劳动力市场达到均衡时制造业产品种类数为：

$$\tilde{N} = \frac{u + h/\tau_1}{\sigma f} \qquad (3.15)$$

农业剩余劳动力转移不会改变城市工人的工资水平，但由于存在一定的转移成本，工资水平会"打折扣"。根据厂商利润最大化原则，制造业产品市场均衡时制造业的产品价格为：$p_u = w_u$，$w_r = w_u/\tau_m$。城市与农村消费者面临的制造业产品价格指数分别为：

$$\left(P_M^u \right)^{1-\sigma} = \tilde{N} p_u^{1-\sigma} = \frac{u + h/\tau_1}{\sigma f} \left(w_u \right)^{1-\sigma} \qquad (3.16A)$$

$$\left(P_M^r \right)^{1-\sigma} = \tilde{N} \left(\tau_m p_u \right)^{1-\sigma} = \frac{u + h/\tau_1}{\sigma f} \left(\tau_m w_u \right)^{1-\sigma} \qquad (3.16B)$$

三、短期均衡

当农产品市场出清时，农产品的销售收入全部用以支付农业劳动力的工资，因而 $(1 - \mu)(E^u + E^r) = w_a(1 - u - h)$ 成立。将制造业工人的工资水平代入，即可得到农业劳动力的工资水平：

$$w_u = \frac{\mu(1 - u - h)}{(1 - \mu)(u + h/\tau_1)} \tilde{w}_a \qquad (3.17)$$

根据消费者效用最大化时的消费决策及工资水平，结合消费者效用函数得到消费者间接效用函数。从公平的视角出发，假设社会平均实际收入是以人口加权平均得到且每个消费者在社会总收入中所占比重均相同，则城乡人均收入差距为（M Pflüger，J Südekum and M Pflüger，et al.，2014；Starc A，2016）：

$$\Delta V_2 = \frac{uV_u + hV_r}{u + h} - \frac{(1 - u)V_a}{1 - u} = \ln \frac{\mu(1 - u - h)}{(1 - \mu)(u\tau_1 + h)} - \frac{h}{u + h}\ln\tau_1 + \mu\ln\tau_m$$

$$(3.18)$$

通过与转移前的城乡收入差距比较，可以发现，农村劳动力产生自发转移行为后，收入鸿沟显著缩小，$\Delta V = \Delta V_1 - \Delta V_2 = \ln\left[\dfrac{(1-u)(u+h/\tau_1)}{u(1-u-h)}\right] +$

$\dfrac{h\ln\tau_1}{u+h} > 0$，且缩小幅度受到劳动力流动数量的影响，劳动力转移数量越多，与未转移时相比，城乡收入差距越小。

经济系统达到均衡时，转移至城市的劳动力与农村劳动力的效用水平相同，即 $V_r = V_a$，将消费者效用函数代入，得到均衡时劳动力转移数量：

$$h = \frac{\mu(1-u)\tau_m{}^\mu - \tau_1 u(1-\mu)}{(1-\mu)+\mu\tau_m{}^\mu} \tag{3.19}$$

以劳动力转移成本和商品交易成本代表城乡一体化水平，通过对式（3-19）求导，以判断城乡一体化程度对劳动力转移数量的影响。

$\dfrac{\partial h}{\partial \tau_1} = \dfrac{-u(1-\mu)}{(1-\mu)+\mu\tau_m{}^\mu} < 0$，劳动力转移成本抑制转移数量。劳动力在城乡间的转移是劳动力作为经济主体追求其利益最大化的结果，当城乡一体化程度较高时，农村剩余劳动力将向能够提高更高收益的城市非农产业转移；若劳动力流动具有较强的制度约束与较高的机会成本，则农民进入城市需要负担高昂的市民化成本，公共服务、社会保障等多方面福利的缺失将抑制劳动力的转移。

$\dfrac{\partial h}{\partial \tau_m} = \dfrac{\mu^2(1-\mu)\tau_m{}^{\mu-1}(1-u+\tau_1 u)}{[(1-\mu)+\mu\tau_m{}^\mu]^2} > 0$，商品交易成本与劳动力转移数量成正相关关系。商品交易成本越大，农村消费者为购买非农产品付出的额外成本越高，城乡居民非农产品价格差扩大，农村劳动力转移动力增强。

结论1：农村剩余劳动力在城乡消费者存在收入差异的前提下，将自发流向城市与非农产业，劳动力流动能够有效缩小城乡居民收入差距。劳动力流动数量与迁移成本负相关，高昂的转移费用抑制城镇化进程。农村消费者为购买非农产品付出的额外成本越高，越会刺激农村劳动力转移至城市以满足自身消费需求。

第四节　城乡劳动力双向流动与产业布局

大量农村剩余劳动力单向流向城市导致工业化、城镇化快速发展，城市人口大量增加，人均公共资源与服务短缺，商品价格急剧上升，这些现象在大城市和特大城市表现得尤为明显，是劳动力流动时不得不考虑的因素，最终将导致劳动力在城乡间相互流动的现象出现。克鲁格曼（1991）的 NEG 模型表明，收益递增、运输成本及要素流动性共同导致了区域经济活动呈核心——边缘结构分布，该模型预测，对于经济初始分布相同的两地区，边缘地区的生活成本较高而中心地区的生活成本较低，这是因为以商品交易为主的生活成本在产品生产地节约了运输成本。而这与实际生活略显不符，现实中，一线城市的生活成本往往要高于中小城市及农村的生活成本，区域生活成本差异不仅体现在工资水平与产品价格差异上，交通、住房等城市生活成本也是支出中重要的一部分。至于其他非贸易产品的稀缺性和高价格，则被忽视掉了（Tabuchi，2001）。因此，本节将非贸易产品费用纳入了模型中，在此基础上考虑城乡一体化发展对产业空间布局的影响。

一、非贸易费用

随着城镇化的快速推进，人口集聚在城市中心使得城市生活成本高昂，可支配消费支出减少，因而居民向城市外围迁移，城市边界扩张，劳动力不得不在住房、通勤成本及可贸易产品方面进行决策，以期达到效用最大化。

参考皮亚彬（2016）的做法，假定城市非常狭长，近似于以核心 CBD 为中心、长度为 2 的直线。城市制造业集中在中心 CBD 生产，劳动力在城市周围选择居住地点。

居住在城市的非贸易成本 ITC 由两部分组成：通勤成本 TC 与住房租金 R。居民通勤成本由通勤距离 x 与单位通勤成本 θ 共同决定，假设通勤成本与城市基础设施负相关，$\theta = e^{1/iu}$，因而 $TC = e^{1/iu}x$（$iu \leqslant 1$），iu 为城市基础设施水平。一般而言，距离 CBD 越近则住房租金越高，假设位于城市边界处的租金为 0，且土地市场达到均衡时处于不同地点的劳动力付出的区位选择成本相等，则租金成本为 $R = e^{1/iu}(1 - x)$，劳动力付出的生活成本为

$e^{1/iu}$。其中，区位成本由城市劳动力份额和单位通勤成本共同决定，随着城市劳动力份额的增加，将会增加城市劳动力的区位成本，促进城市劳动力向农村转移，因而区位成本提高是劳动力向城市聚集的分散力。改善交通基础设施，将缩短劳动力交通时间，降低交通费用，有助于农村劳动力向城市转移和扩展城市边界，是劳动力在城市聚集的集中力。

在农村生活具有额外的生活成本，这主要与地区基础设施服务水平有关。基础设施和公共服务是城乡一体化发展的有力支撑。供水、供电、燃气、交通等基础设施普及有助于这些部门降低交易成本和增强竞争力。医疗、教育、社会保障、就业保障等作为最基本的权利，一方面，有利于保障转移至城市的农民工的权益，推动农民工市民化，稳定流动人口；另一方面，有利于吸引更多高素质劳动力、资本下乡创新创业，推动农村地区产业转型。就目前来看，农村在基础设施建设方面与城市相差甚远，农村消费者依靠仅有的生活条件在进一步追求良好的医疗服务、教育资源等方面往往需要付出更多成本。农村生活的消费者额外生活成本 ITC_r 与地区基础设施服务水平负相关，假设 $ITC_r = e^{1/ir}$，其中 ir（$ir \leq 1$）为农村基础设施水平，并假设城乡基础设施差异系数为 $I = \dfrac{ir}{iu}$，（$0 < I \leq 1$），差异系数越小，表明城乡公共设施建设差异越大。

二、消费决策

消费者效用函数采用柯布—道格拉斯函数形式，$U = \mu \ln C_M + (1 - \mu) \ln C_A$，消费者预算约束如下：

$$Y^u = C_A^u + P_M^u C_M^u + ITC^u \tag{3.20A}$$

$$Y^r = C_A^r + P_M^r C_M^r + ITC^r \tag{3.20B}$$

此时，不仅要考虑消费者的可贸易产品消费支出，还要考虑其住房、通勤及其他不可贸易支出。在预算约束下，消费者效用最大化条件为：

$$\begin{cases} \max U^u = \mu \ln C_M^u + (1 - \mu) \ln C_A^u \\ \text{s. t. } Y^u - C_A^u - P_M^u C_M^u - ITC = 0 \end{cases}$$

$$\begin{cases} \max U^r = \mu \ln C_M^r + (1 - \mu) \ln C_A^r \\ s. \ t. \ Y^r - P_M^r C_M^r - C_A^r = 0 \end{cases}$$

由此可得到城市居民对产品及住房的消费数量为：$C_A^u = (1 - \mu)(Y_u - e^{1/iu})$，$C_M^u = \mu (Y_u - e^{1/iu}) / P_M^u$；农村居民对产品及住房的消费数量为：$C_A^r = (1 - \mu)(Y_r - e^{1/ir})$，$C_M^r = \mu (Y_r - e^{1/ir}) / P_M^r$。

将消费者消费数量代入效用函数中，得到城乡消费者间接效应函数为：

$$V^u = \ln(Y^u - e^{1/iu}) - \mu \ln P_M^u + \mu \ln \mu + (1 - \mu) \ln(1 - \mu) \quad (3.21A)$$

$$V^r = \ln(Y^r - e^{1/iu}) - \mu \ln P_M^r + \mu \ln \mu + (1 - \mu) \ln(1 - \mu) \quad (3.21B)$$

三、生产决策

在城乡一体化背景下，劳动力要素实现了自由流动，城市现代制造业逐步向农村扩散，乡村工业获得发展，传统手工业、建筑业等在农村出现，这些非农产业的发展增加了农业剩余劳动力获取收入的机会（刘守英和王一鸽，2018）。农村制造业采用与城市相同的生产函数，为与现实情况保持一致，假设农村非农产业与城市非农产业生产率存在差异，具体体现在生产函数中：$F = w_m^r (f + a_r x)$。其中，a_r 为农村代表性非农厂商生产单位产品需要使用的劳动力数量，令 $a_u = g a_r$（$g < 1$）表示城乡生产率差异；为简化分析，令 $a_r = \rho = (\sigma - 1) / \sigma$。根据产业集聚定义，随着人员流动与数字技术的发展，产业集聚带来的技术溢出效应在生产制造过程中将成为不容忽视的要素，产业集聚能够促进厂商间相互学习并带来生产效率的提升，因此，非农产业生产的边际成本不再是恒定不变的常数，而是随着技术溢出水平的变动而变动。令 $a_m^u = \dfrac{\sigma - 1}{\sigma [k s_n + k^* (1 - s_n)] n^W}$，$a_m^r = \dfrac{\sigma - 1}{\sigma [k^* s_n + k (1 - s_n)] n^W}$，其中 n^W 表示非农产品种类数量，k 表示本地产业集聚技术溢出效应，k^* 表示跨区技术溢出效应。一般来说，本地产业集聚的技术溢出效应带来的生产率的提升要大于对跨区域厂商的促进作用，因而 $k^* \leqslant k$。为方便说明，将生产边际成本代入生产率差异系数中得到：

$$g = \frac{[k^* s_n + k(1 - s_n)]}{[ks_n + k^*(1 - s_n)]} \qquad (3-22)$$

以 E^W 表示经济系统总收入，E^u、E^a 分别表示城市与农村地区总收入，故 $E^u + E^a = E^W$。城市地区总收入为 $E^u = uw_m^u$，其中 u 表示城市人口，w_m^u 表示此时城市制造业工人工资；农村总收入为 $E^r = m(1-u) w_m^r + w_a^r (1-u)(1-m)$，其中，m 表示农村非农产业就业人数，$w_m^r$、$w_a^r$ 分别表示农村非农产业工人工资与农民工资。以 N^u 与 N^r 分别表示城市与农村生产非农产品的种类数，$N^u + N^r = N^W$。代表性制造业厂商使用的劳动力数量为 σf。厂商根据其利润最大化原则制定生产决策，劳动力市场达到均衡时制造业产品种类数为：$N^W = \frac{u + m(1-u)}{\sigma f}$，$N^u = \frac{u}{\sigma f}$，$N^r = \frac{m(1-u)}{\sigma f}$。

根据制造业产品市场的均衡，产品产量与产品需求量相等，则城乡制造业产业产品产量分别为：

$$x_u = \frac{\mu (gw_m^u)^{-\sigma}}{N^W}\left(\frac{(E^u - ITC^u)}{(P_M^u)^{1-\sigma}} + \frac{(E^r - ITC^r)(\tau_m)^{-\sigma}}{(P_M^r)^{1-\sigma}}\right) \quad (3.23A)$$

$$x_r = \frac{\mu (w_m^r)^{-\sigma}}{N^W}\left(\frac{(E^u - ITC^u)(\tau_m)^{-\sigma}}{(P_M^u)^{1-\sigma}} + \frac{(E^r - ITC^r)}{(P_M^r)^{1-\sigma}}\right) \quad (3.23B)$$

根据价格指数定义，城乡非农产品价格指数分别为：

$$(P_M^u)^{1-\sigma} = N^u p_u^{1-\sigma} + N^r (\tau_m p_r)^{1-\sigma} = N^W A \qquad (3.24A)$$

$$(P_M^r)^{1-\sigma} = N^u (\tau_m p_r)^{1-\sigma} + N^r (p_r)^{1-\sigma} = N^W A^* \qquad (3.24B)$$

其中，$s_n = N^u/N^W$ 表示城市非农产业在制造业中的份额，则农村制造业所占比重为 $1-s_n$。令 $A = s_n (gw_m^u)^{1-\sigma} + (1-s_n)(\tau_m w_m^r)^{1-\sigma}$，$A^* = [s_n (g\tau_m w_m^u)^{1-\sigma} + (1-s_n)(w_m^r)^{1-\sigma}]$。根据制造业劳动力市场的均衡，$N^u a_u x_u = u$，$N^r a_r x_r = m(1-u)$，进而得到制造业工人的工资：

$$\frac{1}{[k^* s_n + k(1-s_n)]n^W} \frac{\mu \rho g^{1-\sigma}}{u + m(1-m)}\left[\frac{(E^u - e^{1/iu})}{A} + \frac{(E^r - e^{1/ir})(\tau_m)^{-\sigma}}{A^*}\right] = (w_m^u)^\sigma$$

$$\frac{1}{[k^* s_n + k(1-s_n)]n^W} \frac{\mu \rho}{[u + m(1-u)]}\left[\frac{(E^u - e^{1/iu})(\tau_m)^{-\sigma}}{A} + \frac{(E^r - e^{1/ir})}{A^*}\right] = (w_m^r)^\sigma$$

当农产品市场达到均衡时，农产品的全部收益能够弥补农民收入，$(1-\mu)(E^r - e^{1/ir}) + (1-\mu)(E^u - e^{1/iu}) = (1-u)(1-m) w_a^r$ 得以

满足，并得到农民工资水平与制造业工人工资水平的关系如下所示：

$$w_a^r = \frac{(1 - \mu)\big[m(1 - u)w_m^r + uw_m^u - (e^{1/iu} + e^{1/ir})\big]}{\mu(1 - u)(1 - m)} \quad (3.25)$$

将劳动力工资及产品价格指数代入式（3-20），得到消费者间接效用函数：

$$V_m^u = \ln\big[w_m^u - e^{1/iu}\big] - \mu\ln A - \mu\ln\Big[\frac{u + m(1 - u)}{\sigma f}\Big] + a \quad (3.26A)$$

$$V_m^r = \ln\big[w_r - e^{1/iu}\big] - \mu\ln A^* - \mu\ln\Big[\frac{u + m(1 - u)}{\sigma f}\Big] + a \quad (3.26B)$$

根据劳动力的效用函数，产业空间结构是在价格指数效应等集聚力及拥挤效应等分散力的作用下共同决定的，当集聚力更大时，劳动力将趋向于在经济系统中集聚分布，从而促进产业分布形成中心—边缘空间结构；当分散力大于集中力量时，促进产业分散分布，其结果是在空间中形成产业对称分布。

四、均衡分析

劳动力的空间流动决策根据其实际收入决定，当两地消费者实际效用水平具有差别时，理性劳动力将在区域间的流动中追求其收益最大化。假设劳动力迁移决策方程如下：

$$\frac{d\dot{v}}{dt} = (V_m^u - V_m^r)v(1 - v) \quad (3.27)$$

根据劳动力迁移方程，当经济系统达到稳态时，迁移方程存在内点解与边角解。即当城乡劳动力效用水平相等 $V_m^u = V_m^r$ 时，劳动力流动达到动态稳定均衡；当劳动力全部集中于城市或农村时，形成边角解。令 $\Delta V_3 = V_m^u / V_m^r$，当 $\Delta V_3 > 1$ 时，城市消费者效用大于农村，农村劳动力具有向城市的转移动力，直至两地劳动力的效用水平相等。反之，当 $\Delta V_3 < 1$ 时，由于拥挤效应等导致的负效应大于收入带来的正效应，城市居民会向农村流动。当两地居民实际收入水平相等时，经济空间达到动态稳定。

通过使用 MATLAB 进行数值模拟，分析城乡公共基础设施差异与技术溢出率对城乡产业分布的影响。结合我国数据对参数进行设定，2019 年恩格尔系数为 28.2%，因而取 $\mu = 0.718$。根据国家统计局《2019 年农民工监测报告》，2019 年基本脱离农业生产的农村人口为 11 652 万人，占当年农村总人口的 21.12%，因而取农村非农产业生产人数占农村总人口的比例 $m = 0.2112$。参考已有文献对其余参数进行设定：商品替代弹性 $\sigma = 4$，商品交易成本 $\tau_m = 1.6$，本地知识溢出率 $k = 0.9$，跨区域知识溢出率 $k^* = 0.8$（Nishida K.，2016；谭策天，2019（1））。以城市非农产业所占比重为横轴，以劳动力效用差异为纵轴，选取高中低三种不同的城乡基础设施差异系数进行数值模拟，结果如图 3 - 2、图 3 - 3 所示。由图 3 - 2 可知，随着差异系数的减小，非农产业在城乡间先后呈现出对称分布、核心—边缘分布两种空间分布结构。当农村基础设施条件极差时，得出一条向右上方倾斜的曲线，在这种情况下，过度贫瘠的农村基础设施使得城市拥挤效应不再发挥主要作用，为保证生活拥有足够的便利性，劳动力选择向城市迁移，非农产业向城市集聚，城乡差距扩大。

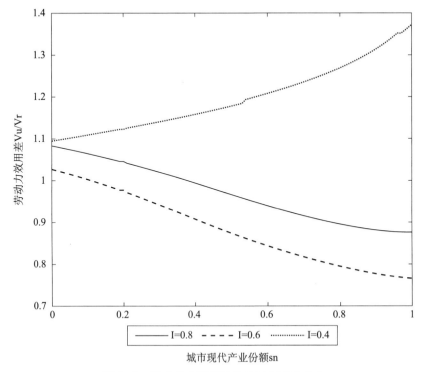

图 3 - 2 城乡公共基础设施差异与产业分布

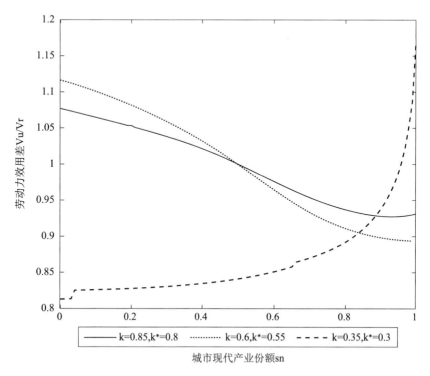

图3-3 技术溢出率与产业分布

固定城乡基础设施水平，令 I = 0.8，保持其他参数不变。选取不同的技术溢出率，由图3-3可知，当本地与跨区技术溢出率均较高时，有利于技术扩散，经济系统中非农产业将趋向于分散布局；当技术溢出率较小时，由于城市非农产业拥有较高技术水平而农村非农产业发展缓慢，非农产业趋向于在城市集中分布，此时将形成以城市为核心的中心—外围空间结构。

由图3-4、图3-5及表3-1可知，当跨区域知识溢出率一定时，随着本地知识溢出率的增加，现代产业在经济系统中先后呈现出核心—边缘与城乡对称分布两种不同类型的空间结构；当本地知识溢出率一定时，随着跨区域知识溢出率的提升，经济系统先后呈现出不稳定对称与城乡对称空间分布格局。同时，上述结果还表明，当本地知识溢出与跨区域知识溢出水平相似时，更易出现现代产业在经济系统中分散分布的现象。

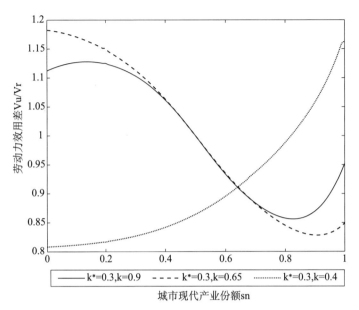

图 3-4　本地技术溢出率与产业分布

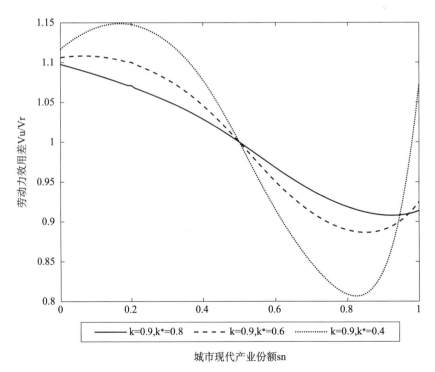

图 3-5　跨区技术溢出率与产业分布

表 3 - 1　　　　　　　　知识溢出率与现代产业空间布局

本地	跨区域	空间结构	本地	跨区域	空间结构	本地	跨区域	空间结构
0.85	0.80	空间对称	0.90		空间对称		0.80	空间对称
0.60	0.55	空间对称	0.65	0.3	空间对称	0.9	0.60	空间对称
0.35	0.3	核心－边缘	0.40		核心－边缘		0.40	不稳定对称

结论2：城乡基础设施建设差异较大时，不能有效支撑农村、农业发展，农村劳动力付出的额外生活成本较高，农村居民缺乏便利的生活设施，因而劳动力在实际工资差异驱动下流向城市，非农产业在城市集聚分布，从而扩大了城乡差异。

结论3：在其他参数保持不变的前提下，知识不完全溢出时，会增加现代产业的集聚力；跨区域知识溢出水平的提升将有助于现代产业分散分布；但当本地知识溢出水平较高而跨区域知识溢出水平较低时，经济系统具有不稳定均衡特点，对称分布与核心—边缘结构并存。

劳动力在城乡间自由双向流动且仅在生产不完全集聚的情况下才会发生。假设迁移成本为 $\dfrac{\dot{L}}{C}$。其中，$C = 1/\tau_1$，表示劳动力流动中的固定成本；$\dot{L} = dL/dt$，表示迁移速率（Mussa and Michael，1978）。更准确地说，每个迁移的劳动力都对其他迁移的劳动力施加了负外部性，迁移速度越快，迁移成本越高。参考奥塔维亚诺（Ottaviano，1999）对劳动力区际迁移成本的设定，令 $\dot{L} = \left(\dfrac{V_u}{V_r} - 1 \right)$ um （1 - u）（Ottaviano G，1999）。当劳动力转移后的实际效用能够弥补其转移前的效用与转移成本时，劳动力转移行为就会发生。

其他参数与上述一致，k = 0.9，k* = 0.8，I = 0.8。分析商品交易成本对产业布局的影响时设定 $\tau_1 = 1.5$，设定不同劳动力流动成本是固定商品交易成本 $\tau_m = 1.5$，数值模拟结果如图 3 - 6、图 3 - 7 所示。

商品交易成本及劳动力流动成本反映了商品贸易环境及要素流动自由度的情况，体现了城乡一体化发展水平。城乡一体化程度较低时，由于非农产业率先在城市布局与生产并拥有较高的生产率，工资差异足以弥补城市劳动力的住房与出行成本，经济集聚促进现代制造业在城市集中生产，但同时城乡居民的效用差距会逐渐增大，不利于乡村良性发展。城乡一体

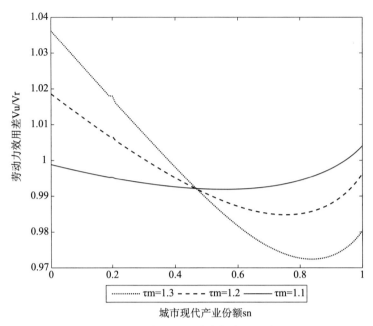

图3-6 商品交易成本与产业分布

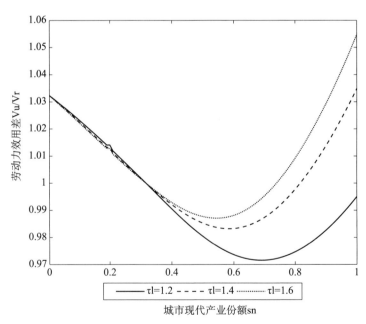

图3-7 劳动力流动成本与产业分布

化程度较高时，非农产业在城乡间倾向于分散布局，有利于非农产业从城市到农村扩散，符合产业发展一般规律。非农产业向农村扩散会改变以农为主的产业结构，非农产业向农村渗透并与农业的融合可以改变固有的小农生产方式，能够激活乡村发展的内生动力与活力，促进乡村振兴。

结论4：在城乡一体化的进程中，在初始阶段，因城市产业发展处于优势地位而导致城乡差距扩大；经过发展瓶颈期，当城乡一体化达到一定程度时，产业将从城市向农村扩散，从而实现缩小城乡居民收入差距的目标。

第五节　本章结论与政策启示

一、研究结论

农村劳动力流动是构建新型城乡关系、统筹城乡发展的内生动力，需要引导农村劳动力合理流动，缩小城乡收入差距。本章在考虑劳动力流动成本与产业技术差距的基础上，通过构建城乡两地区、农业与制造业两部门的劳动力迁移模型进行分析，得到了以下几点结论。

第一，消费者对非农产品的偏好将导致初始状态人均收入差距扩大，从而增强农村劳动力转移动力；对于城镇化水平较高的区域，城乡收入差距缩小将抑制劳动力的转移动力。

第二，农村剩余劳动力在城乡收入存在差异时将自发流向城市与非农产业，劳动力流动能够有效缩小城乡居民收入差距，且流动数量与迁移成本负相关。农业剩余劳动力转移成本提高不仅会抑制农业剩余劳动力向城市的转移，而且会降低转移至城市的农民工的实际收入，由于抑制劳动力转移的作用大于降低收入的作用，从而扩大了城乡收入差异。

第三，城乡基础设施差异及区域技术溢出率均会通过劳动力工资水平影响非农产业布局，农村落后的基础设施服务降低了农村居民的福利水平，驱使劳动力流向城市，使得非农产业在城市集聚分布，从而扩大了城乡差异。本地技术溢出与跨区技术溢出在产业分布中分别发挥集聚与扩散力量，当城市对农村技术溢出率较高时，将促进非农产业向农村转移，缩小城乡收入差距，推动城乡一体化。

第四，贸易自由度及劳动力迁移成本对产业分布有阶段性影响，城乡一体化进程中不同产业首先聚集在具有优势地位的区域，只有当城乡一体化发展至一定程度时，才会促进劳动力要素扩散，推进农村地区产业发展。

二、政策启示

根据以上结论，为了更好地缩小城乡差距，促进城乡一体化发展，本章提出以下几方面建议。

首先，加大高新技术支持力度，推动农村各类产业发展。农业生产是"底线"，是其他产业的基础，因此，在促进农村非农产业的发展的同时不能不顾农业的发展。要加大现代技术投入，推动农业高质量发展。推动农业集约化、产业化、现代化是提升农业生产率、释放农业剩余劳动力的过程，要因地制宜推动农业品牌化、绿色化，提供满足消费者日益特色化需求的产品，通过现代化生产技术与农业的结合推动农村产业融合，从而实现农业高质量发展。面对当前农村非农产业技术水平落后的现状，要加大农村高新技术支持力度。政府要在物联网、5G基站、人工智能等新基建全覆盖农村方面发挥作用，促进工业互联网、智慧农业等信息化、数字化技术与传统产业相融合，提升农村产业生产率，实现农业、农村的高质量发展。

其次，加大农村基础设施投入，缩小城乡公共服务差距。政府在统筹基础设施建设时，应该在政策和资本方面尽量向农村倾斜，发挥农村优美生活环境优势，以其独特的文化吸引生产要素流入乡村，促进农村非农产业发展，提高农民工资性收入，以"农村美、农业强、农民富"共同促进乡村振兴。

再次，改革户籍制度，消除身份不同所造成的城乡福利差距。这是促进农业剩余劳动力向城市转移并实现其市民化的重要措施。劳动力转移成本不仅体现为具体的家庭迁移成本、生活成本，而且还表现为由于农民身份而增加的隐形成本。加快农民工市民化进程，逐渐消除对流动人口在工作、医疗、住房等方面的歧视，并允许在城市的农民享受与当地居民相同的社会福利，能够促进剩余劳动力的转移，增强其幸福感与归属感，推动经济高质量发展。

最后，要加快推进城镇化进程。新型城镇化与乡村振兴不是分开对立的两个发展方向，而是以城乡一体化为共同目标的两个战略。只有在城镇化发展到一定阶段时，才能在产业升级的带动下提升劳动力收入水平，助力农业、农村发展，缩小城乡差距，实现城乡一体化发展。

第四章　新型城镇化与城乡一体化动力机制研究

新中国成立之后不久，中国的城乡发展便带有了鲜明的二元经济结构特征，这是我国实施重工业优先发展、城市偏向政策以及市民偏向分配制度的赶超型经济发展战略的必然结果。自改革开放以来，我国经济实现了持续快速的增长，尤其是伴随着工业化、城市化的快速发展，城乡区域结构、产业结构、就业结构和社会结构等发生了翻天覆地的变化。但是，在快速城镇化进程中，随之而来的城乡发展不平衡、农村发展不充分的问题也愈加突出，城乡之间的鸿沟持续扩大。城乡鸿沟的长期持续，不仅造成了城市贫困与农村衰败并存的局面，而且导致社会矛盾凸显。我国这种长久以来的城乡"二元分割"格局，总体上呈现出资源要素从农村向城市单向流动的状态，一段时间内采取的"城市偏好"型的传统城镇化政策更是加速了该过程。而城乡一体化发展的关键是实现城乡生产要素的合理流动，使城乡劳动力、资本、土地、技术等生产要素自由交换、相互融合，逐步达到城乡一体化发展。为此，确立了"以人为核心"的新型城镇化战略，对传统城镇化进行纠偏。随着新型城镇化和乡村振兴战略的推进，国家也提出了城乡融合的发展目标，城乡一体化发展处于新的背景下，城乡生产要素流动的目标取向也应和以往不同，因此，需要以新型城镇化为核心重构城乡一体化的动力机制。本章运用系统动力学的方法来研究新型城镇化统领城乡一体化发展的新动力机制。从市场的角度看，城乡发展的主要动力还在于城镇化，但传统的城镇化导致城乡生产要素流动失衡，大量农村资源单向流向城镇，致使城乡差距扩大。因此，应以新型城镇化为统领，以农民工市民化、劳动力转移成本降低、资本技术城乡转移和城乡土地流转等几个方面为动力推进城乡一体化发展。

第一节　新型城镇化与城乡一体化

一、新型城镇化是以市场为主导的历史过程

（一）新型城镇化本身是一个历史过程

城镇化是工业化所带动的一个历史过程，从人类社会进入工业化过程开始，城镇化进程也相应地开始，然后随着工业化推进，城镇化从初始阶段向快速城镇化阶段、稳定阶段步步推进。每个国家都会经历这样一个过程，这是不以人的意志为转移的。中国正处于快速城市化阶段的中后期，而这个时期也是最容易导致农村资源大量流失的阶段，中国的情况更加严重一些，一方面是因为城镇化进程推进得快，另一方面是因为当初重工业优先发展的赶超战略所遗留的后期影响。

为了消除传统城镇化所造成的不利影响，中国提出了新型城镇化战略，以纠正和改变传统城镇化过程中积累的问题，但是，并没有改变城镇化本身的历史属性，它依然是一个必然的历史过程。所不同的是，单向发展的传统的城镇化，导致当前我国农村正面临着"农业接班人危机"、农民精英人才外流以及农村传统文化萎缩等诸多困境（刘震和徐国亮，2017）。新型城镇化最重要的是人的城镇化，所有的经济增长与社会发展等方面都要始终落到人上（黄桂婵和胡卫东，2013）。新型城镇化是不同类型城市与新农村的协调发展，是工业化与城镇化良性互动、城镇化和农业现代化相互协调的过程（马永欢、张丽君和徐卫华，2013）。新型城镇化的目的就是要促进城乡一体化，是以人为本并着眼于城乡发展的全面性、协调性和可持续性的城镇化（解安和朱慧勇，2013）。新型城镇化是对以往城镇化的纠偏、重构，是一种新的方向性的转变（奚建武，2014）。

无论赋予新型城镇化多少新的内涵，都没有改变它本身带有的城镇化属性，它是工业化所带动的由城镇向农村推进和扩散的过程，是工业文明

向农业文明冲击和扩散的过程,是发展到一定阶段所必然要发生的。

(二) 新型城镇化以市场为主导力量

虽然有时候我们说中国的城镇化是政府主导的城镇化,但对城镇化起决定作用的是市场规律,市场规律使农村的劳动力流向城市,使资本向城镇集中,使农村的土地向非农转变(虽然政府起了很大作用,但转换的机制还是围绕价格问题),只是在传统城镇化过程中政府干预得过多,而这种干预带有明显的"城市偏向",结果致使在中国的城镇化过程中因农村资源流出所形成的城乡不平衡更加严重,但是,并没有改变城镇化过程中市场所起的作用。

在新型城镇化战略下,应该改变以往的"城市偏向"导向,使农村、农业、农民优先发展,但是,这个过程并不是要走逆城市化的道路,也不是非得以降低城镇化速度为代价,而是要在顺应潮流和遵循市场规律的基础上,能够使更多的资源留在农村、建设农村。因此,新型城镇化与乡村振兴战略不同,市场力量是推动新型城镇化的主导力量,政府只是在遵循市场规律的基础上有所作为,改变市场所带来的扭曲和城乡资源配置失衡问题。

二、新型城镇化是城乡一体化的核心动力

(一) 新型城镇化是城乡要素交流的主要途径

城乡要实现一体化发展首先要有城乡之间资源的流动和交换,自我封闭是不可能实现一体化的。新型城镇化使农村劳动力流向城镇,使学习了一定知识和技能的劳动力回流到农村,使农村零散的资本进行集中,也可以使城市工商业资本、城市金融资本流向农村,更是新的技术和管理知识向农村扩散和推广的途径,同时,也是工业文明和现代生活方式向农村传播的途径。

需要利用新型城镇化使城乡之间进行生产要素的平等交换,使生产要素不受阻碍地自由流动,使城乡人员具有平等的权益和社会保障,打破传统的二元管理体制,更要取消对于农村人的歧视性政策,从观念和理念上

慢慢形成城乡平等的社会氛围。

（二）新型城镇化是城乡一体化的主要动力

城乡一体化的关键在于新型城镇化，必须以新型城镇化为动力引领，形成城乡一体化的自我良性循环机制。在这方面基本形成了共识，王茂林（2014）认为，应以城镇化拉动城乡一体化，通过新型城镇化，实现城乡一体化发展目标，已是当前统筹城乡发展的必然选择。刘国斌和韩世博（2016）等进行了经验研究，分析了新型城镇化与城乡一体化之间的协调关系，得出两者的耦合协调度均呈逐年上升趋势的结论，进而提出，新型城镇化和城乡一体化是解决我国农村、农业和农民问题的重要出路。袁中许（2018）认为，新型城镇化和城乡一体化之间有共同的社会属性，同时，两者是相互作用、相互促进、相互依赖的关系。牛飞（2020）强调了新型城镇化是"两条腿"并行发展下的新型城镇化建设，即城乡共同发展的城镇化，是推进我国现代化发展、助力乡村振兴战略更好实施的必由之路。

新型城镇化不仅突破了以往城镇化只重视城市单方面发展的局限，是一种具有全新内涵的新型城镇化，而且更是城乡一体化发展的动力引领。本章将审视要素流动对城乡一体化发展的影响，运用系统动力学的方法研究城乡一体化的动力机制，深入研究其运行机理，并在此基础上构建新型城镇化统领城乡一体化的新动力机制，试图揭示生产要素影响城乡一体化的渠道。

第二节　系统动力学概述

一、系统动力学理论基础

系统动力学（system dynamics，SD）是一门将定性分析与定量分析相结合来研究复杂系统问题的学科，是由美国教授福瑞斯特（Forrester）在1956年创立的。所谓系统，具有高度非线性、多层嵌套、多变量、多重反馈、动态演变、复杂且庞大的特点，诸如社会、经济、生态和生物等皆为如此繁复的系统。显然，这样高度复杂的系统是难以进行量化描述和分析的，因此，很难用一般研究社会经济问题的数学方法进行研究，并且往往还会因方法而受限制，从而使研究成果的使用价值大打折扣，大量重要的信息也会不可避免地丢失。这就需要采用一种从系统整体结构出发把握其动态发展的系统分析方法来分析一些宏观问题，系统动态学就是具有这样功能的适用方法（王桥和毛锋，1998）。

系统动力学和其他的方法不同，它借助于数学模型的逻辑严密性和计算机数据处理能力，通过各种变量的复杂关系解释各类复杂的系统结构和动态演化过程，如果整体设计没有问题，不管有多少变量都不会影响模型构建的难度，它主要运用各种反馈回路和因果关系流图去分析和阐述各类变量之间的关系，可以运用相关的计算机软件去仿真模拟数学模型，在模拟的过程中，还可以进行参数控制，运用不同的参数仿真政府因子，研究政策效果，为宏观管理提供参考（王其藩，1987）。本书主要运用 Vensim 软件进行仿真模拟。

二、运用系统动力学方法的优势

第一，将复杂系统以因果反馈关系结构建模，系统结构决定着功能与行为，能明确反映和体现系统内部因素、外部因素以及内外部之间的相互关系，真实地描述系统行为。

第二，不需要进行准确的参数估计，仅仅从微观的因果环结构出发构造整个宏观的系统行为，甚至可以利用系统中的软变量来填补统计资料的缺失，这就避免了处理一些高阶次、非线性复杂系统的参数建模以及算法的困难。

第三，以结构—功能模拟和反馈机制为基础和依据，对于数据的完整性和准确度要求不高，这就为我们收集数据、处理数据减少了一些麻烦，例如，有些指标的数据具有无法获得的困难，从而将精力更加集中到对系统结构—功能与其反馈关系的处理上，因而极其适合研究庞大的系统发展问题。

第四，系统动力学的重点在于其系统内部运行模式决定系统行为。在动态仿真系统的同时，能让我们清晰地了解系统行为的长期趋势、变化等，显示出症结所在。

第五，通过组合式的结构建模，将问题的性质可视化；可以通过增加、删除或是嵌入方程式来调整模型的规模，对于研究经济以及政策变化十分便捷。

三、系统动力学的建模步骤

模型的构建是为了描述现实系统，通过对客观实际进行抽象总结，体现出建模者对现实世界的思考与探索，以及研究成果的总结，系统动力学建模更是如此。但要明白，不是为了建模而去建模，我们要在充分分析所研究系统的特性的基础上，首先搞明白为什么建模、要解决什么问题。而且系统动力学建模也并非为了解决模型中的全部问题，因此，建模过程中也要有所侧重和取舍，不需要对客观事实进行一味地模仿或是追求完美的模型。

王其藩和胡玉奎先生是我国研究系统动力学较早的两位学者，在他们所著的系统动力学的著作、教材中，就详细论述了系统动力学的建模步骤以及其特有的动态模拟（DYNAMO）等语言。为了总结系统动力学建模的详细步骤及应用方法，我们进一步拜读了其他学者们的相关研究成果，最终发现，系统动力学的建模一般分为以下五大步骤：第一步，明确研究目标，界定系统边界，划分出系统的层次以及子系统；第二步，明晰各子系统中涉及的变量，分析子系统内部的相互因果关系；第三步，根据前面的分析建立数学模型，并绘制规范的系统反馈流程图；第四步，进行评估模型，需要先设定系统参数初始值，然后再运行系统以进行参数调试；第五步，进行模型检验，对系统进行仿真检验，发现其中的问题并不断修正。

总而言之，系统动力学有着属于自己的特殊的模拟复杂系统的工具、方法以及语言，建立系统动力学模型主要包括如图 4 – 1 所示的步骤。

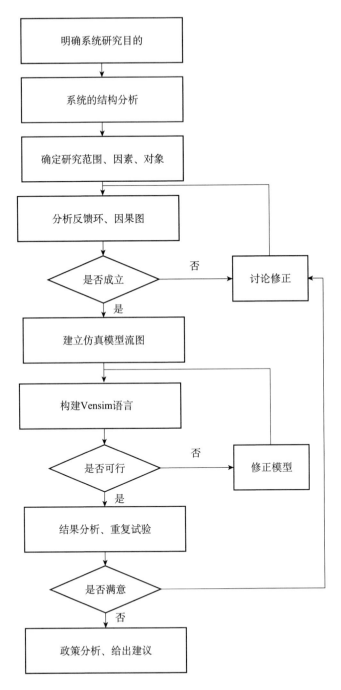

图 4-1 系统动力学建模流程

第三节　城乡一体化系统分析

一、城乡一体化是一个复杂有机的系统

从系统动力学的角度来看，城乡之间是一个复杂的、相互作用的大系统，例如，从行政区划上来分，各个省份都是由城市和城市周围的乡村构成的，一个独立的省域区划就是包含着经济子系统、社会子系统、行政子系统以及生态子系统的综合系统，这个系统内部要素构成比较复杂，要素之间关联互动。再如，城乡总系统中主要包含城市子系统和乡村子系统两个子系统，而城市子系统和乡村子系统之间不断地有能量、要素的流动，形成了城乡大系统的特定结构，这个大系统能够释放出综合效应，且具有一般系统的动态性、自组织和自适应特性。

城乡一体化发展的过程中绕不开城镇化。我们这样一个拥有 14 亿多人口的大国，其城镇化必然对全世界、全人类具有重大影响。中国的新型城镇化必然会对全世界的经济发展、环境保护、消费拉动、社会公平等各个方面产生深远的影响，因此，我们必须明确，新型城镇化是实现城乡一体化发展的有力举措，是中国城乡一体化的动力核心。

总之，我国城乡一体化动力机制系统是一个高度复杂且有机的系统，而系统动力学为研究城乡一体化系统及其动力机制提供了极其优越的方法论。接下来将采用系统动力学的方法与思路，深入分析城乡一体化系统的动力机制。

二、动力源与动力系统

"动力"一词是物理学中的一个概念，是指像风力、水力一样能够让机械"运转做功的力量"，一般泛指推动事物发展运动的力量。如同一辆汽车运作需要引擎作为动力源一样，城乡一体化这个复杂的系统要运作，自然也有其动力源。利益便是其动力的源泉。经济学的分析是以"经济人"为

假设的，每个人都在追求自身利益的最大化，受利益的驱使，彼此作用、相互影响的城乡之间的多元利益主体产生了相互交织、彼此干扰的多种作用力，并由合力的综合效应决定最终的利益分配格局。城乡一体化发展是该系统内多个利益主体在不同的利益驱动下协同作用的综合复杂的过程，最终形成了大小、方向和作用点各不相同的多种作用力，并在相互作用的过程中连接成了推动城乡一体化发展的动力系统，如图4-2所示。

如果将现实中的区域抽象为一个运动质点，那么这个区域的发展就可以视作质点沿着时间坐标的前向运动。也就是说，区域间协调一体化发展就可以相应地视为多个区域质点沿着时间坐标的有序前向运动。在这里，假设城乡一体化发展系统中仅包含两个区域，即城市区域与乡村区域，并从城乡一体化系统中先抽取一个区域质点进行分析，考察作用于其上的动力以及动力作用；继而提取两个质点，分析区域间动力的相互作用及动力作用。

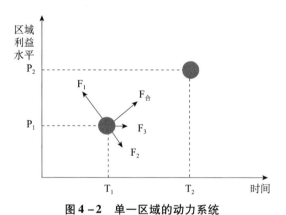

图4-2 单一区域的动力系统

（一）单一区域的动力及动力合成

之所以发生从（T_1，P_1）到（T_2，P_2）的状态变化，是因为区域质点在T_1时点受到多个作用力，例如，F_1，F_2，F_3的作用，三者如同物理学中的合力原则形成合力，在合力的推动下，导致利益水平发生变化。在城乡一体化发展的过程中，抽取其中任意一个区域质点，例如，城乡系统中的城市质点，假设它受到的作用力来自三个不同的利益主体——企业、政府、家庭。F_1，F_2，F_3分别代表该质点受到的来自企业、政府、个人的作用力，各个作用力的具体特征（如大小、方向、作用点）均和利益主体自身的特点息息相关。

企业以价格机制在市场竞争中获得稀缺资源的控制权，在自我发展、追求利润最大化的动机下，组织着区域中的经济活动，其经济活动既有可能促进区域的经济发展，也有可能激化区域发展的利益矛盾。因此，来自企业的动力F_1具有以下特征：作用点直接落在区域质点上，作用力的大小主要取决于企业利益函数在不同时点的取值；作用力的方向可能与区域发展的方向一致，或有偏。

政府作为区域经济活动的管理者与授权者，其活动目的并非盈利，政府不仅会为区域整体的发展做努力，也会努力维持内在结构稳定并利用其权威在内部实行利益再分配：通过制动政策、推进战略、调节宏观经济运行等手段影响企业的经济活动。政府是推动城乡一体化的重要动力，但是这种宏观管理有时具有极强的干扰性与滞后性，反而抑制了城乡一体化的发展进程。因此，来自政府的动力F_2具有以下特征：作用点直接落在区域质点上，作用力的大小主要取决于制度政策的强度；作用力的方向可能与区域发展的方向一致，或有偏。

个人在区域的发展中分散、灵活、投机、滞后，这决定了个人在推动城乡一体化进程中具有显著的相机抉择机制。人们的选择与决策往往不可被准确预期，是人们在不确定的环境下进行风险规避的自然结果，这种相机抉择机制意味着个人投资可能是城乡一体化进展顺利的推进器，也可能是城乡一体化进展缓慢的分解器，想要实现个人投资对城乡一体化的推动，就需要政府对城乡一体化的持续关注与强力推动。因此，来自个人的动力F_3具有以下特征：作用点直接落在区域质点上，作用力的大小主要取决于个人投机；作用力的方向可能与区域发展的方向一致，或有偏。

（二）两区域动力系统

两区域动力系统是讨论城乡一体化发展动力系统比较合适的情形，将城乡一体化系统分为城与乡两个区域系统是符合经验和现实的。如图 4 - 3 所示，A、B 是两个区域质点，T_1时点的利益水平分别为P_{B1}、P_{A1}，在政府、企业、个人的作用力下各自按照力的合成原则形成合力，推动二者沿着合力方向在 T2 时点达到更高的利益水平P_{B2}、P_{A2}。

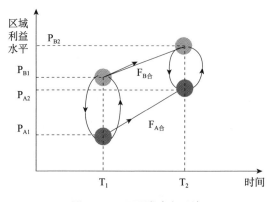

图4-3　两区域动力系统

这看起来似乎与单一质点的情形相似，实则不然，它并非合力简单推动下的利益水平的时序变化。区域并不是以一个绝缘孤岛的方式存在的，区域是系统的、开放的，任何一个区域都会受到其他区域的影响，并且反过来也会影响其他区域的发展。在图4-3中，只能简单以A、B之间的反馈环表示区域之间所形成的层层嵌套、错综复杂的相互作用关系。下面会通过系统动力学的方法来详细分析这一复杂的关系。城乡间多元利益主体基于自身的利益诉求，在城乡一体化发展的过程中通过相互连接、相互干扰的作用力推动（或阻挠）城乡一体化发展进程，并由各个利益主体共同承担由此带来的利益得失。多元利益主体影响着城乡一体化发展的动力作用机理，形成了一套复杂运作的动力系统，这就是城乡一体化发展的动力机制。

三、动力因素分析

城乡一体化动力系统运作非常复杂，具备动力源仅是推进城乡一体化发展的基本条件，还需要借助动力因素的诱发与刺激，通过一套科学的运作机制，才能使动力源自动产生能量做功。动力因素是动力源产生能量做功的诱致力量，是不同利益主体所从事经济活动的原因，包括外部动力因素和内部动力因素。

内部动力因素。城乡一体化的发展过程绕不开城镇化，城镇化能够拉动城乡一体化向前推进。我国作为一个人口众多的发展中国家，城镇化的任务是非常艰巨的，明确目标、找对方向并探索出一套新办法、一条新路径至关重要。成功的城镇化是释放内需巨大潜力、消除城乡二元结构、实现社会公平和共同富裕的重要环节。新型城镇化作为促进城乡一体化的重要战略，构成了动力机制的核心动力因素，统领着城乡一体化发展。新型城镇化过程中的社会经济活动是新型城镇化的关键因素，是城乡一体化系统的内部核心动力，而各项经济活动又是通过集聚扩散作用在城乡这个空间上运作，最终促进了农村经济的发展，推动了城乡一体化的进程。这种集聚扩散作用的传导是通过生产要素的流动来实现的。理论与经验皆证明了资本、土地、技术等生产要素对经济增长具有重要作用，而这些要素都必须与人力资本要素进行恰当、合理的组合，才能发挥出应有的要素配置效率。这也是新型城镇化更加强调"以人为本"和实现人口新融合的原因所在。劳动力无疑是人力资本要素的载体，劳动力在城乡之间的转移，促进了各个要素的优化组合配置效应，人力资本也在此过程中不断地积累和提高了专业性，使得城乡之间的人力资本差距逐渐缩小，因此，城乡之间开始选择更加适宜各种要素发挥协同效应的区域要素布局，集聚化和专业化的要素布局逐渐形成，城乡之间经济差距逐渐缩小，城乡一体化水平得以提高，如图4-4所示。

图4-4　动力的传导

外部动力因素是相对于内部动力因素的、来自外部的、能够推动与促进城乡一体化发展的影响因素，例如，国家财政的宏观调控、政府部门的强制干预和指导、生态环境的制约等，它们能够相互作用而产生推动城乡一体化的外部推动力。而城乡一体化的发展成果能够提高城乡系统内各区域的影响力和吸引力，可以促进地域之间的资源流动，并对城乡系统内的乡村发展起到推动作用，促进城乡一体化。

综上所述，动力机制是将若干动力因素以一定的结构和方式组合起来并诱致和激发动力源，促使动力源产生相应能量或功能的运行机制。对一个完整的系统而言，城乡一体化发展的相关利益主体由追求效用最大化而产生的动力源、动力因素和动力机制共同组成了城乡一体化发展的动力系统。

第四节　城乡一体化发展的动力机制模型

新型城镇化促进了城乡间的要素往来，是推进城乡一体化的核心动力。本节围绕新型城镇化这一核心动力因素，定量分析推进城乡一体化发展的动力机制，构建城乡一体动力机制系统模型。

一、系统边界的界定

因为系统动力学是由系统内部机制决定其动态行为的，所以说系统的边界包括了所研究问题的原因以及结果的反馈。本书研究的系统范围为我国城乡一体化系统，在新型城镇化统领城乡一体化的背景下，其动力机制系统是由多种动力要素耦合而成的复合系统。新型城镇化中最为活跃的人口、土地、经济等动力要素无疑构成了动力机制系统的三个子系统，而人口、土地、经济子系统对城乡经济社会一体化的推动作用需通过相关变量进行连接，这些变量是三个子系统互联互通的"桥梁"和"纽带"，包含这些变量的集合称为耦合子系统。我们最终确定城乡一体化发展的动力机制系统包含新型城镇化中最为活跃的人口、土地、经济子系统以及一体化耦合子系统。这四个子系统之间相互作用、相互影响。

（一）人口子系统

人口子系统，主要反映了新型城镇化统领城乡一体化的核心所在：并非单纯追求城镇化速度，更重要的是对"人的融合"更加关注，不仅要让市民更幸福，更要让农村转移人口获得同样的幸福感受，有的学者称这一过程为"农民工市民化"，意为让更多的农民工转成市民，是以民生改善为根本目的的。人口子系统是最为关键的一个子系统，几乎其他所有的子系统都与人的行为息息相关、紧密相连。

人口子系统主要包含的要素有：城乡人口迁移水平、城市规模、农民工人数、农民工市民化程度、人口城市化水平（城乡人口融合）、产业发展水平、城乡产业转移、农村非农产业发展、农村就业人数、农民工资性收入、农民收入水平等。

（二）土地子系统

土地子系统，主要反映的是新型城镇化统领城乡一体化的痛点所在：我国固有的城乡二元经济结构，尤其是城乡二元土地市场制度，严重制约和影响着我国城乡一体化取得重大突破。故而在新型城镇化逐步实现"人的融合"的过程中，土地问题是十分关键的。新型城镇化背景下的土地流转是解决土地问题的重要举措，是土地子系统里的核心构成：在利益与观念等多重驱动下，城乡人口迁移水平提高，这一过程中大量农村劳动力涌入城市参与新型城镇化建设，对城市而言，新型城镇化发展的同时对人口及土地空间的需求提高了；对农村而言，其振兴发展离不开农业现代化、土地集约化、生产技术化；对农民而言，农民主动离地意愿强烈，需要土地流转解除土地对农民的束缚，实现异地就业。这些因素都会倒逼土地流转加快速度以释放更多空间。因此，新型城镇化背景下的土地流转应当始终把农民的利益放在首位，确保农民有利可图、有业可就、有家可归，真正实现"以人为本"的土地的城镇化。

土地子系统是由农业用地、人均耕地面积、土地流转、城市用地、农业总产值、农民收入水平、城乡人口迁移水平、人口城市化水平、城市GDP、农村非农投资、农村GDP、农村非农产业发展等要素构成的。

（三）经济子系统

经济子系统，主要反映的是新型城镇化统领城乡一体化的目标所在：不论是经济发展还是经济增长，都是新型城镇化及城乡一体化最终所要实现的目标，以此为基础才能实现人民共同富裕、生活幸福。经济子系统的关键在于新型城镇化背景下的产业转移、新型工业化、制度变迁等因素：新型城镇化以"工业反哺农业"，促进城乡产业转移，优化产业结构，在此过程中，技术与产业会产生扩散效应，促进农村农业以及非农业的发展，使农民不管是就地就业融入城镇化还是异地就业均有了保障；通过新型城镇化以城促乡，构建城乡一体化的要素市场体系，促进城乡土地、资本、技术等生产要素自由流动，带动农村地区经济结构和产业结构调整，加快农村城镇化进程，进而破解城乡经济结构二元性。

经济子系统主要由城乡产业转移、城市规模、城市化水平、新型工业化、非农产业发展、农村就业人数、城乡人口迁移、农民收入水平、农业技术水平、农业现代化、农业产值、农村 GDP 等要素构成。

（四）一体化耦合子系统

一体化耦合子系统，主要起着有机耦合各个子系统从而使整个动力机制系统得以运作的作用。一体化耦合子系统主要由城乡人口融合、城乡产业融合、城乡土地融合、城乡经济差距、城乡收入差距、城乡人口迁移、城乡产业转移、土地流转、农民收入水平、城镇居民收入水平、城市化水平、城乡一体化等要素构成。

二、因果反馈关系

从系统动力学的角度来看，对动力机制系统内的反馈回路进行分析可以了解整个机制的运行规律，其中，正反馈可以生成自身运动的加强过程，在这一过程中，运动所产生的后果不断反馈，让原来的趋势得到进一步加强；负反馈可以自行搜索给定的目标，没有实现目标会持续做出响应，具有稳定整个系统的作用。

（一）人口子系统因果反馈关系

人是社会的基本资源，是经济增长的内生驱动力。新型城镇化的核心就在于人的城镇化。事实上，整个动力机制系统都与城乡人口的迁移流动紧密联合，人口的流动与其他动力要素不断地优化组合配置，推动着城乡一体化系统运作。这里列出了主要的三条反馈回路，如图 4 - 5 所示。

第一，农村人口向城市集聚使城市规模扩大，满足了城市产业发展的要求，促使城市产业向农村转移，使农村非农产业得以发展，为农村人口提供了就业机会。这会降低农村人口向城市的迁移，形成负反馈回路。

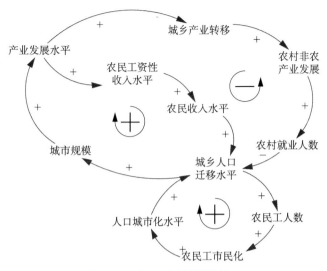

图 4 - 5　人口子系统因果关系

第二，农村人口向城市集聚，为产业发展提供了充足的劳动力，产能随之增加，随着产业发展，农民收入水平不断提高，高的收入水平又吸引着农村人口迁移，形成正反馈回路。

第三，随着城乡之间人口的迁移，农民工在此过程中逐渐市民化，使得人口城市化水平不断提高，进一步提高了城乡人口的迁移水平，形成正反馈回路。

（二）土地子系统因果反馈关系

土地子系统与人口子系统和经济子系统息息相关，人口的迁移以及经济的增长都伴随着土地要素的需求与供给的产生。土地子系统的反馈回路，如图 4 - 6 所示。

第一，城市规模的扩张。随着城市化水平不断提高，城市规模需要扩张，这就使得农业用地将不断被占用，形成负反馈。

第二，失地农民寻求就业机会迁移向城市，这又加剧了城市的住房压力，增加了对土地的需求，但也增加了城市劳动力数量，推动了城市经济的发展，而城市的发展会带来更多的非农业投资，有利于提高农村 GDP。一方面，会对农业用地产生更大的需求，形成负反馈；另一方面，农村非

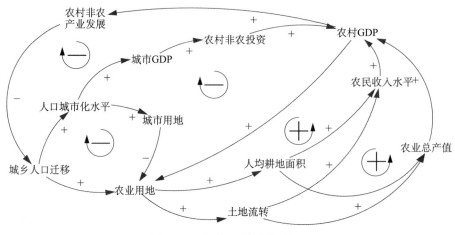

图 4 - 6 土地子系统因果关系

农产业发展也会使城乡之间人口迁移减少,使农业就业人数增加,农业用地增加,总体为负反馈回路。

第三,农村人口向城市集聚。流向城市的农民拥有了闲置的土地,因而产生了土地流转的意愿与需求,这使得土地集约化、规模化经营成为可能,使生产效率大大提高,农业产值大大增加,同时,增加了农民的收入。这是正反馈。

(三)经济子系统因果反馈关系

经济是社会保持稳定发展的支柱,也是体现社会发展水平的重要指标。人口与土地子系统中其实已经包含了经济子系统中的部分内容,故而这里不再重复交叉部分,只列出其核心部分,如图 4 - 7 所示。

第一,城市产业向农村转移,带动农业技术水平提升,促进农村非农产业发展,一方面为农民就地转移或者就业提供了渠道,带动农民收入水平提高,另一方面通过带动地区经济实力提升和拉动农业科技水平提高,进一步促进了农业现代化水平的提高,进而使农业产值增加。这两个方面均会带动农村经济发展水平提高,进一步吸引城市的产业向农村转移,形成正反馈回路。

第二,城市产业向农村转移,农村非农产业发展,为农村剩余劳动力提供了就业岗位,促使城乡迁移人口减少,相应地,城市规模增速放缓,

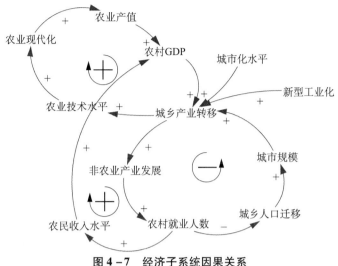

图 4 - 7 经济子系统因果关系

最终会降低城乡产业转移水平。这是一条负反馈回路。

(四) 一体化耦合子系统因果关系反馈

一体化子系统是整个系统的目标系统，也是整个动力机制的耦合系统，它将人口、土地与经济子系统耦合联系起来，使得整个动力机制系统得以运作，一体化耦合子系统因果关系如图 4-8 所示。

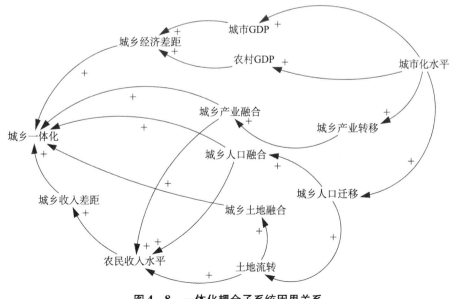

图 4 - 8 一体化耦合子系统因果关系

（五）城乡一体化动力机制系统

事实上，各个子系统的链接更为复杂，它们层层嵌套而绝非简单复合，构成了一个复杂且有机运作的动力机制系统。整个动力机制系统的因果关系如图 4-9 所示。

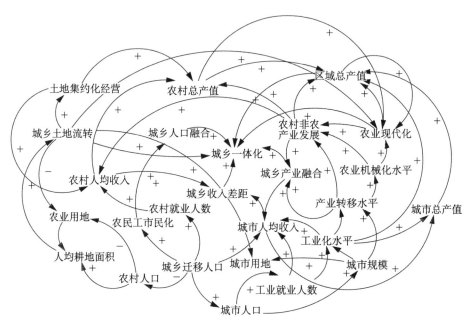

图 4-9 城乡一体化动力机制系统因果关系

三、变量选取

变量选取时综合考虑了新型城镇化动力因素中最为活跃的人口、土地、各项经济活动以及耦合因素，尽可能地模拟城乡一体化发展系统。最终选取了 10 个状态变量、10 个速率变量和 24 个辅助变量，共计 44 个变量，如表 4-1 所示。系统动力学中，一个完整的系统流图由四类变量构成，即状态变量（累积变量）、速率变量、辅助变量和常量。其中，状态变量是物质、能量或信息等对存量的累积，表明系统某一时刻的静止状态；速率变量是系统变化的速率，表明系统每一时刻的动态变化；辅助变量是状态变

量与状态变量、状态变量与速率变量、速率变量与速率变量之间信息传递
和转换过程的中间变量；常量不随时间而变化，其作用是为某一个量赋一
个常数值。通过对变量概念的认知可知，速率变量实际上是状态变量的影
子变量，即确定好一个状态变量之后必然会附加一个对应的速率变量；辅
助变量起到连接两个变量的作用；常量起到赋值作用。

表 4 - 1 模型主要参数（变量）

变量	具体指标	变量	具体指标
状态变量	农村人口 城市人口 农民人均收入水平 城镇居民人均收入水平 农村经济产值 城市经济产值 城乡产业融合水平 耕地面积 新型城市化水平 城乡一体化水平	速率变量	城市人口变化率 农村人口变化率 城市经济增加量 农村经济增加量 农用土地变化量 城市居民收入增量 城乡产业转移量 农民收入增量 新型城市化速度 一体化速度
辅助变量	城市人口自然增长率 农村向城市迁移率 城市向农村迁移率 农村人口自然增长率 劳动力数量 劳动力比率 政府政策 城乡土地融合 农民工市民化程度 城市规模 土地流转率 农民家庭经营性收入增量	辅助变量	非农投资水平 农村非农产业发展 农业机械化水平 农业发展水平 产业发展水平 城乡收入差距 城乡经济差距 城乡人口融合 总人口 流转土地面积 农民的工资性收入增量 农业现代化水平

四、动力机制模型构建

（一）动力机制模型流图绘制

系统动力学把系统中物质和信息的运动想象成流体的运动，设计出了
一套特有的符号来描述系统，用这些特定的符号描述系统的图称为流图。

流图是在因果关系图的基础上绘制的，能够明确表示系统的物质流、信息流和反馈作用的全貌，它不仅能够反映系统要素间的逻辑关系，还能区分出性质不同的变量，使得系统的反馈与控制过程被刻画得更加明确。本书构建的城乡一体化动力机制系统模型的流图如图 4-10 所示。

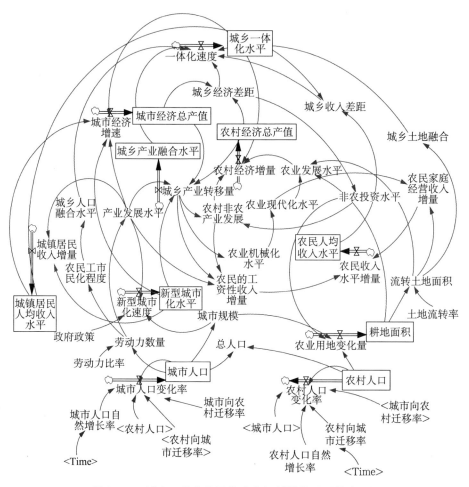

图 4-10 城乡一体化发展的动力机制模拟（系统流图）

（二）SD 模型主要方程

在城乡一体化发展的动力机制模拟图（系统流图）、系统动力学模型建立完成后，要对其中所涉的所有变量参数赋予初值以及建立函数关系才能运行。本书的参数初值利用来自 2010～2019 年各年《中国统计年鉴》的原始数据，通过常用的计量经济分析法、指数平滑法以及模型的参考行为特征进行了初步确定，然后在模型调试过程中不断修正从而得到最终的参数。

模拟的最后时间 FINAL TIME = 2030

模拟的初始时间 INITIAL TIME = 2010 Units：Year

输出存储频率 SAVEPER = TIME STEP

模拟的时间步长 TIME STEP = 1

人口子系统：

（1）城市人口 = INTEG（+城市人口变化率，城市人口初值）（亿人）

（2）农村人口 = INTEG（+农村人口变化率，农村人口初值）（亿人）

（3）总人口 = 城市人口 + 农村人口（亿人）

（4）农村人口变化率 =（农村人口自然增长率 - 农村向城市迁移率）× 农村人口 + 城市人口 × 城市向农村迁移率

（5）城市人口变化率 = 城市人口 ×（城市人口自然增长率 - 城市向农村迁移率）+ 农村人口 × 农村向城市迁移率

（6）农村向城市迁移率 = 0.002

（7）农村人口自然增长率 = WITH LOOKUP

（Time，（[（2010，0）-（2015，0.08）]，（2010，0.003），（2012，0.004），（2013，0.0035），（2014，0.0056），（2015，0.006）））

（8）城市人口自然增长率 = WITH LOOKUP

（Time，（[（2010，0.005）-（2014，0.008）]，（2010，0.006），（2011，0.007），（2012，0.006），（2013，0.005），（2014，0.006）））

（9）城市向农村迁移率 = 0.0001

土地子系统：

（1）农业用地变化量 = 农村人口$^{0.5}$ + 城市规模$^{0.3}$ +（1 + 非农投资水平）$^{0.2}$

（2）耕地面积 = INTEG（农业用地变化量，耕地面积初值）

（3）土地流转率 = 0.31

（4）流转土地面积 = 耕地面积 × 土地流转率

（5）城市规模 = 城市人口 × 25 000

（6）劳动力数量 = 城市总人口 × 劳动力比率

（7）劳动力比率 = 0.67

经济子系统：

（1）新型城市化水平 = INTEG（城市化速度 × 100，城市化水平初值）

（2）新型城市化速度 = 产业发展水平/城市规模 × 政府政策

（3）城市经济总产值 = INTEG（城市经济增速，城市经济初值）（亿元）

（4）农村经济总产值 = INTEG（农村经济增量，农村经济初值）（亿元）

（5）城市经济增速 =（1 + 产业发展水平）$^{0.5}$ +（1 + 城市化水平）$^{0.2}$ +（城镇居民人均收入水平）$^{0.1}$ +（1 + 城乡一体化水平）$^{0.1}$

（6）农村经济增量 = 农村经济增量 =（1 + 农业发展水平）$^{0.3}$ +（1 + 农村非农产业发展）$^{0.24}$ +（1 + 城乡一体化水平）$^{0.46}$

（7）农民收入水平 = INTEG（1 + 农民收入水平增量，农民收入初值）

（8）农民收入水平增量 = 农民家庭经营收入增量 × 4 + 农民的工资性收入增量 × 6

（9）农业发展水平 = 农业现代化水平 + 流转土地面积/耕地面积

（10）农村非农产业发展 =（1 + 城乡产业转移量）$^{0.7}$ +（1 + 非农投资水平）$^{0.3}$

（11）非农投资水平 = 城乡经济差距 × 0.792629

（12）产业发展水平 = 劳动力数量 × 7

（13）农业机械化水平 = 城乡产业转移量 × 0.1

（14）农业现代化水平 = 0.6 × 农业机械化水平

（15）农民的工资性收入增速 =（1 + 产业发展水平）$^{0.8}$ +（1 + 农村非农产业发展）$^{0.1}$ +（1 + 城乡产业转移量）$^{0.1}$

（16）农民家庭经营收入增速 =（1 + 农业现代化水平）$^{0.8}$ +（流转土地面积 × 300）$^{0.2}$

（17）城镇居民收入水平 = INTEG（城镇居民收入增量，城镇居民收入初值）

（18）城镇居民收入增量 = 产业发展水平 × 8 + 城市化水平 × 2

（19）政府政策 = 1

一体化耦合子系统：

（1）城乡人口融合水平 = 农民工市民化程度 × 0.8

（2）农民工市民化程度 = 劳动力数量×0.4

（3）城乡产业融合水平 = INTEG（城乡产业转移量，0）

（4）城乡产业转移量 = （产业发展水平 + 城市化水平 + 城市经济总产值/农村经济总产值）/10 城乡收入差距 = 城镇居民收入水平/农民收入水平

（5）城乡土地融合 = 流转土地面积×0.8

（6）城乡一体化水平 = INTEG（一体化速度，城乡一体化初值）

（7）一体化速度 = 城乡人口融合水平$^{0.25}$ + 城乡产业融合水平$^{0.44}$ + 城乡土地融合$^{0.11}$ + 城乡经济差距$^{0.1}$ + 城乡收入差距$^{0.1}$

（8）城乡收入差距 = 城镇居民人均收入水平/农民人均收入水平

（9）城乡经济差距 = 城市经济总产值/农村经济总产值

五、模型有效性检验

如前所述，本书原始数据来自中国国家统计局出版的《中国统计年鉴》，（土地数据来自《中国农村经营管理统计年报》以及《全国农村经济情况统计资料》）。模型以 2010 年为基期，对我国城乡一体化动力机制系统动力学模型进行了仿真，仿真时间区间为 2010 ~ 2030 年。本书先用各类常用的计量回归方法以及经验参考求得各方程的初始参数，然后通过反复调试模型，选取了使模型结果相对稳定且仿真结果与真实值总体误差水平最小时的参数作为模型最终运行的参数。模型仿真结果相对稳定，表明模型通过了参数灵敏性检验，误差水平最小则说明模型的精确度最高。我们选取了几个关键的指标来确定模型的最终参数，仿真结果与实际值的相对误差见表 4 - 2。可以看出，本节所建立的模型仿真度是较强的，仿真值与真实值的误差值在可控范围内，模型是稳健有效的。

表 4 - 2 仿真结果相对误差

年份	指标	仿真	真实值	相对误差（%）
2010	总人口	13.39（亿人）	13.39725（亿人）	- 0.054
	城镇居民人均可支配收入水平	19 000（元）	19 109（元）	- 0.570
	农村居民人均可支配收入水平	5 900（元）	5 919（元）	- 0.321
	耕地面积	5 989.9（千公顷）	5 989.3（千公顷）	0.010

续表

年份	指标	仿真	真实值	相对误差（%）
2015	总人口	13.65（亿人）	13.7462（亿人）	-0.700
	城镇居民人均可支配收入水平	38 245.1（元）	31 194.83（元）	22.601
	农村居民人均可支配收入水平	10 111（元）	11 421.71（元）	-11.476
	耕地面积	6 195.11（千公顷）	6 325.42（千公顷）	-2.060
2019	总人口	13.82（亿人）	14.0005（亿人）	-1.289
	城镇居民人均可支配收入水平	45 846.3（元）	42 358.8（元）	8.233
	农村居民人均可支配收入水平	13 501.3（元）	16 020.67（元）	-15.726
	耕地面积	6 361.5（千公顷）	6 480.783（千公顷）	-1.841

第五节　仿真及结果剖析

本节以系统动力学模型和 Vensim 软件为分析工具，对我国城乡一体化的动力机制进行了系统动力学仿真。模型的结构与实际情况基本相吻合，模拟检验输出结果与实际值的拟合较好，误差较小。系统仿真的结果输出情况如图 4-11 所示。

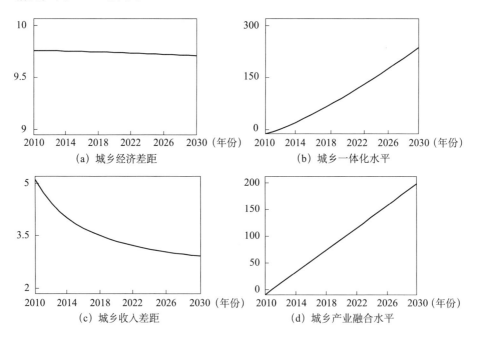

(a) 城乡经济差距　　　　(b) 城乡一体化水平

(c) 城乡收入差距　　　　(d) 城乡产业融合水平

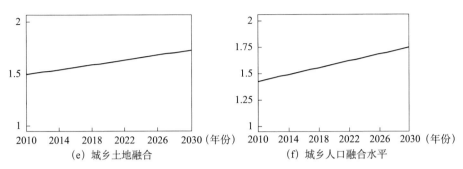

(e) 城乡土地融合 　　　　　　　　(f) 城乡人口融合水平

图 4 – 11　系统仿真结果

　　简单分析仿真结果图所显示的内容发现，在本书所构建的以新型城镇化为统领的城乡一体化动力机制的运行之下，城乡经济差距以及城乡收入差距均在缩小，并且城乡间的收入差距大约在 2022 年之后减小的速度会逐渐减缓，趋于比较平稳的状态；城乡产业融合水平与城乡一体化水平均处于较高速的增长状态，城乡人口及土地融合水平缓步上升。

　　首先，针对人口子系统来说，在设定人口迁移水平时，给定了城市向农村的迁移水平为 0.0001，即每 10 000 人里会有一个人从城市流向农村；农村流向城市的人口则为 0.002，每 1 000 人里会有 2 人流向城市。即我们假设城市向农村流入的人口比农村向城市流入的人口少，这是符合经验的，也是新型城镇化的必然结果。这两者反映的是农村人口和城市人口之间的迁移率，它们与总人口无关。因此，在总人口数量一定的条件下，只要调节它们的大小，就可以控制农村人口和城镇人口的比例。作为参照，我们改变这两者的值，即我们给予了一个外生的动力，这个动力可以是政府制度政策，如户籍制度或与基本公共服务相关的制度政策等。这个动力提高了城乡人口迁移水平，城市流向农村的人口数量增多至千分之五，同时，农村流向城市的人口数量也增大，设定为千分之九。结果如图 4 – 12 所示。可以很清晰地看到，控制迁移率情况下的城乡人口融合水平是快于不加控制状态下的城乡人口融合水平的。究其原因，城乡的差距鸿沟很大一部分原因在于传统城镇化中的城乡人口并没有实现融合，表现为农民工问题突出。新型城镇化的重要目标就是人的融合，让农民工逐渐市民化，这就需要使福利水平不再与户籍挂钩，达到真正的公共服务均等化，从而带动产业融合，使城乡经济差距缩小。随着城乡收入差距与城乡经济差距呈逐年下降的趋势，农村经济水平与农民的收入水平大幅度提高，城乡差距进一步缩小，城乡一体化发展走向更高水平。

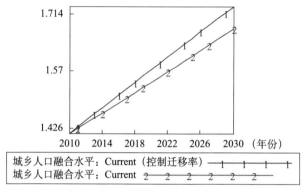

图 4 - 12　城乡人口融合水平仿真

其次，针对经济子系统来说，我们也给予城市化一个政府政策的动力因子，即政府对新型城镇化的调控，控制此项因子并将其控制强度适度加大，仿真结果输出如图 4 - 13 所示。可以看出，政府的控制引导加快了新型城镇化的进程。新型城镇化统领城乡一体化动力系统的运作主要是通过市场机制来实现的，但城乡一体化的实现在某些方面依然还需要政府的规划、引导和参与，例如，有关政策、法规的制定会为市场运行提供一种宽松、良好的环境，保证市场经济正常运行。可见，市场的作用与政府的引导两者不可或缺。

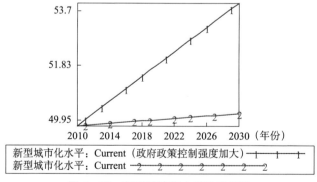

图 4 - 13　新型城镇化水平仿真结果

本节还设置了产业融合水平以及城乡一体化水平为 0 的初始值，是为了观察结果的直观性。由图 4 - 14 可以看出，2010～2030 年，整个一体化速度与融合速度是非常快的，由此可以进一步确认，以新型城镇化为统领的动力机制的发力路径十分关键。产业在城乡间的互动中十分关键，可以说是新型城镇化的根本所在，是促进城乡一体化的根本所在。以第一产业为主的农村经济发展速度是必然落后于城市的，那么实现城乡一体化的重要措施便是在农村发展第二产业和第三产业。当城市逐步向第三产业为主的产业结构调整时，第二产业则向农村转移，此时，农村要做好产业承接的准备，积极引进先进的技术，利用长期积累的人力资本与资本，逐步调整优化农村的产业结构，这样农村才能得以发展，城乡一体化进程才能加快。当然，这一过程不会自动实现，农村应积极培养自身产业承接的实力，加快人力资本的积累，积极吸引资本，引进先进的技术，充分利用自身的劳动力优势与资本存量，结合引进的技术，发展一批非农企业，将所得收益留在农村。这也正是新型城镇化的内涵，新型城镇化"新"在不抛弃不遗弃农村，反而以农村繁荣为前提条件，实现城乡互促、共同发展、双轮驱动，进而实现城乡融合。

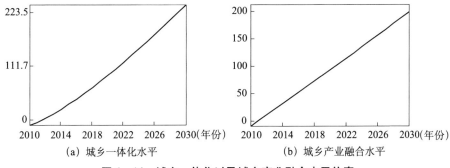

图 4-14　城乡一体化以及城乡产业融合水平仿真

　　最后，对于土地子系统来说，土地问题一直是城乡差距极大的痛点所在，而新型城镇化中特有的内涵之一便是促进了城乡间的土地流转，这使得城乡间的土地这一关键要素也逐渐融合，从而促进了城乡一体化发展。如图 4-15 所示，从系统仿真结果中可以看出，土地融合水平自 2010~2030 年一直呈缓步上升的状态。深思其中的原因可以得出：一方面，土地流转促进了土地的集中化，使土地的连片经营和规模化生产成为可能，大大改善了农村家庭联产承包责任制下的土地细碎化和小规模经营情况，降低了农业生产成本，形成了规模效应；这种规模的扩大，不仅使生产效率大大提高，而且使不同要素间的协调效率也得以改善，组合生产力也得到了最大限度的发挥，并且促进了更先进的农业机械、新技术和管理手段的引进与应用，使农业的现代化水平提高，农村经济不断发展，城乡之间差距逐步缩小。另一方面，土地要素实现了再配置，土地从边际产出低的经营主体流向了边际产出更高的主体，而土地市场通过分配机制、价格和竞争机制，影响了这种要素配置的过程，从而影响了土地的利用效率，使得城乡的土地市场在此过程中不断完善、统一，进一步地，土地要素通过这样完善统一的土地市场在城乡交换过程中实现了合理的利益分配，形成了公正公开的价格和竞争机制，激活了要素配置效率，最终推动了城乡一体化进程。

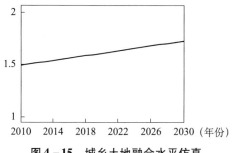

图 4 - 15　城乡土地融合水平仿真

　　总之，城乡一体化发展是以新型城镇化为核，以多元主体的利益追求为源，以产业互动为本，以要素流动为器，以集聚扩散为导，以空间网络为纲，各动力元素之间相互影响、相互制约与共生而形成的庞杂的动力机制系统，在此动力机制作用下，城乡一体化能够得以健康和谐地发展。

　　从市场的角度看，城乡发展的主要动力还在于城镇化，但传统的城镇化导致城乡生产要素流动失衡，大量农村资源流向城镇，致使城乡差距扩大。新型城镇化是实现"中国梦"的重要途径之一，是改善城乡关系的未来方向所在。以新型城镇化推进城乡一体化发展是一项系统工程，不仅触及问题的根本，而且也涉及复杂的利益关系。以新型城镇化为统领推进城乡一体化，必须冲破思维与体制的惯性，推动农民工市民化进程和降低城乡劳动力转移成本，合理引导资本技术转移和城乡土地流转以加快产业融合。推进新型城镇化的进程，要持之以恒、因地制宜、全力以赴，政府要做的是引导、创造和保障良好的市场环境。

附表4-1　我国2010~2019年人口、土地、经济相关数据

年份	城镇人口（亿人）	乡村人口（亿人）	总人口（亿人）	流动人口（亿人）	户籍城镇化率（%）	国内生产总值（亿元）	农林牧渔业总产值（亿元）
2010	6.65575306	6.74149546	13.39724852	2.21		412 119.2558	67 763.1343
2011	6.9079	6.5656	13.4735	2.30	34.71	487 940.1805	78 836.9774
2012	7.1182	6.4222	13.5404	2.36	35.00	538 579.9535	86 342.1522
2013	7.3111	6.2961	13.6072	2.45	35.70	592 963.2295	93 173.6999
2014	7.4916	6.1866	13.6782	2.53	37.10	643 563.1045	97 822.5134
2015	7.7116	6.0346	13.7462	2.47	39.90	688 858.218	101 893.525
2016	7.9298	5.8973	13.8271	2.45	41.20	746 395.0595	106 478.7285
2017	8.1347	5.7661	13.9008	2.44	42.35	832 035.9486	109 331.7209
2018	8.3137	5.6401	13.9538	2.41	43.37	919 281.1291	113 579.5301
2019	8.4843	5.5162	14.0005	2.36	44.38	990 865.1113	123 967.9353

年份	家庭承包耕地流转面积（亩）	家庭承包经营的耕地面积（亩）	土地流转率（%）	城市规模（城区面积（平方千米））	城镇化率（%）	城镇居民人均可支配收入（元）	农村居民人均可支配收入（元）
2010	186 683 159	1 274 113 998	14.65	178 691.7	49.95		
2011	227 933 334	1 277 346 303	17.84	183 618	51.27		
2012	278 334 081	1 310 450 485	21.24	183 039.4	52.57		
2013	341 020 217	1 327 092 049	25.70	183 416.1	53.73	26 467.0038	9 429.5938
2014	403 394 670	1 328 758 837	30.36	184 098.59	54.77	28 843.8538	10 488.8826
2015	446 833 652	1 342 367 812	33.29	191 775.54	56.10	31 194.8279	11 421.7066
2016	479 208 068	1 363 892 762	35.14	198 178.59	57.35	33 616.2466	12 363.4093
2017	512 113 203	1 385 014 106	36.98	198 357.2	58.52	36 396.1942	13 432.4257
2018	53 902 0347	1 385 014 106	38.92	200 896.5	59.58	39 250.839	14 617.0303
2019	554 980 363	1 545 766 706	35.90	200 569.51	60.60	42 358.8024	16 020.6676

资料来源：中国国家统计局《中国统计年鉴》《全国农村经济情况统计资料》《中国农村经营管理统计年报》等。

第五章　乡村振兴与城乡一体化协调机制研究

　　党的十八大报告明确提出要加快完善城乡发展一体化体制机制。经过党的十八大以来的不懈努力，我国城乡一体化进程不断推进，但是，城乡差距依然较大，随着城镇化率的不断提高，人民群众对高质量农产品的多样化需求越来越高，国民经济健康发展对农村高质量发展的要求也越来越高。党的十九大报告提出了乡村振兴战略，乡村振兴是全方位振兴，包括各个方面，其中产业兴旺是乡村振兴的基础。产业兴则乡村兴，已然成为共识，对于如何振兴产业，目前学者们关注得较多的是农业现代化和乡村产业融合，另外对农业产业体系的研究也较多，但缺少对非农产业的分析，缺乏从本质上对现代农业产业体系整体构建的分析。本章认为，农村产业体系兴才能乡村兴，构建以非农产业发展为核心的现代农村产业体系是城乡一体化协调机制的关键。本章首先从理论层面构建了"生产要素—农村产业体系—乡村振兴—城乡一体化"的分析框架，明确了乡村振兴推动城乡一体化的关键在于构建农村产业体系；其次分析现行农村产业体系中存在的问题，并在此基础上进行实证研究，分析了城乡要素流动对农村产业结构影响；最后在构建城乡一体化协调机制的基础上阐述了协调机制的核心内容和作用路径。

第一节　乡村振兴与城乡一体化协调机制

　　这里分析城乡一体化协调机制的理论框架：乡村振兴是城乡一体化发

展的重点和难点，其基础是农村产业兴旺，要实现农村产业兴旺，出路在于构建合理的农村产业体系；农村产业体系要以农业产业化为基础，以非农产业发展为关键，并向一二三产业融合的高级化方向发展，而农业产业体系的发展，离不开生产要素的支持；要以资本、技术为支撑，以劳动力为主体，以土地为突破口，构建、完善农村产业体系；这一切的实现离不开制度作保障。框架如图 5－1 所示。

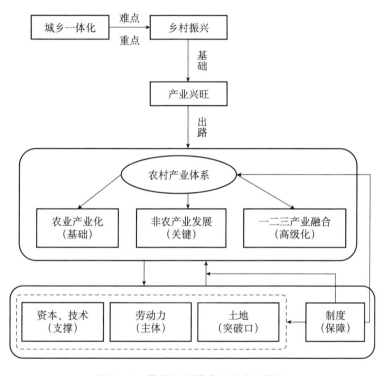

图 5－1　协调机制基本理论分析框架

一、产业振兴是乡村振兴的基础

随着国家政策的持续发力，2020 年，中国城市化率已经达 63.89%，并基本实现了工业化，城乡居民收入有所下降，2019 年达到 2.64，比最高时低了一些，但距离理想状态差距还很大，财富的占有差距更大（史丹、李晓华、李鹏飞、邓洲和渠慎宁，2020）；（王大伟，2021）。现阶段我国面临的主要问题是乡村发展不充分，农业薄弱、农村凋敝、农民逃离等现实问题一一摆在我们面前。为缩小城乡差距，解决乡村发展不充分、城乡发展不平衡问题，必须把乡村作为突破点，只有乡村兴才能全国兴，也就是说，乡村振兴是现阶段实现城乡一体化目标的重点和难点。

乡村振兴战略中，产业振兴占据首要地位。乡村振兴战略要激发农村自身的活力，而非输血式的扶助，而产业兴旺是农村活力最重要的体现之一，同时，产业振兴也是乡村振兴的基础，抛开产业空谈乡村振兴是行不通的。产业振兴是乡村振兴的基础，主要体现在以下几个方面。一是农村产业体系具有保障粮食供应并为其他产业提供原料的基本功能。随着农村现代产业的发展，农业产出不仅要从数量上保障粮食和原材料供给，而且要满足居民日益增长的对高品质农产品的需求以及提供符合市场需求的原材料，因而农业的发展是必要的。二是农村非农产业发展有助于解决农村剩余劳动力就业问题，有利于增加农民的工资性收入，为农民兼业提供更多机会。三是农村各产业发展能够有效引导要素集聚，如吸引城市劳动力、资本、技术下乡，盘活农村劳动、土地及资本。四是只有农村各产业得到发展，农村物质财富得到积累，才能为乡村生态文明建设、精神文明建设提供物质基础和技术条件；只有农村产业发展，农民才能变得富裕，农村才有条件改善居住环境，有效的治理和文明的乡风才不至于成为空中楼阁；也只有在农村产业发展起来并具有了产业基础后，才有能力在发展中解决乡村振兴方面遇到的其他问题。

二、构建合理的农村产业体系是产业兴旺的出路

如何实现农村产业兴旺？出路在于构建农村产业体系。农村产业体系从内容上看，既包含农业产业化（现代化），又包含非农产业发展、农业与非农产业融合。其中，农业产业化是农村产业体系的基础，非农产业发展是农村产业体系的核心，农业与非农产业融合则是农村产业结构的高级化，它能在更高层次上推动农业现代化和非农产业发展。

（一）农业产业化是农村产业体系的基础

首先，农业是非农产业发展的基础，为非农产业提供资金和农业剩余、

提供多余的劳动力、提供市场和空间；其次，农业现代化是先进科技和高质量生产要素集中的表现，同时也是农业市场化的过程，这一过程离不开非农产业为其提供的产前、产中和产后的劳动力、资本、技术、信息等服务与支撑，也就是说，农业产业化是非农产业发展的基础，为农村三次产业融合提供了更多的可能。

（二）非农产业是农村产业体系的核心

农村非农产业同样也是主要的物质生产部门，能够为农业及产业融合提供物质产品，没有非农产业发展，农村经济活动会缺乏运行基础；非农产业，尤其是农村工业是技术创新投入最多、辐射带动能力最强的部门；非农产业作为物质生产和创新母体，不仅能为三产融合提供物质基础、技术支撑，还能为三产融合提供创新空间并促进成果转化，非农产业产业链延长、技术扩散及吸纳就业能力增强是衔接农业与产业融合的关键。从一定意义上讲，非农产业发展是解决农村产业发展和乡村振兴的关键所在。樊纲（2003）指出，非农产业发展有助于实现农业规模化和产业化，有助于增加农村真实就业，有助于提高农民收入水平和满足农民日益增长的高层次、多样化需求，缩小城乡差距。

（三）产业融合是农村产业结构高级化的体现

一二三产业融合是数据、技术等高级生产要素与传统生产要素重新组合的过程，是创新的过程，其创新基础是农村农业和非农产业的发展。日本学者今村奈良臣（1996）提出，产业融合是"农村六次产业"的发展，"六次产业"是各产业之乘积，即 $1 \times 2 \times 3 = 6$，这意味着只有依靠农村一二三产业的融合才能获得良好的收益。① 农村产业融合发展是提高生产要素利用率的要求，产业融合能够解决农业季节性所导致的劳动力、资本等资源利用的不充分问题，通过产业整合提高资源的利用率来使农业获得更大收益（苏毅清、游玉婷和王志刚，2016）。农村产业融合作为一个创新过程，广泛应用现代高级要素，有利于提高农业、非农产业的科技含量和可持续

---

① 国家发展改革委宏观院和农经司课题组. 推进我国农村一二三产业融合发展问题研究［J］. 经济研究参考，2016（4）：3－28.

发展水平，推动农村产业结构合理化，同时促进农业产业化、工业服务化、服务产业化、产业信息化（姜长云，2016）。随着非农产业的发展，农业与非农产业不断融合，又会进一步延长农业的产业链，促进农业产业化，共同优化农村的产业结构，提升农产品的附加值，提高农村居民的收入。

三、生产要素是农村产业体系的细胞

如果把农村产业体系看作一个机体，生产要素就是这个机体最基本的构成要素——细胞，细胞的健康发育会影响整个机体的健康成长，机体的健康成长会为细胞的发育营造环境和条件，两者之间存在着密切的互联、互动关系。关于生产要素与农业产业体系之间的互动与作用机制，可以以生产要素为切入点来理解。可以从微观、中观和宏观三个层面来考察生产要素。从微观层面看，生产要素流动是要素所有者基于个人利益最大化所做出的选择，会受到供求机制和价格机制的影响。价格是引导要素在企业间流动的信号，但是要素价格不仅受供求关系的影响，同时还会受政府调控的影响。要素收益率高低，也会影响要素在不同行业的企业间流动，一般情况下，要素会从收益率低的企业或产业向收益率高的企业或产业转移，最终达到各产业、企业要素收益率趋同。从中观层面看，生产要素会影响产业结构调整，适度合理的生产要素数量、结构及效率会促进产业结构的优化，即不断合理化和高级化。随着产业中要素投入数量的变化，由于存在人力资本学习效应、不同要素组合的最佳投入比例或者高级要素的引入等因素，不同行业对要素的需求会发生变化，进而导致产业结构优化、促进产业升级。从宏观层面看，生产要素是经济增长的源泉，生产要素数量、质量和配置效率等影响着整个国民经济的增长速度和发展质量。

农村产业体系与生产要素集的互动是基于微观与中观层面的互动。产业体系的发展与生产要素的流动和配置是一个相互决定的过程。产业体系的构建需要各种生产要素，生产要素流动会影响产业结构的变化，生产要素结构、数量及效率等变化会推动产业体系变化，即在供求关系、价格机制等机制的作用下，要素会在不同企业或者产业间流动，由于市场分工或者政府制度激励，要素在不同企业/产业集聚，产生集聚经济，从而改变了要素在不同企业/产业的结构、数量及效率，促使该产业升级，进而带来农村产业结构合理化（农业产业化和非农产业发展）和高级化（非农产业融合），如图5－2所示。总之，生产要素可以提高农业的集约化程度，促进农业产业化及产业链条延伸，加快农村产业融合，有助于农村构建现代产业体系；同时，农村现代产业体系构建也有助于盘活农村土地、住宅等，吸引城市劳动力、资本及技术等生产要素。具体来看，主要表现如下。

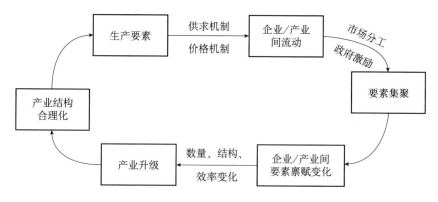

图5－2　产业体系与生产要素的互动关系

　　首先，根据配第—克拉克定理，随着经济发展，非农产业工资率提高，非农产业对劳动力的吸纳能力超过农业。农业产业化会带来生产的集约化，随着资本、技术投入的不断增加，在土地资源既定的前提下，对务农劳动者的需求会减少。伴随着从事农业劳动者的减少和土地的流转，从农业中转移出的劳动力转向非农产业寻求就业从而获得工资性收入，同时，他们也能从土地流转中获得一部分资产性收入。只要这两部分收益高于其务农收益，劳动力便会持续流入非农产业，在非农产业形成集聚经济，直到在农业和非农产业就业的收益趋同。同时，劳动在不同产业分工，留在农业的农民成为职业农民，进入非农产业的农民成为职业工人，各自专业化从事生产经营，进一步地，由分工所带来的效率提高会促进所在产业升级。

其次，农业产业化发展离不开大量资本要素的支持。只有加大资本投入，才能改善农业生产条件、提高农业产业化水平进而提高农业质量效益（贺军伟和王胜，2012）。虽然农业对资本要素十分渴求，但是由于天然的弱势，农业资本的收益率是比较低的，而资本的趋利性非常明显，其流入农村的前提是农村资本收益率要高于城市。因此，此时完全由市场决定的价格机制可能会失灵，必须引入政府规制，改变资本价格结构以影响其收益水平。在规制后的资本收益驱动下，资本流入会提高农村产业资本深化水平，促进农村产业升级。同时，农村产业化过程又促进了资本在农村的集聚，提高了资本的收益水平。

再次，随着农业产业化和非农产业发展，家庭农场、龙头企业等新型生产经营主体及农业产业园对土地的需求会增加，而农民非农就业恰好增加了土地的供给。在土地流转市场发育完善的市场前提下，土地有效流转解决了农业生产经营的碎片化问题，满足了非农产业用地需求，有利于新型经营主体对土地资源重新进行配置和实现规模经营、提高经营收益。

最后，农业产业化、非农产业的发展和农村三大产业融合都对技术要素有很大需求，产业化的农业需要向技术水平更高的现代化迈进，农村工业与服务业的发展离不开现代工业技术和信息技术的运用，三大产业融合更是对技术要素提出了更高的要求。技术要素的积极参与对整个农村产业体系的完善起到了提升作用；而农村产业体系的完善，势必也会为技术创新和成果转化、推广应用提供更便利的条件。当然，农村产业体系与生产要素集的良性互动，需要一些制度保障，如户籍制度、社会保障制度、利益联结制度等。

第二节　农村产业体系存在的问题及原因

尽管我国农村产业体系出现了良好成长的态势，但仍存在明显的短板与问题，与城市和工业相比，农村凋敝、产业不成体系的局面目前并未发生根本性的扭转。

一、现行农村产业体系存在的问题

(一) 农村非农产业发展不协调

农村非农产业发展不协调主要体现在以下几个方面。第一,三次产业之间发展不平衡。农村第二产业的发展受到阻碍,同时,第三产业又发展过快。这种不平衡发展容易导致第三产业"自我循环""脱实向虚",使得经济结构的优化仅仅体现在表面统计数据上,容易出现所谓的"鲍莫尔病"(郭朝先,2019)。而且,我国农村第二产业与第一产业的关联度偏低,关联度不到 0.5,且农村工业与城市工业的产值结构相似系数超过了 0.8 (陈柳钦,2003)。第二,农村非农产业未能充分发挥区域比较优势。农村非农产业区域性产业结构相似度比较高,农村企业未能充分利用其区域特色发展特色优势产业。许多地方不考虑当地的自然禀赋、市场需求、劳动力丰裕程度和技术水平等基础条件,瞄准新兴产业一哄而上,结果极容易造成企业亏损和产能过剩。第三,农村非农产业布局分散,不能连片发展,难以形成规模经济和集聚经济,结果造成土地等资源浪费严重。

(二) 农业产品供给结构不合理

随着收入的增加,人们对高质量农产品的消费意愿不断增长,继续以普通粮食供给为目标来进行农业生产,就会造成两者之间的矛盾。根据恩格尔定律,随着收入的增加,人们对满足其基本生存需要的食品的需求将下降,而对促进其发展的食品,如高蛋白、绿色农产品等的需求将上升。目前,我国农产品存在结构性失衡,一般农产品供给过剩,而高端的适合市场需求的又显得功能供给不足,由表 5 - 1 可知,2014 ~ 2019 年,农村居民对满足其生存类的食品消费表现基本稳定 (如蔬菜及食用菌类) 或呈下降态势 (如粮食类、食品油类);满足其身体发展所需的高蛋白、维生素类的食品消费则在稳步增长,即肉类、禽类、水产品、蛋奶类和干鲜瓜果类的消费量在增加。例如,水产品 2019 年消费量比 2013 年增长了 30.77%。与此同时,食品进口规模也在不断扩大，2009～2018 年，食品进口数量以每年 17.7% 的增长率高速增长，到 2018 年已经增加到了 724.7 亿美元，其中，肉类及其制品、水海产品及制品、乳品等进口食品比重达到 40%，这一方面反映出我国居民对进口食品的需求已经呈现出快速增长的态势，另一方面也反映出我国高质量农产品供给存在缺口，居民不得不通过进口来满足需求。而从我国现行农产品供给结构看，主粮虽然稳中有降，但供给依然相对过剩，挤占了其他作物的播种。

表 5－1 　　　　　　　2013～2019 年居民主要食品消费量　　　　单位：千克

指标	2013 年	2014 年	2015 年	2016 年	2017 年	2018 年	2019 年
一、粮食（原粮）	148.7	141.0	134.5	132.8	130.1	127.2	130.1
谷物	138.9	131.4	124.3	122.0	119.6	116.3	117.9
薯类	2.3	2.2	2.4	2.6	2.5	2.6	2.9
豆类	7.5	7.5	7.8	8.3	8.0	8.3	9.3
二、食用油	10.6	10.4	10.6	10.6	10.4	9.6	9.5
食用植物油	9.9	9.8	10.0	10.0	9.8	8.9	8.9
三、蔬菜及食用菌	97.5	96.9	97.8	100.1	99.2	96.1	98.6
鲜菜	94.9	94.1	94.9	96.9	96.1	93.0	95.2
四、肉类	25.6	25.6	26.2	26.1	26.7	29.5	26.9
猪肉	19.8	20.0	20.1	19.6	20.1	22.8	20.3
牛肉	1.5	1.5	1.6	1.8	1.9	2.0	2.2
羊肉	0.9	1.0	1.2	1.5	1.3	1.3	1.2
五、禽类	7.2	8.0	8.4	9.1	8.9	9.0	10.8
六、水产品	10.4	10.8	11.2	11.4	11.5	11.4	13.6
七、蛋类	8.2	8.6	9.5	9.7	10.0	9.7	10.7
八、奶类	11.7	12.6	12.1	12.0	12.1	12.2	12.5
九、干鲜瓜果类	40.7	42.2	44.5	48.3	50.1	52.1	56.4
鲜瓜果	37.8	38.6	40.5	43.9	45.6	47.4	51.4
坚果类	3.0	2.9	3.1	3.4	3.5	3.5	3.8
十、食糖	1.2	1.3	1.3	1.3	1.3	1.3	1.3

资料来源：国家统计局农村社会经济调查司. 中国农村统计年鉴（2020）[M]. 北京：中国统计出版社，2021. https://www.yearbookchina.com/navibooklist - n3020013271 - 2.html.

（三）农业生产方式分散化

我国农业生产的新型经营主体包括农业龙头企业、家庭农场及农民合作社等。以家庭农场为例，根据调查资料显示，2018 年家庭农场平均规模约 400 亩；农场的土地处于分割状态，平均一个农场经营 15 块地之多，需要从 48～58 户农户手中转入土地，即生产是分散的、碎片化的（郜亮亮，2020）。以家庭农场或农业合作社为经营主体的家庭农户，其实质仍是农业生产的分散经营，虽然农业产业化龙头企业采用"公司＋农户"等创新型的模式实现了规模化生产，但在支持其规模化生产的资本进入的可持续性、土地流转的规模和时间、新技术的承接及转化、新经营模式下劳动激励与监督等方面依然存在许多制约。

（四）农业生产效率低下

我国农业劳动生产率比世界平均水平要低。根据前面的分析，我国从事农业劳动的劳动力数量不断下降，而亩产劳动力不断上升，农业比较生产率小于 1 且呈不断下降的趋势，这些现象表明我国农业劳动生产率是比较低的。根据世界银行对 128 个国家（地区）数据的统计，2010 年我国劳动生产率仅为世界平均水平的 51.3%、为日本的 1.3% 和美国的 1.1%，在 128 个国家（地区）中排名比较靠后，到了第 108 位（高帆，2015）。从农业增长来看，农业增长速度一直呈现出下降趋势，同时，各种要素投入对农业增长的贡献也在不断降低，其中，劳动力和土地的贡献又比资本的贡献低（龚斌磊，2018）。农业增长缓慢导致农业收入对农民收入的提升作用非常有限，因而农民多将务农作为副业。据研究，我国农业生产要素的平均效率尚不足 50%，存在较大的提升空间。

（五）农业产业链条短，农产品附加值低

农业产业链条短，农产品附加值低主要体现在以下几个方面。第一，农业企业中生产型企业的比重过大，生产的产值又过低。从产业链环节来看，2019 年我国农业企业 500 强中农业生产加工型企业高达 82.4%，农产品营销型企业仅占 17.6%；而企业营收总额比例却为 1.7∶1（郭芸芸、胡

冰川和方子恒，2019）。而在美国食品的产值构成中，农业生产、农产品加工、农产品营销所占的百分比数目分别为25、33、42，农产品营销是比重最大的一类，现代农业产业体系的运作就是围绕大型销售商展开的，而且集中度很高，前20家最大的食品杂货商的销售额基本占到全部农产品销售量的大约40%。农业产业链条变长意味着社会化分工更加细化，从而使专门从事生产、流通和销售的各个厂商的生产经营都变得更有效。第二，农产品加工业发展落后。目前，西方一般发达国家食品工业是农业产值的3倍，而美国能达到5倍，而我国2019年农产品加工业产值仅是农业产值的2.3倍（成新华，2001）。这是因为我国农产品生产多以原料和初级产品生产为主，2020年农业的中间需求率仍高达58.86%。第三，我国农产品设备使用率较低，处理能力整体偏弱，其中水果类产品的设备使用率相对较高、蔬菜类较低，这就降低了生产与市场的对接效率，不利于增加农产品附加值（王水平，2021）。

（六）产业融合困难重重

农村产业融合在三大产业发展水平、融合路径、要素供给和利益联结机制方面都存在着制约。2019年，我国农林牧副渔服务业产值达6 489.0亿元，虽比2010年增长了154.01%，但从横向来看，仅占农业总产值的9.82%；2019年我国休闲农业营业收入达到8 500亿元，但是，也只占到农业总产值的12.87%，比重相对比较低。一二三产业融合的概念与路径并不清晰，例如，误将种植业与工业在空间上毗邻当作一二产业融合（蒋和平、郭超然和蒋黎，2020）。缺乏产业融合所需要的高素质劳动力、资本及技术。目前，我国农村面临着农村衰败、农业衰落、农民衰老等问题，青年劳动力流失、人才吸引和融资困难重重、基础设施落后等都加剧了产业融合的难度（项继权和周长友，2017）。利益联结机制脆弱，尤其是在农产品市场价格变化较大的年份，订单合同违约率会骤增，而股份联结制虽然比较稳定但数量不多。

二、农村现代产业体系的制约因素分析

通过前面的分析不难发现，当前我国农村产业体系存在着许多问题：

农业生产效率低，对农民收入提升作用有限；农业生产方式分散化；农产品存在供给结构性问题；农业产业化程度低；农业与非农产业融合困难。造成现行农村产业不成体系的原因有很多，如农产品加工业水平低、农户环保意识差、生产消费信息不对称等，但根本原因是生产要素的错配，农业劳动力素质低、农业资金匮乏、农地流转制度不力等制约了农业生产加工效率的提升和农产品品质的提升，现代农业技术的脱节和缺位制约着农业流通效率的提高。

（一）劳动力素质低

目前生活在农村地区的 1.6 亿人中（儿童 6 000 万人，妇女 5 000 万人、老人 5 000 万人），从事农业生产的主要是老年人群体，他们是弱势群体也是弱能群体，普遍接受教育年限较短甚至从未接受过正规教育，因而接受新技术的能力比较差（解安，2018）。老人务农是低素质劳动者滞留在农业生产中的表现，会导致农业生产效率低下，由于老人普遍缺乏其他现代技能，也会间接导致结构性失业问题（高素质工人的短缺和低素质工作数量过剩）。由于老人滞留农业生产中，也带来了土地流转的困难，由于不能获得其他补偿性收入，老人们不愿意离开土地，这进一步导致了农业生产的分散化和细碎化。随着农村非农产业发展，对高素质劳动力需求不断提升，但青年劳动力流出、外来人才入乡意愿低，使得劳动力素质成为制约农业规模经营和非农产业现代化的主要障碍。

（二）资本匮乏

从内部来看，农业生产的高风险、长周期及低收益特征决定了农业产业化经营具有天然的脆弱性（齐成喜和陈柳钦，2005），这就不难理解农业产业经营主体为何难以达到银行贷款的要求；从外部来看，我国信贷资金一向倾向于为国有大中型企业锦上添花，而对弱质的农业民营企业扶持较少，使得农业产业经营主体难以获得资本投入，资本的缺乏直接制约着农业经营主体的规模扩张。同时，以利润为指向标的社会资本进入农村又处处受限，导致社会资本难以流入农村。而现代产业体系的构建需要资本以购入先进设备、建设农村水利等基础设施和实行技术培训，从这点来讲，资本匮乏将直接制约农村现代产业体系的建立。

（三）土地流转困难

在土地流转过程中，农民承担流转风险，权益得不到保障。例如，由于土地流转价格不合理，流转租金低且短，流转收益不稳定等，农民不仅不能获得当下实惠，有时也难以分享未来的土地收益，影响其持久收益，因而农民流转意愿不强，这样，其他经营者便不能高效获得流转土地，结果会导致农业生产经营依然分散化和细碎化。首先，不利于规模经济的形成。根据边际报酬递减规律，当生产者不断投入其他生产要素时，农业产量应当呈先上升后下降的趋势，但由于土地规模受限，农户产量规模会比较小，无法突破生产要素规模的制约而实现规模经济。其次，经营分散也不利于大型机械设备及技术的使用。小规模农户无法承担机械设备应用及技术的承接所需要的智力、资本支持。最后，生产方式分散也不利于对农产品市场需求的捕捉，容易造成供需不匹配及农民丰产不丰收等结果。可见，土地流转困难将严重制约农业现代化和三产融合。

（四）技术投入不足

与发达国家相比，我国在技术方面的投入存在较大差距。我国的农业科技水平比较弱，2017 年我国农业科技贡献率为 57.5%，虽然较 2012 年提高了 5%，但是农业企业科技投入不足。2006 年我国农业科技投入占 GDP 的比重仅为 0.4%，而发达国家在 20 世纪 90 年代就超过了 2.4%（龙玉国，2008）。2020 年中国农业企业 500 强中，总科技创新投入额占全部营收额比重仅为 0.84%，远低于我国 R&D 经费 2.19% 的投入强度（郭芸芸、胡冰川和方子恒，2019）。

由于经营主体面临资本匮乏、土地流转困难等制约和现代意义的农民紧缺等现实问题，生产经营往往选择小规模生产，小规模生产单打独斗难以迅速对市场变化作出快速反应，生产的产品既不能很好地满足市场需求，也不利于增加农户收入。这样，经营主体更无动力扩大经营规模和接受现代技术，逐步陷入恶性循环，农户选择种植操作简单的粮食作物，进一步提高了部分农产品供给过剩的程度。即使是龙头企业，若不能很好地解决资本的引入和土地流转等问题，那么其提供优质农产品、提高农业生产效率等长期行为选择也会被掣肘。

综上所述，制约农村产业体系构建的因素主要是产业缺乏科技支撑力、企业缺少高素质的劳动力、充裕的资本和足够规模的土地，即生产要素的配置问题，本书认为，生产要素是制约农村产业体系的内部原因，制度建设则是外部原因。只有解决了生产要素的配置问题，才能顺利构建农村现代产业体系，进而促进乡村振兴。

第三节　城乡要素流动对农村产业结构影响的实证研究

城乡要素流动会对农村产业结构发生深远的影响，而产业结构优化的最突出表现是非农产业的发展。农村的非农产业是相对传统农业产业而言的，是传统农业的延伸、深加工，是为农业和农村居民生活提供服务和保障的各类第二产业和第三产业。我国各个省份的农村非农产业产值并没有相应的指标，本书的数据依据《中国统计年鉴》、各省份统计年鉴、国家统计局官网数据整理计算而得，结果如表 5-2 所示。

一、样本选择、变量描述

（一）样本选择及变量描述

本章研究的面板数据覆盖了中国除西藏和港澳台地区以外的 30 个省份，时间跨度为 2007~2019 年。利用 stata15.0 软件对我国 2007~2019 年的面板数据进行分析。最终目的是探讨各个要素对农村非农产业发展的影响。所涉及的所有变量和含义如表 5-3 所示。

尽可能准确地衡量要素在区域内的流动能力，对于分析这些要素流动对农村非农产业的影响十分关键，借鉴已有文献的一些构建方法，本章采取了以下衡量之法。

表 5-2 我国各省份非农产业产值

单位：亿元

地区	2007年	2008年	2009年	2010年	2011年	2012年	2013年	2014年	2015年	2016年	2017年	2018年	2019年
北京	1 382.05	1 526.14	1 667.6	1 825.42	2 046.44	2 266.32	2 507.89	2 739.61	2 991.36	3 310.26	3 723.24	4 158.29	4 474.17
天津	767.166	956.086	1 019.21	1 148.4	1 302.19	1 378.09	1 475.71	1 547.48	1 532.02	1 575.69	1 741.59	1 864.91	1 909.15
河北	4 208.53	4 771.08	4 997.6	5 796.06	7 101.38	7 404.81	7 339.9	7 442.91	7 593.31	8 032.19	8 457.34	8 484.15	8 799.91
山西	2 743.4	3 235.79	2 980.78	3 706.68	4 332.92	4 442.58	4 329.69	4 163.16	3 910.44	3 813.28	4 776	5 188.71	5 242.25
内蒙古	1 306.91	1 497.54	1 750.97	1 814.35	1 907.28	1 980.76	2 007.33	2 142.51	2 386.25	2 557.45	2 857.99	3 041.13	3 140.68
辽宁	2 120.48	2 463.95	2 523.68	2 379.93	2 542.61	2 457.13	2 566.66	2 650.09	2 534.88	2 888.91	3 192.01	3 431.67	3 552.65
吉林	584.991	720.548	920.308	1 304.8	1 575.64	1 835.41	2 042	2 203.48	2 183.12	2 404.83	2 656.78	2 581.7	2 439.51
黑龙江	1 233.19	1 178.23	1 076.93	1 265.81	1 219.6	904.566	489.033	241.81	-228.53	-357.88	-595.2	-510.75	-648.62
上海	1 232.3	1 404.73	1 535.79	1 656.9	1 831.89	1 960.43	2 086.71	2 287.15	2 993.61	3 321.46	3 749.83	3 994.25	4 162.23
江苏	9 152.28	10 591.2	11 546.6	12 091.3	13 422.9	14 112	15 198.8	16 178.4	16 896.4	17 825.1	19 712	21 175.6	21 529.7
浙江	6 448.57	7 303.1	7 812	8 532.7	9 528.91	10 056.7	10 684.2	11 299.6	12 073.1	12 629.4	13 773.3	15 006.2	15 566.1
安徽	2 898.36	3 339.04	3 841.7	4 627.84	5 700.64	6 278.56	6 951.36	7 476.81	7 671.59	8 253.38	9 269.55	10 820.6	11 173.5
福建	2 875.41	3 224.8	3 638.62	4 232.03	4 921.79	5 343.18	5 804.2	6 321.66	6 675.96	7 041.46	8 024.89	9 044.09	9 600.61
江西	2 066.73	2 409.78	2 630.59	3 386.15	4 133.03	4 374.13	4 796.11	5 146.32	5 331.8	5 630.38	6 134.5	6 869.69	7 022.99
山东	7 382.66	8 658.92	9 356.26	10 595.6	11 898.9	12 666.7	13 376	13 919.7	14 552.9	15 125.7	15 770.7	16 526.7	17 510.3
河南	5 857.75	6 769.54	7 189.74	8 252.65	9 570.69	10 215.3	10 845.7	11 726	12 457.8	13 379.8	14 808.7	16 412.5	16 640.9

续表

地区	2007年	2008年	2009年	2010年	2011年	2012年	2013年	2014年	2015年	2016年	2017年	2018年	2019年
湖北	2 985.41	3 407.3	4 205.06	4 762.59	5 526.16	5 980.94	6 644.33	7 373.87	7 746.66	8 151.78	9 046.12	10 495.7	11 054
湖南	2 950.48	3 350.37	4 235.16	5 423.76	6 293.54	6 961.06	7 868.52	8 595.11	9 379.84	9 560.72	10 179.7	10 660.6	10 682
广东	9 021.57	10 329.6	11 314.3	12 075.4	13 531	14 114.4	15 398.7	16 845.5	18 217.9	19 664.6	21 870.5	23 192.7	23 944.7
广西	1 482.55	1 621.86	1 961.29	2 277.17	2 692.97	2 917.81	3 140.98	3 416.22	3 671.24	3 844.45	4 380.51	4 901.7	4 924.26
海南	107.832	108.581	129.61	203.083	233.392	289.468	353.47	375.848	389.608	338.299	409.849	481.268	495.09
重庆	1 758.58	2 111.09	2 344.94	2 824.93	3 393.57	3 683.39	4 030.59	4 445.82	4 681.23	4 923.76	5 339.48	5 427	5 525.55
四川	3 407.83	4 086.94	5 033.26	6 134.07	7 319.4	8 098.91	9 018.98	9 657.37	9 557.93	10 072.4	11 740.7	13 318.5	13 578.3
贵州	1 329.15	1 626.98	1 805.7	1 967.85	2 480.13	2 859.74	3 304.51	3 386.11	3 391.06	3 485.13	3 954.21	4 459.17	4 687.19
云南	2 067.91	2 395.16	2 636.01	3 243.41	3 703.63	4 039.87	4 557.47	4 898.57	5 063.48	5 322.63	6 012.23	6 823.69	6 963.97
陕西	2 375.46	2 884.1	3 184.86	3 677.13	4 360.64	4 769.16	5 187.11	5 519.92	5 446.65	5 533.96	6 227.1	6 823.16	6 940.42
甘肃	1 126.37	1 289.64	1 320.53	1 616.11	2 031.03	2 196.43	2 370.41	2 500.71	2 345.31	2 386.37	2 386.42	2 587.55	2 609.64
青海	312.36	378.616	390.487	433.68	510.312	542.338	576.906	604.953	682.932	757.913	798.285	851.865	861.897
宁夏	311.384	403.096	442.813	518.032	619.097	670.228	691.111	706.294	675.81	725.827	836.56	874.548	927.804
新疆	1 083.09	1 328.76	1 242.54	1 188.21	1 698.82	1 819.86	2 043.75	2 154.04	2 006.51	1 850.05	2 379.23	2 705.31	2 738.94

表 5 - 3   变量及其含义

变量性质	名称	含义
被解释变量	UNAI	农村非农产业
解释变量	LF	劳动力流动能力
	CF	资本流动规模
	TM	技术流动能力
	LM	土地流转能力
控制变量	EC	财政支出
	GDPGR	GDP 增长率

第一，劳动力的测度。城乡之间劳动力的流动，不仅是指区域内城乡之间劳动力流动，还包括区域外流入的劳动力。自改革开放至今，东南沿海地区吸收了来自中西部的大量劳动力，我国省际之间存在着大量的劳动力流动现象。考虑到这点，为了尽可能衡量劳动力要素流动对城乡一体化发展水平的影响，借鉴陈光谱（2012）测度城乡劳动力流动规模的方法，将区域人口迁移规模作为区域间劳动力流动能力的代替变量。因为迁移人口的规模是一年中流入或流出本地的外地人口，这一数值与流入或流出本地的劳动力接近，所以可以作为代替变量。其中，正负号分别表示劳动力流动的流入与流出，如表 5 - 4 所示。

区域内劳动力流动 = 区域人口机械迁移规模 = 本年末人口总量 - 上年末人口总量 - 上年末人口总量 × 本年人口自然增长率

从人口流动的方向以及流动的规模来看，大致可以分为以下三种情况。位于东部的省份，这些经济比较发达的地区如北京、上海、广东、江苏、浙江、天津等省份的测度结果大部分为正值，并且数值较大，表明人口是迁入的且规模较大。位于西部的省份，这些经济欠发达的地区如贵州、甘肃、青海等省份的测度结果绝大多数为负，表明了人口流出，值得注意的是有的省份如新疆、宁夏等测度结果均为正值，且规模呈递增状态，表明了人口净流入并且规模递增，这可能是我国政策倾向的结果。位于中部的绝大多数省份的测度结果有正有负，但总体结果还是流出较多，流出的规模也是呈现逐年减少的状态。

表5-4　人口迁移规模

单位：万人

地区	2007年	2008年	2009年	2010年	2011年	2012年	2013年	2014年	2015年	2016年	2017年	2018年	2019年
北京	69.30	88.94	82.49	95.98	48.88	40.19	36.67	26.61	12.47	-6.95	-10.16	-22.73	-5.67
天津	37.71	58.42	48.81	67.62	52.61	54.28	55.64	41.75	29.64	12.14	-9.05	1.05	-0.23
河北	-0.48	0.22	-0.72	111.01	-0.07	-0.15	-0.24	-0.32	-0.28	-0.27	0.37	-0.87	0.24
山西	-0.08	-0.11	-0.76	128.06	1.54	0.41	-0.02	-0.20	-0.19	0.44	-0.77	-0.02	-1.19
内蒙古	3.12	4.56	4.27	4.71	1.29	-1.09	-0.39	-1.92	-0.03	0.58	-0.43	-1.08	-0.53
辽宁	20.42	12.25	21.79	32.16	9.49	7.71	1.13	-0.14	-7.16	-3.21	-7.08	-906.54	896.48
吉林	0.18	-0.40	0.66	1.42	-0.80	0.01	0.12	-0.10	0.06	-19.86	-16.71	-13.97	-10.71
黑龙江	-8.52	-7.53	-6.88	-1.89	-3.10	-4.87	-1.99	-5.49	-18.71	-11.14	-8.45	-13.40	-18.21
上海	93.73	71.18	63.03	88.44	39.61	23.00	27.90	3.38	-16.92	-4.68	-8.77	1.64	0.36
江苏	49.24	21.15	28.01	36.57	9.38	1.60	-0.29	1.66	-0.11	1.16	8.48	3.56	2.21
浙江	58.20	33.13	39.57	145.24	-6.23	-11.19	-4.07	-17.54	3.19	19.14	31.02	48.79	83.81
安徽	-30.85	-22.57	-43.67	-214.21	-26.72	-21.08	0.88	10.60	18.11	8.26	7.90	28.21	3.87
福建	5.33	4.07	4.27	4.44	3.90	1.73	2.64	3.45	3.06	2.85	2.58	2.41	4.98
江西	-5.38	-2.80	-2.97	-4.18	-7.66	-16.97	-13.25	-11.70	-7.78	-7.48	-5.64	-8.26	-12.61
山东	11.17	2.07	-0.22	66.32	-0.15	0.06	-0.76	-16.34	0.10	-7.83	-42.46	-20.09	-20.00

续表

地区	2007年	2008年	2009年	2010年	2011年	2012年	2013年	2014年	2015年	2016年	2017年	2018年	2019年
河南	-78.24	22.14	10.66	-128.55	-63.38	-30.53	-44.87	-31.54	-9.56	-6.62	-30.16	-1.26	-5.30
湖北	-12.41	-3.48	-10.91	-16.86	4.78	-7.20	-8.59	-11.50	7.27	3.16	-15.99	-11.86	-15.31
湖南	-20.36	-9.45	-13.14	121.95	-17.20	-0.62	8.24	1.33	0.42	-5.75	-4.46	3.75	-2.51
广东	147.48	161.28	163.46	238.23	-0.08	15.37	-14.08	14.58	51.23	68.17	67.69	83.51	81.91
广西	9.90	6.10	-1.42	-285.88	-0.63	0.06	-0.42	-2.37	4.11	3.92	3.43	0.80	-1.56
海南	1.47	1.32	2.26	-2.80	0.13	2.15	0.22	0.23	0.19	-1.86	0.93	0.09	4.61
重庆	-2.70	12.21	9.42	18.01	24.75	14.22	14.31	10.17	14.35	17.19	14.98	16.21	12.91
四川	-65.73	-8.45	24.74	-158.58	-18.99	2.01	6.68	6.95	36.43	29.17	4.88	5.30	3.77
贵州	-82.26	-60.17	-83.62	-83.78	-32.13	-6.98	-2.66	-14.35	1.53	1.89	-0.42	-5.38	-1.27
云南	0.03	0.29	0.21	0.90	-0.41	-0.98	-0.92	-2.23	-2.35	-2.54	-2.89	-4.18	-3.24
陕西	-6.02	-5.17	-5.91	-5.89	-5.81	-4.56	-3.53	-3.61	3.51	3.18	3.32	11.88	-4.55
甘肃	-15.54	-13.68	-12.89	-10.44	-11.51	-1.62	-11.70	-6.81	-7.15	-5.66	0.19	-0.66	-0.19
青海	-0.86	-2.63	-1.63	1.14	0.28	0.28	0.36	0.05	-0.03	-0.05	0.07	0.14	0.39
宁夏	0.05	2.01	0.95	2.28	0.27	2.22	1.36	2.33	0.63	0.95	1.07	0.65	1.42
新疆	20.32	12.20	5.20	2.93	0.65	-0.21	6.28	7.64	35.85	11.43	19.13	26.75	26.69

第二，资本流动的测量。资本流动是经济增长绩效、产业结构调整以及空间布局等方面研究的重要内容，对其进行定量分析需要对资本的流动规模进行定量测度。资本的流动是有其逐利性的，投资者在进行投资时，往往会考虑风险与收益，农村地区的资本的边际生产效率是高于城市地区的，但是却并没有带来资本大量回流，足以证明农村投资的风险之高。也就是市场机制在城乡间资本配置的作用有限，更多的是政府在城乡间资本流动体制的形成中起着关键性和引导性的作用。考虑到资本流动规模测量的复杂度，笔者在此部分研究时假设不存在资本要素的省际流动，故而资本要素只在农村和城市之间转移。因此，本章从财政以及金融两个方面，并且参照陈磊等（2019）在研究资本流动强度的方法，以资本流动的强度来衡量资本的流动规模。资本流动强度 = $\dfrac{\text{地区固定资产投资总额}}{\text{地区生产总值}}$，该比值越大，说明地区经济发展越依赖投资，资本流动性也就越强。

从资本流动的整体情况来看，北京、上海、广东这些发达省份的资本流动强度的变化反而并不是很大，数值也较低；天津、山西、甘肃、内蒙古、宁夏、辽宁、吉林这几个省份的技术流动则在近十几年里有较大的波动，先呈现不断上升的趋势，后又呈现下降的趋势，并且其资本流动的强度较大，这些地区的经济发展十分依赖投资；其余省份的资本流动强度则是随时间的推移不断加深，测度数值也很高，其经济发展也十分依赖投资。我国各省份资本的流动规模情况如表5-5所示。

表5-5　　　　　　　　　资本的流动规模　　　　　　　单位:%

地区	2007年	2008年	2009年	2010年	2011年	2012年	2013年	2014年	2015年	2016年	2017年
北京	0.37	0.32	0.36	0.36	0.32	0.32	0.32	0.30	0.30	0.29	0.28
天津	0.57	0.65	0.83	0.92	0.87	0.88	0.92	0.99	1.09	1.11	0.91
河北	0.57	0.62	0.80	0.84	0.77	0.85	0.96	1.06	1.12	1.12	1.09
山西	0.48	0.49	0.69	0.68	0.65	0.76	0.92	1.02	1.19	1.19	0.42
内蒙古	0.85	0.88	1.03	1.09	1.10	1.13	1.25	1.45	1.06	1.09	0.94
辽宁	0.72	0.83	0.96	1.15	1.08	1.22	1.31	1.23	0.89	0.33	0.31
吉林	0.89	1.04	1.18	1.23	0.96	1.10	1.06	1.14	1.27	1.34	1.22
黑龙江	0.46	0.51	0.70	0.82	0.75	0.88	0.97	0.81	0.87	0.90	0.92
上海	0.34	0.33	0.32	0.29	0.25	0.24	0.24	0.24	0.24	0.23	0.22

续表

地区	2007 年	2008 年	2009 年	2010 年	2011 年	2012 年	2013 年	2014 年	2015 年	2016 年	2017 年
江苏	0.47	0.49	0.55	0.56	0.55	0.57	0.61	0.65	0.65	0.64	0.62
浙江	0.45	0.44	0.47	0.45	0.45	0.51	0.56	0.61	0.63	0.64	0.60
安徽	0.64	0.71	0.83	0.87	0.76	0.84	0.90	0.97	1.02	1.03	0.99
福建	0.46	0.48	0.50	0.55	0.55	0.62	0.68	0.73	0.79	0.78	0.78
江西	0.57	0.68	0.87	0.93	0.78	0.84	0.90	0.96	1.04	1.07	1.09
山东	0.55	0.57	0.64	0.69	0.68	0.73	0.78	0.84	0.87	0.91	0.88
河南	0.54	0.59	0.71	0.73	0.68	0.74	0.82	0.89	0.96	1.00	0.99
湖北	0.46	0.49	0.60	0.63	0.63	0.69	0.76	0.81	0.88	0.90	0.87
湖南	0.45	0.49	0.60	0.62	0.63	0.68	0.76	0.82	0.88	0.92	0.94
广东	0.29	0.30	0.34	0.34	0.32	0.33	0.36	0.39	0.41	0.41	0.41
广西	0.54	0.58	0.74	0.83	0.78	0.87	0.96	1.02	1.10	1.13	1.15
海南	0.41	0.48	0.61	0.65	0.67	0.77	0.87	0.90	0.92	0.95	0.94
重庆	0.66	0.67	0.78	0.83	0.74	0.75	0.80	0.84	0.89	0.89	0.87
四川	0.53	0.56	0.80	0.76	0.68	0.71	0.77	0.81	0.84	0.87	0.84
贵州	0.52	0.53	0.63	0.69	0.75	0.85	0.92	0.98	1.04	1.12	1.14
云南	0.54	0.57	0.69	0.71	0.65	0.71	0.78	0.82	0.90	0.98	1.02
陕西	0.60	0.64	0.78	0.81	0.77	0.85	0.94	0.99	1.04	1.09	1.11
甘肃	0.49	0.56	0.72	0.80	0.82	0.95	1.09	1.21	1.34	1.40	0.79
青海	0.67	0.65	0.85	0.89	1.05	1.23	1.38	1.55	1.60	1.56	1.58
宁夏	0.68	0.73	0.85	0.92	0.85	0.98	1.14	1.28	1.36	1.36	1.17
新疆	0.53	0.55	0.64	0.64	0.71	0.83	0.92	1.02	1.16	1.07	1.08

第三，技术流动的测量。农业技术水平的提高是实现农业现代化与城乡统筹发展的关键，农业技术水平的提高主要来源于两个方面：一方面是城市创造的农业新技术；另一方面是非农产业向农业的技术转移。从要素流动的角度来说，无论是劳动力的流动还是资本的流动都是比较局限的，只能在某一时点和空间转移。但技术可以在多时点和多空间中流动扩散。一般而言，技术由发达地区向欠发达地区扩散，欠发达地区引入技术后，通过"干中学"和引进—吸收—再创新，从而发挥技术红利效应，促进地

区经济增长，最终实现经济趋同发展。城市向农村的这种技术扩散可以从农村机械总动力间接地表现出来，农村机械总动力表明了一个农村地区的机械化程度，计算公式为：

技术流动能力 =（该年农村机械总动力 – 基期农机总动力）/该年农村机械总动力（以 1978 年为基期）

该值越大，说明技术扩散的程度越深，那么技术流动就越强。总体来看，我国各省份技术扩散的情况较为平稳，如表 5 – 6 所示。

表 5 –6   技术流动能力

地区	2007年	2008年	2009年	2010年	2011年	2012年	2013年	2014年	2015年	2016年	2017年	2018年	2019年
北京	0.37	0.29	0.30	0.31	0.29	0.22	0.09	0.03	– 0.02	– 0.31	– 0.42	– 0.51	– 0.54
天津	0.70	0.69	0.69	0.69	0.69	0.68	0.67	0.67	0.67	0.61	0.61	0.48	0.49
河北	0.88	0.89	0.89	0.89	0.90	0.90	0.90	0.90	0.90	0.85	0.86	0.86	0.86
山西	0.81	0.82	0.83	0.84	0.84	0.85	0.85	0.86	0.86	0.73	0.66	0.68	0.70
内蒙古	0.91	0.93	0.93	0.94	0.94	0.94	0.94	0.95	0.95	0.94	0.95	0.95	0.95
辽宁	0.69	0.71	0.72	0.74	0.75	0.77	0.77	0.78	0.79	0.73	0.73	0.74	0.75
吉林	0.80	0.81	0.83	0.84	0.86	0.87	0.88	0.88	0.89	0.89	0.90	0.90	0.91
黑龙江	0.81	0.83	0.85	0.86	0.87	0.89	0.89	0.90	0.90	0.91	0.91	0.91	0.92
上海	– 0.91	– 0.96	– 0.88	– 0.80	– 0.77	– 0.66	– 0.65	– 0.59	– 0.57	– 0.53	– 0.53	– 0.99	– 0.91
江苏	0.75	0.77	0.78	0.78	0.79	0.80	0.81	0.82	0.82	0.83	0.83	0.83	0.83
浙江	0.83	0.83	0.84	0.84	0.84	0.84	0.84	0.84	0.83	0.82	0.81	0.80	0.79
安徽	0.88	0.89	0.89	0.90	0.90	0.91	0.91	0.91	0.92	0.92	0.91	0.92	0.92
福建	0.84	0.85	0.86	0.86	0.87	0.87	0.87	0.88	0.88	0.87	0.86	0.86	0.86
江西	0.90	0.91	0.92	0.93	0.94	0.94	0.94	0.88	0.89	0.89	0.89	0.89	0.89
山东	0.89	0.90	0.90	0.91	0.91	0.91	0.91	0.92	0.92	0.89	0.89	0.90	0.90
河南	0.89	0.90	0.90	0.90	0.91	0.91	0.91	0.92	0.92	0.90	0.90	0.90	0.91
湖北	0.76	0.78	0.80	0.82	0.83	0.84	0.85	0.86	0.86	0.85	0.86	0.86	0.86
湖南	0.88	0.89	0.90	0.91	0.91	0.92	0.92	0.92	0.93	0.93	0.93	0.93	0.93
广东	0.70	0.73	0.75	0.76	0.77	0.78	0.78	0.79	0.79	0.77	0.77	0.77	0.77
广西	0.85	0.87	0.88	0.89	0.90	0.90	0.90	0.91	0.92	0.91	0.91	0.92	0.92

地区	2007年	2008年	2009年	2010年	2011年	2012年	2013年	2014年	2015年	2016年	2017年	2018年	2019年
海南	0.88	0.89	0.90	0.91	0.91	0.92	0.92	0.92	0.92	0.92	0.93	0.93	0.93
重庆	0.88	0.89	0.90	0.91	0.91	0.91	0.92	0.92	0.92	0.92	0.93	0.93	0.93
四川	0.82	0.83	0.84	0.85	0.87	0.88	0.88	0.89	0.90	0.89	0.90	0.90	0.90
贵州	0.92	0.93	0.93	0.94	0.94	0.95	0.95	0.95	0.96	0.95	0.95	0.95	0.96
云南	0.87	0.88	0.89	0.90	0.91	0.92	0.92	0.92	0.93	0.93	0.93	0.91	0.91
陕西	0.76	0.78	0.80	0.81	0.83	0.84	0.85	0.85	0.86	0.83	0.83	0.84	0.84
甘肃	0.80	0.81	0.83	0.84	0.85	0.86	0.87	0.88	0.88	0.84	0.85	0.85	0.85
青海	0.85	0.85	0.86	0.87	0.88	0.88	0.87	0.88	0.88	0.89	0.89	0.89	0.89
宁夏	0.89	0.89	0.90	0.91	0.91	0.91	0.91	0.91	0.92	0.88	0.89	0.89	0.89
新疆	0.87	0.88	0.89	0.90	0.91	0.92	0.92	0.93	0.93	0.93	0.94	0.94	0.94

第四，土地流动的测量。土地要素在所有要素中，是较为特殊的一个要素。基于土地不可再生、不可流动的天然属性，以及我国特有的农情，我国的土地政策一直施行严格的限制，这种制度性的因素加剧了城乡土地市场的割裂。近年来，我国一直致力于城乡区域的协调发展，做出了不懈的努力，其中"土地流转"应运而生，是构建城乡统一建设用地市场的重要举措。土地流转是指土地使用权流转，拥有土地承包经营权的农户将土地经营权（使用权）转让给其他农户或经济组织，即保留承包权、转让使用权、发展农业规模经营。在本章中，以农业农村部最新公布的农村土地流转率这一指标用于衡量土地流转强度，替代土地流动能力。

$$土地流转率 = \frac{家庭承包耕地流转总面积}{家庭承包经营的耕地面积}$$

各省份土地流转率如表 5-7 所示。总体来看，我国各省份土地流转情况差异还是较为明显的，但土地流转率均在逐年递增：北京、上海、天津、江苏、浙江、湖南的土地流转率是最高的，且初始的土地流转率便处于一个较高的水平；其次是四川、吉林、安徽、山东、广东、山西、广西、新疆、江西、河北、河南、江西等省份的土地流转率，缓步上升；其余各省份土地流转率并不高，但也在缓步上升。

表 5 – 7　　　　　　　　　　　各省份土地流转率

地区	2007年	2008年	2009年	2010年	2011年	2012年	2013年	2014年	2015年	2016年	2017年	2018年	2019年
北京	0.05	0.06	0.46	0.46	0.46	0.48	0.49	0.52	0.57	0.60	0.63	0.67	0.70
天津	0.10	0.11	0.13	0.15	0.17	0.18	0.21	0.31	0.33	0.46	0.48	0.46	0.49
河北	0.02	0.02	0.04	0.08	0.12	0.13	0.17	0.23	0.28	0.31	0.33	0.37	0.34
山西	0.02	0.02	0.04	0.08	0.12	0.13	0.14	0.16	0.16	0.17	0.17	0.18	0.16
内蒙古	0.02	0.09	0.11	0.14	0.16	0.18	0.21	0.29	0.32	0.36	0.37	0.39	0.39
辽宁	0.02	0.02	0.04	0.06	0.08	0.10	0.16	0.26	0.32	0.35	0.38	0.36	0.35
吉林	0.03	0.08	0.10	0.10	0.10	0.14	0.18	0.24	0.26	0.32	0.37	0.40	0.39
黑龙江	0.10	0.20	0.22	0.26	0.30	0.36	0.44	0.50	0.53	0.50	0.52	0.54	0.56
上海	0.50	0.51	0.55	0.59	0.58	0.60	0.66	0.71	0.74	0.75	0.75	0.86	0.87
江苏	0.10	0.13	0.29	0.34	0.41	0.48	0.57	0.58	0.60	0.60	0.61	0.60	0.59
浙江	0.23	0.28	0.35	0.39	0.40	0.43	0.453	0.48	0.50	0.54	0.57	0.58	0.61
安徽	0.04	0.09	0.11	0.15	0.19	0.26	0.33	0.41	0.47	0.47	0.46	0.47	0.49
福建	0.09	0.11	0.14	0.17	0.19	0.22	0.25	0.28	0.30	0.34	0.36	0.35	0.34
江西	0.06	0.09	0.10	0.13	0.14	0.18	0.24	0.29	0.30	0.31	0.36	0.43	0.46
山东	0.01	0.06	0.06	0.08	0.10	0.12	0.17	0.23	0.26	0.31	0.34	0.38	0.42
河南	0.02	0.05	0.09	0.14	0.21	0.27	0.33	0.37	0.40	0.37	0.38	0.38	0.36
湖北	0.03	0.068	0.09	0.11	0.15	0.19	0.26	0.33	0.37	0.40	0.45	0.42	0.39
湖南	0.08	0.16	0.20	0.21	0.24	0.26	0.29	0.31	0.37	0.40	0.43	0.46	0.49
广东	0.14	0.15	0.21	0.24	0.26	0.29	0.29	0.29	0.29	0.29	0.40	0.37	0.39
广西	0.05	0.05	0.06	0.09	0.10	0.12	0.13	0.17	0.19	0.20	0.23	0.22	0.24
海南	0.03	0.02	0.02	0.03	0.03	0.05	0.05	0.06	0.05	0.07	0.10	0.10	0.06
重庆	0.16	0.25	0.32	0.36	0.38	0.36	0.38	0.40	0.41	0.42	0.43	0.44	0.44
四川	0.12	0.13	0.15	0.17	0.18	0.20	0.23	0.25	0.28	0.34	0.37	0.31	0.30
贵州	0.03	0.04	0.09	0.11	0.14	0.15	0.20	0.25	0.28	0.21	0.23	0.24
云南	0.03	0.05	0.07	0.09	0.11	0.13	0.15	0.17	0.18	0.20	0.21	0.13	0.10
陕西	0.02	0.02	0.06	0.07	0.09	0.10	0.12	0.16	0.18	0.22	0.25	0.27	0.26
甘肃	0.01	0.02	0.03	0.04	0.08	0.10	0.16	0.20	0.23	0.25	0.26	0.24	0.23
青海	0.02	0.07	0.10	0.12	0.14	0.16	0.18	0.19	0.22	0.24	0.28	0.27	0.25
宁夏	0.03	0.06	0.07	0.10	0.14	0.17	0.21	0.23	0.26	0.27	0.28	0.22	0.19
新疆	0.05	0.07	0.10	0.10	0.12	0.15	0.16	0.18	0.18	0.20	0.21	0.24	0.27

　　资料来源：历年的中国农村经营管理统计年报以及全国农村经济统计情况，缺失数据已用线性插值补全。

二、协整分析与向量误差修正模型

本章选取面板数据的协整分析和向量误差修正模型（PECM）来研究要素流动对农村非农产业的影响，向量误差修正模型可以检验三种因果关系类型：短期因果、长期因果、强因果，符合研究目的。构建模型的具体过程如下。

首先建立一般的模型：

$$UNAI_{it} = \alpha_i + a_1 LM + a_2 TM + a_3 LF + a_4 CF + u_{it} \qquad (5.1)$$

其中，$UNAI_{it}$为农村非农产业产值，这里取其对数进行研究，$a_{1,2,3,4}$分别为劳动力、技术、土地、资本的流动能力。$i = 1, 2, 3, \cdots, N$为各个省份，$t = 1, 2, 3, \cdots, T$为样本年度。α_i为截距项，u_{it}为随机扰动项。

进一步地，本章根据边界协整检验（Pesaran et al., 1999）的方法以及使用面板的自回归滞后分布模型（ARDL），其最佳滞后系数都取 1，即 ARDL（1, 1, 1），该模型可以很好地描述面板数据的误差修正模型。那么相应的分布滞后自回归模型（ARDL（1, 1, 1））为：

$$UNAI_{it} = k_0 UNAI_{i,t-1} + b_1 LM_{i,t} + b_2 LM_{i,t-1} + b_3 TM_{i,t} + b_4 TM_{i,t-1} + b_5 LF_{i,t}$$
$$+ b_6 LF_{i,t-1} + b_7 CF_{i,t} + b_8 CF_{i,t-1} + \varepsilon_{it} \qquad (5.2)$$

基于 ARDL（1, 1, 1）模型可以得到动态的面板误差修正模型（PECM）。解释变量与被解释变量的影响关系程度和类型的检验则都可以通过面板误差修正模型（PECM）来具体确定，构建如下面板误差修正模型：

$$\Delta UNAI_{it} = b_i^0 ECM_{i,t} + b_i^1 \Delta LM_{i,t} + b_i^2 \Delta TM_{i,t} + b_i^3 \Delta LF_{i,t} + b_i^4 \Delta CF_{i,t} + \varepsilon_{it}$$
$$(5.3)$$

其中，$ECM = UNAI_{i,t-1} - a_i^1 LM_{i,t} - a_i^2 TM_{i,t} - a_i^3 LF_{i,t} - a_i^4 CF_{i,t}$为误差修正项，$b_i^0$为误差修正速度，若$b_i^0 = 0$表明不存在长期关系，若$b_i^0 < 0$则表明存在误差修正机制；$a_i^1$、$a_i^2$、$a_i^3$、$a_i^4$反映了农村非农产业与各要素流动之间的长期关系，表示劳动力要素流动、技术要素流动、土地要素流动、资本要素流动的弹性系数；b_i^1、b_i^2、b_i^3、b_i^4反映了农村非农产业与各要素之间的短期关系。

三、实证结果分析

在对本章的面板数据进行分析时，有三个方面值得注意：一是面板数据中变量的非平稳性问题；二是变量之间可能存在虚假回归问题；三是变量之间是否存在协整问题。因此，对于这种类型的数据需要进行各种检验。首先是面板单位根检验，在数据的时间跨度较短的情况下，面板数据的单位根检验是要比时间序列的检验更为精确可靠的。其次是进行面板协整检验，最后才是建立面板的误差修正模型，从而实现对长期均衡关系和短期动态调整系数的估计。本章按照这种检验顺序逐一进行分析。

（一）面板单位根检验

目前两种使用最为广泛的面板单位根检验方法分别是 LLC 检验和 IPS 检验，这两种检验方法最主要的区别在于 LLC 假定面板数据是均质的，而 IPS 则允许面板异质性的存在，本章选取了这两种检验方法对面板数据及其一阶差分进行单位根检验，其滞后阶数根据 BIC 准则选取，包含截距项与时间序列项，结果如表 5 - 8 所示。

表 5 - 8 　　　　　　　　　面板单位根检验结果

变量	LLC 检验		IPS 检验	
	统计量	P 值	统计量	P 值
lnUNAI	- 3. 8665	0. 0001	3. 3464	0. 9996
LM	- 0. 3243	0. 3729	3. 3903	0. 9997
TM	1. 8251	0. 9660	3. 5552	0. 9998
LF	2. 5e + 16	1. 0000	- 11. 0205	0. 0000
CF	0. 6286	0. 7352	4. 5522	1. 0000
ΔlnUNAI	- 7. 9611	0. 0000	- 2. 9028	0. 0018
ΔLM	- 4. 8444	0. 0000	- 2. 6107	0. 0045
ΔTM	- 1. 8670	0. 0310	- 3. 5648	0. 0002
ΔLF	- 10. 2167	0. 0000	- 9. 9371	0. 0000
ΔCF	- 7. 1816	0. 0000	1. 1251	0. 8697

综合单位根检验结果，不论是 LLC 检验还是 IPS 检验，LM、TM、CF 均接受了原假设，不存在单位根，是非平稳的数据；LF 在 LLC 检验中接受了原假设，是非平稳的；lnUANI 在 IPS 检验中，接受了原假设，不存在单位根，是非平稳的数据；其一阶差分后 ΔlnUNAI、ΔLM、ΔTM、ΔLF、ΔCF、ΔGDPGR 均在 5% 的置信水平上拒绝了原假设，认为面板数据平稳，则可以说本章中主要变量 lnUANI、LM、TM、CF、LF 的面板数据是非平稳的，并且都是一阶单整的，故而猜测要素流动的各解释变量与城乡一体化水平之间存在协整的关系。这就需要先用协整检验来确定变量之间的长期关系，在此基础上，利用向量误差修正模型（VECM）进行来进一步探索要素流动与农村非农产业的关系。

（二）面板协整检验

佩德罗尼（Pedroni）的协整检验能够解决面板异质性问题，因此本章中采用了这一方法。基于单位根检验的结果，运用佩德罗尼（1999）的方法，对全国各省份的数据进行了协整检验。为了避免遗漏变量所引起的回归误差，分别对考虑加入控制变量和不加入控制变量进行协整检验。至于对控制变量的选取，选择了财政支出与 GDP 增长率两个指标协整检验结果如表 5 - 9 所示。

表 5 - 9 协整检验结果

项目	不加入控制变量		加入控制变量	
	统计量	p 值	统计量	p 值
群 p 值	9. 0313	0. 0000	10. 3010	0. 0000
群 pp 值	− 15. 2633	0. 0000	− 34. 7538	0. 0000
群 ADF	− 32. 1315	0. 0000	− 36. 8625	0. 0000
面板 v 值	− 8. 6969	0. 0000	− 10. 0567	0. 0000
面板 p 值	11. 0395	0. 0000	8. 1664	0. 0000
面板 pp 值	− 19. 7139	0. 0000	− 28. 7922	0. 0000
面板 ADF	− 24. 7257	0. 0000	− 21. 6218	0. 0000

由协整检验结果可知，所有的 p 值均在 5% 的显著水平上拒绝不存在协整关系的原假设，故而是存在协整关系的，即协整分析表明各个要素流动

与农村非农产业之间存在长期均衡关系，因而可以进一步利用误差修正模型（VECM）进行长短期变量间关系的分析。

（三）面板误差修正模型

根据各个截面的长期和短期系数的不同进行以下分类。

pmg：各个截面的长期系数相等，但是误差修正速度和短期动态系数具有截面异质性，估计方法为最大似然估计（MLE）；

mg：各个截面的长期和短期系数均不相同，存在完全异质性，类似于最小二乘法（OLS）估计方法，分别估计 N 个时间序列，取它们的平均值；

dfe：各个截面有相同的长短期系数，使用的估计方法是 MLE；

dfe_cluster：假设各个截面具有相同的长短期系数，但它考虑了截面之间的相关性。

利用豪斯曼检验筛选出合适的误差修正模型。利用 stata 软件得出具体结果如表 5 – 10 所示。通过豪斯曼检验发现，在 mg、pmg 以及 dfe 之间，pmg 是最佳估计量，这说明在要素流动与农村非农产业之间，pmg 是最好的估计方法，这也表明各个截面之间的长期系数和短期系数均为异质的。每个地区的农村非农产业与要素的流动等呈现系统性的差别，这种差别不仅会影响回归的截距项，还影响着农村非农产业对要素流动的敏感程度。由此可见，区际要素流动与配置对农村非农产业的深刻影响，由误差修正模型的输出结果还表明了这种影响包括长期的动态均衡与短期的调节。

表 5 – 10　　　　　　　　　　面板误差修正模型结果

项目	(1) pmg	(2) mg	(3) dfe	(4) dfe_cluster
对本地区的影响系数				
土地流转能力	6 691.0 *** (9.27)	6 606.9 (1.27)	14 791.6 (1.81)	14 791.6 (1.50)
技术流动能力	105 070.6 *** (14.70)	13 729.6 (0.66)	3 390.9 (0.29)	3 390.9 (0.21)
劳动力流动能力	65.34 *** (15.98)	82.16 (1.31)	5.653 (0.25)	5.653 (0.17)
资本流动规模	– 7 347.9 *** (– 12.29)	1 809.2 (0.37)	9 131.1 (1.37)	9 131.1 (0.79)

续表

项目	(1) pmg	(2) mg	(3) dfe	(4) dfe_cluster
短期效应				
误差修正系数	-0.0208 (-0.69)			
土地流转能力	1 297.5 (0.83)	-65 540.3 (-0.93)	-318.0 (-0.71)	-318.0 (-0.72)
技术流动能力	10 023.7 (1.02)	-7 608.0 (-0.14)	-47.27 (-0.06)	-47.27 (-0.06)
劳动力流动能力	7.010 (1.01)	-46.87 (-0.76)	-0.190 (-0.48)	-0.198 (-0.44)
资本流动规模	-2 091.4* (-2.18)	-37 020.7 (-1.26)	-653.3*** (-4.15)	-653.3** (-2.70)
误差修正系数		9.353 (0.88)		
误差修正系数			0.239 (1.72)	
误差修正系数				0,0239 (0.81)
常数	-1 805.6 (-0.72)	-53 780.0 (-1.06)	651.6** (3.01)	651.6* (2.25)
N	300	300		

注：括号中为 t 统计量。*** 、** 、* 分别表示在1%、5%、10%的水平上显著。

实证结果表明了农村的非农产业发展其实与各要素流动与重新配置息息相关，劳动力、技术、土地以及资本作为影响区域发展的基本生产要素，其在区际的流动深刻影响着农村非农产业的发展。因此，调节区际要素流动的速度与规模是调整的重要内容。

从长期来看，劳动力和技术与土地流转对农村非农产业的发展存在显著的正向影响，即劳动力、技术流动和土地流转的能力以及规模越大，越有利于农村的非农产业发展。其中技术的流动对农村的非农产业的影响很大，其系数 $a_1^2 = 105\ 070.6$。资本要素的流动弹性系数 $a_1^4 = -7\ 347.9$，这说明资本要素流动对城乡一体化发展的影响是显著负向的，在限制着非农产业的发展。

从短期来看，短期的误差修正系数为 -0.0208，p 值为 0.492，说明了要素流动在短期对城乡一体化的负向的调整速度并不明显。但是在短期内，无论是哪个模型，资本要素的流动都显著影响着城乡一体化水平，并且是负向的；其余的要素流动则在短期内对城乡一体化水平的影响并不是很显著。

四、要素流动对农村产业的影响机制

基于以上实证分析，进一步分析其中的机理与原因。

从劳动力的流动来看。宏观来看，我国拥有大量的农村剩余劳动力，耕地面积也在不断减少：各省份城乡间人口流动的强度其实在逐年递减，是由于近年来城市发展的压力骤增，就业吸纳能力的减弱，并且户籍制度、土地制度等对城乡间劳动力流动的限制；虽然仍有相当规模的"农民工"活跃在城市的各条战线，但农村大量的剩余劳动力不可能都向城市进军。这意味着农村拥有的大量劳动力剩余必须在农村实现就地消化和转移，从而为农村非农产业的发展提供了丰富的劳动力资源，促进了农村的非农产业发展。农村剩余劳动力的持续增加与耕地面积的不断减少是农村非农产业发展的直接动因。农村的非农产业发展，又为农村劳动力提供了广阔的就业场所和较为稳定的职业与经济收入，有效地减轻了剩余劳动力都涌向大中城市就业的压力。

从土地流转的角度来看。土地要素有着不可再生、不可流动的天然属性，我国特有的农情及土地制度，衍生出了"土地流转"的策略。实证结果中的土地流转相对于其他要素的流动对农村非农产业的发展影响较小，表明土地流转对农村非农产业有促进作用的同时，也说明我国城乡之间的土地流转市场还不完善，对要素的重新配置以及生产效率的提高作用有限。非农产业发展的本质是将农民从土地中解放出来，从事工商业。而土地要素是农民所拥有的最根本的生产要素，土地流转就像一个杠杆，一边连着农业经济，另一边连着非农业经济，通过土地流转的连接与联系，非农产业的成长与农户的利益渗透其中，土地流转的方向也涉及非农产业和农户：土地流转到企业中，企业的规模发展壮大；土地流转到其他农户手中，从而促进了农村土地规模化经营和专业化生产。非农产业与土地流转其实更应是相互促进、相互协调、相互制约的关系，共同推进农村经济的可持续发展，不断提高广大农民的生产生活水平，发展农村生产力。

从技术流动的角度来看。实证结果表明，技术水平的流动扩散不仅是农村非农产业发展的持久动力，而且会对非农产业技术产生长期作用。但是技术流动对农业非农产业的短期效应并不明显，反而是资本要素的流动对农村非农产业的短期效应比较明显。这是因为农村的非农产业集聚度远远不及城市的非农产业集聚度，重大的技术创新往往产生于城市，在短期中发生城市向农村的技术扩散，产生直接的知识、技术外溢效应的更应该是农村的主力产业即农业产业，对农村的非农产业的影响甚微；长期是影响农村非农产业发展的关键因素，是城乡之间较为稀缺的要素。当前，技术已经成为衡量一个国家或区域核心竞争力的关键因素。而农村产业结构仍以第一产业为主，且生产技术落后；小农生产方式生产能力差、规模小、技术更新能力弱，与现代化农业发展相距甚远。反观城市，早已建立了现代企业为主的生产管理方式，规模效益突出、市场反应迅速。

从资本流动的角度来看。"无工不富，无商不活"，非农产业是吸引、聚集资金的有效载体，引导农村小额资本及其他资金向农村聚集，使得农村可以通过产业的开发，促进本地资源加工增值和流通增值等，可以从根本上改变农村传统的经济格局与产业格局，走上快速积累和快速发展的道路。而实证结果中，无论是长期还是短期，资本要素的流动对农村的负向影响，说明目前资本要素流动对农村非农产业发展的限制，也是由于资本流动具有层次性，不同的投资主体所进行的不同决策，引致了不同的投资效果。政府投资的目的显然不是为了盈利，而是为了增进全体国民的福利，国家特殊制度甚至倾向性的制度安排，诸如财税安排、土地制度，改变了要素流动的方向，甚至是破坏了市场机制的配置，这是难以预估的。而企业投资具有一定的前瞻性、科学性、计划性，因为企业的投资决策伴随着系统的风险控制、市场评估、实地调研以及投资后的效果评价等，而我国农村投资的复杂度以及风险性是比较高的，很明显企业投资的主要阵地还是经济发达的城市区域，这就导致了资本流动的效应对于农村非农产业发展的局限，资本这一要素的流动必然是未来振兴乡村的重点所在。

第四节　城乡一体化协调机制的构成

城乡融合的协调机制是对接动力机制而提出的，其主要作用是协调动力机制的作用，提高乡村自身的发展水平以实现与城市经济发展外延的匹配。设计协调机制作用的难度在于其既要克服市场机制作用下对乡村发展不利的因素，又要发挥市场机制本身具有的推动城乡融合的作用，因而在制度设计、政策制定上需要考量诸多因素。

协调机制包含四大子系统，要素子系统、产业组织子系统、政策子系统和制度子系统，各子系统相互作用、相互制约。

要素子系统包含土地、资本、劳动、技术四大类生产要素及其相互之间的互动关系，它是协调机制运作的基础，生产要素是产业发展的物质基础，同时，一定的要素保有量是市场主体进行市场交易的前提，没有足够数量的优质要素，就谈不上乡村产业振兴。要素子系统将要素输送给产业组织内部的各个主体供其组织生产活动，而要素的数量和质量也影响产业组织的生产规模和生产效率。要素的流动受政策和制度的影响，政策的注地效应越明显越有利于要素集聚，制度壁垒越弱越有利于要素的城乡转移，而且制度越完善要素流动越有序稳定。

产业组织子系统包含服务经营体系、生产经营体系及其各自的内部关系，还包含不同主体之间的要素交换关系。产业组织子系统是协调机制的主体，具有自主行动的能力。产业组织子系统是要素的载体，同时还是要素子系统的引擎，有了产业组织的引导与安排，要素才能进入生产过程。产业组织子系统还是政策和制度作用的对象，政策和制度通过影响产业组织子系统的行为影响要素流向和要素生产率。产业组织自身也参与制度建设，具体的制度规定需要产业主体去落实。产业组织的不断发展会造成既有的制度政策体系与其不适应，反过来促进政策子系统和制度子系统的变革。制度与政策还可以通过影响要素子系统的运行效果，间接地作用于产业组织子系统。

政策子系统主要包括促进要素集聚以及支持和规范产业组织发展的一

系列政策，具有指向性；制度子系统则涉及产权关系、产业组织、经营工作等方面的规定和程序等具体项目，具有稳定性。政策子系统与制度子系统不是重合的，但又不能完全分开。政策的实施往往也是为了制度建设和调整，制度的建设也往往是政策实施的目标，还对政策效果发生作用。在协调机制中，政策制定的主体是政府，作用的对象是产业组织和生产要素；而制度设计的主体也是政府，但需要产业组织的参与才能搭建完整的制度体系。由此可见，政策像是外部动力，其发生作用的时间相对较短，而且便于调整；而制度更像是一个稳定的框架，发挥长效作用并具有自动稳定的功能。

四大子系统相互影响、共同作用，服务于乡村端传统产业巩固、特色优势产业发展、新兴产业培育和三次产业融合，实现乡村自身的发展，与城市的产业转移、市场规模、空间布局等形成对接，双方功能互补、优势互促，构成城乡融合发展的协调机制。四大子系统的关系如图 5 - 3 所示。

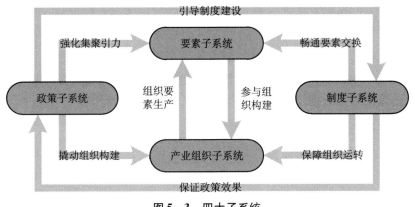

图 5 - 3　四大子系统

一、要素子系统

（一）劳动力

在协调机制的要素子系统中，劳动力是形态变化最大的生产要素。在传统上，劳动力要素主要以体力劳动的形态投入生产，而随着技术进步、资本积累和产业结构的调整，简单重复的劳动得以由实物形态的资本完成，而设计、营销、管理等软性环节的地位越来越突出，即脑力形态的劳动投入比重会越来越大。而由于知识创造的中心在城市，农村地区劳动力受到的知识溢出效应比较微弱或具有明显的滞后性，从而使农村的劳动力存量不能适应产业发展对劳动投入形态变化的要求。这就对协调机制中的人力资本政策提出了新的要求，即重点解决劳动力要素结构性短缺的问题。

劳动力是农业生产的传统要素，在推动农业产业化的过程中，由于资本和技术等现代要素的集中投入，所需劳动力数量会大幅度减少。以消费型服务业为代表的这些相对劳动密集的行业成为吸纳劳动的主要领域，现代化产业也对劳动力素质提出了新的要求，这就加剧了农村劳动力的结构性不足问题，即农村存在大量的劳动人口，但满足现代产业发展要求的劳动力数量却不多。从另外角度来讲，有些村民或许掌握了某种有价值的技能，但限于自身的多重身份而无法转移，又不能在本村找到可以发挥自身优势的工作，从而造成了有潜在价值的劳动力的浪费。因此，在设计政策体系的过程中，既要设法促进与需求结构相适应的农村劳动力存量的增长，又要发掘本村劳动的潜在价值，以劳动供给创造劳动需求，为这类优质劳动力提供就业平台。

（二）资本

资本是经济起飞过程中最重要的生产要素。首先，资本是技术的依托，通常表现为生产工艺与机器设备等实物形态的资本的结合，技术进步的成果需要固化于资本上，使得技术的作用可以连续地体现，而且由于实物资本的可复制性，新的技术得以被大规模推广，从而能够极大地提高人类社会的生产能力；生产的扩张不断推动着技术的进步，技术又借助实物形态资本在更长的时间和更广的空间中发挥作用，循环推动技术进步和生产发展。其次，资本力量会推动组织化，由于资本具有逐利性，资本的代言者要最大限度地提高生产效率，从而推动了集分工、合作于一身的高效组织的产生，同时也增强了资本的力量和规避市场风险的需要，推动着资本之间进行联合，从而促进了股份制、公司制等现代企业组织形式的产生。

资本分为农业产业资本、工商业产业资本和金融资本。农业产业资本包括一切用于农业生产投入的实物和货币形态的资本，包括农户用于租地、买种、雇工的资金和待售的农产品以及已经沉淀在土地之上的农业基础设施等；工商业产业资本包括一切用于工商业生产投入的实物和货币形态的资本，包括厂房、机器设备，在售产品、在途商品、库存商品以及营运资金等；金融资本主要指信用贷款、财政补贴和直接融资等。

我国农村的普遍现状是，虽然长期用于农业且沉淀在土地上的农业基础设施形态的资本并不缺乏，但是无法满足农业机械化、规模化经营对农业资本存量的要求；虽然集体所有制经济有所发展，但由于在市场竞争中长期处于劣势地位而大量破产，仅存的工商业产业资本也不能再形成生产能力，成为"死资产"；此外，农村经营主体由于规模小、抗风险能力弱而在融资过程中易受到不利偏向的影响，导致其缺乏足够的资本在当地发展产业。

农业规模化、现代化和乡村工业化，其实质都是一个资本密集程度逐渐加强的过程，但历史原因和现实原因导致的农村资本存量不足问题阻碍了农业规模化、现代化和工业化的进程。农村地区产业发展基础薄弱，决定了农村资本短缺的状况不可能在短期内得到改善，因此，农村产业要想实现发展就必须借助外部资本的力量，通过集体与资本合作经营来加快乡村优势资源的开发，在这个过程中，村集体通过资源入股、参与分配的方式来实现自身的资本积累，为乡村产业的进一步发展提供条件。

（三）土地

土地是农村地区的基础生产要素，既是传统农业生产最基本的生产要素，又是相关要素的空间载体。就土地与其他要素之间的关系而言，土地为其他生产要素提供了空间，土地可以直接承接资本和吸收劳动力，又因为技术往往结合着实物形态的资本或者劳动力，所以土地也是技术要素的空间载体。同时，由于资本的沉淀、劳动者的开发活动以及相应技术的不断进步，土地自身的条件也得以改善。

乡村土地主要分为农用地、村民宅基地和集体经营性建设用地三类，此外还有生态用地。农村中土地都是集体所有的，因此，在谈到土地要素的时候，主要涉及的是农用地承包经营权、宅基地使用权以及集体经营性建设用地的产权。

具体来讲，农地流转主要服务于农业规模化生产和以农业为依托的产业融合，通过农地流转，在保持承包权不变的条件下，农地经营权可以向少数新型经营主体集中，能够有效地摊薄大型农机、灌溉设施的使用成本，有利于推动农业规模化经营、提高耕种的品质，也可以有效地巩固传统大宗作物的生产；在生产率提高的情况下，只需少于原来用量的耕地，就可以保障小麦、大豆、玉米、棉花、糖料等大宗作物的生产，节约出来的农地则可以依托当地资源环境特征发展特色种养殖业，这样一来，以农产品产加销一体化和休闲农业为主要模式的乡村产业融合发展就有了基础，乡村产业发展的空间将更广。宅基地流转是优化土地空间布局的有效手段。宅基地使用权流转后由乡镇政府进行综合整治实现集约化利用，节约的宅基地可以通过土地置换的方式转化为经营性建设用地，集体建设用地数量的增加为承接城市产业转移和开办乡镇企业提供了空间，这是农村地区发展非农产业和新业态经济、加快资本下乡和资本内生积累的重要条件。生态用地是城乡系统生态安全和可持续发展的保障，需要严格保护或有限制地进行开发，生态用地产生的价值可以通过生态补偿机制予以补偿，以确保乡村地区生态功能的持续发挥。

（四）技术

技术进步的重要性在于其可以对其他要素进行深度开发，从而在土地、资本、劳动力数量保持不变的情况下引致总产出增长，技术对增长的贡献表现为全要素增长率。技术进步也是产业结构变化的推动力，一方面是因为技术进步促进分工，能够使传统生产活动的一个环节或一个方面独立出来，形成一个新的行业部门；另一方面是因为技术进步拓宽了人类生产活动的领域，能创造出过去没有的行业部门。

按照技术存在的形态，技术可以分为与实物资本相结合的、以物质形态存在的生产工艺、流程、标准等，以及与劳动力相结合的、以知识形态存在的技能、经验等。按照技术作用的领域，可以将其分为农业生产技术、工业生产技术和经营管理技术，但随着技术进步和生产发展，这些领域的技术边界也逐渐模糊了，工业生产技术和经营管理技术逐步进入了农业领域，促进了农业生产率和农产品质量的进一步提高，也为农村产业融合提供了条件。从某种程度上讲，现代产业体系中资本和劳动形态的变化都是适应新技术大规模应用的需要而发生的，这说明技术在现代产业体系中处于核心地位。因此，在农村发展现代产业，必须重视技术。

由于技术与资本和劳动力相结合的性质，农村地区提高技术存量最有效的途径是就是引进资本，同时需要加强对人力资本的投资，培养适应技术应用要求的劳动力。此外，由于农村地区基础设施不完善，农民和组织化程度不高等问题，新技术推广应用在农村面临着较大的阻力，因此，完善基础设施和提高组织程度也是提高农村技术存量的重要方面。

（五）不同生产要素之间的关系

各种要素之间存在着相互作用关系，一种要素的数量、形态变化可能会对另一种要素发生影响，也可能与另一种要素的数量、形态变化相伴随。厘清它们之间的互动关系，对于构建适当的政策体系、建立合理的产业组织是非常重要的。

首先，各种要素的组合要求有相互适应的形态。在农村范围内，农业产业资本应该与农业劳动力和农业生产技术相结合，它们都以农业用地来承接，而工商业产业资本应该与农业转移劳动力和工业技术、经营管理技术相结合，并在集体建设用地上从事生产，这是最基本的结合方式。随着经济的发展，农村出现了产业融合的趋势，因而在生产要素层面上也出现了融合，例如，原先用于制造业和服务业的网络技术、电子商务等运用到农业中，观光农场赖以建立的农用土地成了为消费者提供服务的空间，工业生产中的标准化、流程化管理也进入农场。虽然在这样的背景下，要素的边界越来越模糊，但是相应的要素仍然要在功能上相互补充配合，才能实现有效的结合。其次，要素之间存在着最佳投入比例，且这个投入比例随产业类型和发展水平的变化而变化。如人多地少的矛盾会随着产业向资本密集型转变而发生变化。最后，要素之间相互联系、相互制约。土地空间承接资本，资本投入沉淀于土地，资本由劳动创造并能与劳动结合从事生产，资本对技术的发展起支撑作用，而技术往往与实物形态的资本相结合，同时技术的应用也能实现对资本的改造提升。第一，土地是其他生产要素的空间载体，土地的规模大小、集中程度和平整程度在很大程度上制约着其他要素作用的效果，而资本、劳动和技术在土地上的投入数量和开发强度也影响着单位土地的生产率。第二，劳动力对其他要素进行开发、改造和提升，同时与其他要素相结合而进行生产活动，特别是知识、技能形态的技术往往与劳动力紧密结合在一起。因而促进技术进步的政策必须与人力政策相结合才能发挥出更好的效果。第三，技术要素的优化能够引起全要素生产率的提高，即在其他要素投入数量不变的情况下引致经济实现内涵式增长，而进一步也会受到资本实力的支持和制约。因此，促进技术存量增加的前提是增加资本存量，在政策安排的时序和侧重程度上要有所体现。

二、产业组织子系统

产业组织子系统是各类经营主体和协调组织及其交易关系所形成的集合，产业组织子系统一经形成，就承担组织要素参与生产经营的职能，因而是协调机制的主体，为协调机制的运行提供内生动力。该系统由服务经营体系和生产经营体系构成，前者分为基础性服务体系和产业化服务体系，后者又有农业主体和非农主体以及内部主体和外部主体之分，此外还涉及各主体之间的协议关系和要素交换关系等。

（一）基础性服务体系

基础性服务是指技术专业性较弱，但是对信息集成能力和组织协调能力要求较高，而且涉及关键资源的调动和分配的服务类型，是生产性服务中最基础和最关键的部分，这里将其主要划分为土地交易服务、信息集成服务和交易谈判服务。

基础性服务的供给者主要是一种新型集体经济组织，为了表述方便，将基础性服务体系等同于新型集体经济组织。新型集体经济组织是集中资源要素和动员村民的主体，也是经营过程中的服务主体和监管主体，更重要的，新型集体经济组织是集体资产和村民资产的产权代表，其不仅承担服务职能，而且承担一定的管理职能，因而是产业组织子系统的核心。这里提出的新型集体经济组织是一种抽象概念，它可以是各功能主体的紧密的或松散的联合体,土地交易服务中心、就业信息服务中心、招商引资服务中心、技术推广服务中心、监管委员会等功能主体均可以嵌入其中,这里为了便于表述,将其作为一个主体来表述。

集体经济组织是乡村经营活动的中枢,可以将其看作是内外部要素的集散地和蓄水池,例如集体经济组织通过和集体成员签订土地流转合同将土地流转集中起来,再流转给经营能力较强的主体;再如集体经济组织通过和外部主体协议联合,将外部技术、资本等要素的来源打通,并通过技术推广和信息推送等基础服务将要素输送给内部经营主体,从而改进内部经营主体的生产条件和生产能力。通过这种要素集散的作用,集体经济组织化分散的小型交易为批量的大型交易,减少了直接参与交易谈判的主体数量,且发挥其协议谈判职能提高交易谈判的专业性,从而有利于降低交易成本。集体经济组织这种要素集散的功能还在事实上增强了其所掌握的资源规模,从而提升了村集体在与外部交易主体的谈判中的地位,有利于双方建立平等的交易关系。不仅如此,集体经济组织统领还可能意味着产品和服务的统一供销,为外部主体提供了大量的市场机会,有利于村集体与外部经营主体建立长期稳定的合作关系。

集体经济组织完成基础服务工作的效果直接影响乡村产业发展成果。土地流转服务的效率最重要的是影响内外部资本按需获取土地经营权的成本大小,从而影响资本进入乡村的效率,并通过资本和土地的互动机制影响土地空间布局的优化。信息集成服务则集中内外部主体信息和市场信息,为内外部主体的投资决策、生产决策提供信息支持,集体经济组织集成信息的全面性、准确性、时效性直接影响经营主体决策效率和执行效果。交易谈判服务的重点在于协调内外部关系,同时也关注活动举办、合同拟定等细节性问题,交易谈判服务的质量直接决定项目能否顺利落地、稳定市场关系能否建立。

集体经济组织完成上述工作的前提是掌握一定数量的资源,包括资金、信息管理技术、专业的经理人员等,并通过这些资源建设自身调配资源的能力,因此,要素的集中是集体经济组织发挥作用的基础,也是构建新型集体经济组织的切入点。集体经济组织的构建可以采用股份制形式,允许以土地经营权折价入股,先以较低成本将土地资源流转集中,并通过集体成员权与村民建立稳定的利益联结关系。而基础设施建设和财政直补，也能为集体经济组织服务能力的建设注入资源。

（二）技术性服务体系

与基础性服务相对，产业性服务是指专业性较强、类别划分较细的服务类型，由于集体经济组织承担这类生产性服务的成本过高、效率过低，因而常常引入外部经营主体或另行成立新的经营主体专门从事服务经营，使服务的提供也成为一种产业形态，因而将其称为产业性服务。产业性服务的类型包括育种、运输、销售、金融，以及农机、电商、技术咨询等各种技术专业性较强的项目。

产业性服务体系的主体其实也是经营主体，按照其是否与集体经济具有产权关联可以分为两类：一类是村集体全资或合资成立的集体企业、专业合作社、农商银行等；另一类是村集体经济组织通过协议联合建立合作关系的内外部企业、社会组织、科研院所等，主要属于第三产业或者一三产业融合的范畴。需要注意的是，村集体企业、专业合作社等机构与集体经济组织不是行政或公司治理上的隶属关系，而是由村集体培育出来的由职业经营团队经营的独立市场主体，村集体将土地等资源发包给集体企业、专业合作社，委托其经营而不直接干预经营。其中，专业合作社又比较特别，其盈利性较弱但服务导向相比其他主体更强，可以辅助村集体组织产供销、开展技术援助等，是集体经济组织服务职能的延伸。

产业性服务本身就是一种产业形态，其直接介入传统行业的生产过程，通过技术注入提高要素生产率，或者填补分工缺口平滑生产过程，并且通过自身技术水平的提升不断提高服务供给能力，在乡村产业发展中发挥关键作用。产业性服务体系是构建产业组织子系统的关键。

（三）生产经营体系

乡村生产经营体系既要适应乡村个体经营者占主体地位的现状，又要企业化的经营主体提高乡村产业竞争力，同时还需要外部经营主体的参与来打开市场、引流资本和推广技术，由此形成了乡村生产经营主体的多元化特征。

1. 农业生产经营体系

农业经营是指以农产品自然生产为核心的经营过程，涉及种植养殖及对农产品的初级加工和销售等。农业生产经营体系由农业龙头企业、农业专业合作社、个体农业经营者及其两种转化形态构成。目前乡村农业经营体系中，以家庭为单位的农业个体经营者仍然占主体部分，但其存在形态可能发生转化，对于具有比较优势的农业个体经营者，其可以通过转入土地扩大生产成为生产大户；还有的个体也可以接受农业龙头企业的扶持和管理，成为专门供应龙头企业的协议生产者，可以称之为农业微型企业。农业龙头企业下乡一般具有政策性，通常是村集体与地方政府通过协议方式从外部引入的，其凭借资本、技术实力在乡村投产快速形成产业规模，能够带动当地就业、提供市场机会，还能起到示范作用，帮扶带动一大批小型经营主体。农业专业合作社是农业生产经营体系的补充，其在为集体组织成员提供专业化农业服务的同时，利用其剩余资源也可以从事农业经营。

2. 非农生产经营体系

在农村，非农经营主要还是从农业延伸出来的，包括农业产业链前后向延伸形成的非农产业和提供社会化生产服务而形成的非农产业，当然也不排除部分乡村凭借其特有的地理和劳动力优势发展完全独立于农业生产的第二产业和第三产业。

非农产业的技术、市场等方面特征，对其经营主体的规模和组织结构提出了更高的要求，因此，非农经营体系的主体是企业，包括村集体全资或合资成立的集体企业、外来经营企业、小微创业企业以及个体工商户。全资或合资的集体企业可以带有一定的政策性特征，同时由于其成熟的组织架构和较大的规模而适合经营乡村地区的主导产业和特色优势产业，也能帮助村集体落实重大的产业项目，其主要作用是壮大集体经济和引导乡村产业结构的转型。外来经营企业是村集体通过协议方式引入的，其经营方式可以是在农村进行投资建设，也可以是直接经营，前者主要是向乡村地区输入资本、技术等先进生产要素并参与其他经营主体的培育，而后者则和乡村内部经营主体发生交易关系，为其提供市场机会，并发挥技术溢出作用，带动内部经营主体的发展。小微创业企业是战略性的经营主体，它一方面可以承接返乡、下乡人才，提高乡村地区人力储备，另一方面可以提供新业态成长的空间,以此为途径培育新的特色优势产业。个体工商户则主要适应农村空心化、人口老龄化特征,为农业转移劳动力提供低成本的就业途径,数量众多的个体工商户有助于扩大乡村市场规模,而且同质个体工商户的聚集可以作为培育新产业的基础。

乡村非农产业是农业的延伸,非农经营主体通过前后向价值链延长改变农产品的形态和生产过程,拓展了农业的功能,进而模糊了农业生产要素和非农生产要素的边界,促进了要素融合,并通过服务的精细化、内植化促进农业生产和非农业生产的过程融合,因而非农经营主体也是产业融合经营的主体。

3. 产业主体间的关系

第一,外部关系。外部关系包括村集体与地方政府和内外部经营主体之间的关系,如图5-4所示,地方政府在行政关系的基础上,通过制度和政策供给,对新型集体经济组织的服务能力和管理能力进行建设,同时可以通过事业单位、国有企业等对集体经济组织直接提供资本、技术支持。地方政府具体的做法可能包括通过财政补贴方式为村集体注入资本,通过优化土地流转制度释放村集体的资源潜力,通过信息平台的建设强化村集体的信息集成能力,通过人力政策和人才培养为集体经济组织输送专门人才,等等。这些做法本质上还是政府以直接或间接方式向村集体输送要素以增强村集体资源调配能力。

外部经营主体分别与村集体和地方政府签订合约,发生协议联系。地方政策为外部经营主体进入乡村提供制度和政策供给,而政策性较强的事业单位、国有企业等也可以对外部经营主体直接提供资本和技术支持。村集体负责将制度和政策落实,为外部经营主体提供用地便利、创造良好的营商环境,并探索内部外合作的模式。而外部经营主体则按照合约的规定,享受政策便利的同时,在乡村地区进行投资和经营,向乡村输入资本、技术等要素。这种关系本质上是乡村地区以本地市场为外部主体提供进入空间,以政策优惠降低外部主体的进入成本,并以乡村土地、劳动等优势资源换取外部资本、技术等稀缺资源。

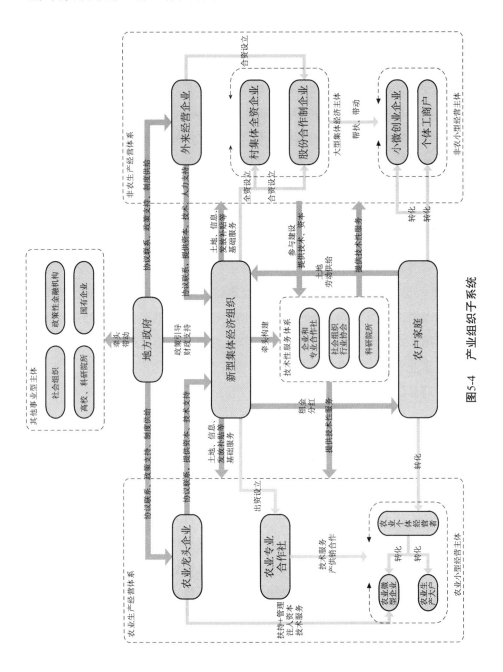

图5-4 产业组织子系统

内部经营主体受地方政府的政策支持，其可以直接接受政府及事业单位对其进行的资本、技术等要素注入，也可以通过集体经济组织的技术推广服务、财政补贴发放等行为，间接地接受要素注入。

第二，内部关系。内部关系包括生产经营体系与服务经营体系之间的关系，以及生产经营体系与服务经营体系内部各主体之间的关系，如图 5 - 4 所示。

经营体系分为基础性服务体系和技术性服务体系，基础性服务体系的核心是集体经济组织，其集中农户家庭的分散资源且组织分散的个体经营者统一行动，并按照政策的要求为生产经营体系提供土地、信息、签约等基础服务，一部分生产经营主体在集体经济组织的牵头下进入乡村中的技术性服务体系。技术性服务体系则通过市场交易为生产经营主体提供专业化的服务，属于技术的主要供给方。其中，集体经济组织与生产经营体系中的专业合作社和集体企业具有产权关联。

服务经营体系内部的关系即集体经济组织与技术性服务体系之间的关系，集体经济组织通过基础性服务等提供土地、劳动等要素，以促进技术性服务体系的形成。技术性服务体系的主要职能是输送技术、资本要素，而集体经济组织通过嵌入其内部的技术推广服务组织和其设立的专业合作社等实现了自身职能的延伸，也对技术性服务体系的职能起到补充作用。技术性服务体系内部各主体之间也可能存在交易关系、合作关系。

生产经营体系内部之间的关系主要是前后向的市场交易联系，且各生产经营主体的形态是动态变化的，如个体经营者中的小农户可能转化为农业生产大户或农业微型企业，小微创业企业也可以接受内外部投资成为集体企业或股份合作制集体企业，农业经营主体则可能随着农业生产的前后向延伸和过程融合转化为非农经营主体。特别是随着技术进步和分工深化，农业与其他产业融合的趋势越来越明显，因此，乡村生产经营体系中融合态的非农经营主体的比重越来越大，而纯粹的农业经营主体的比重越来越小，这种变化伴随着乡村产业规模的扩大和产业结构的升级。此外，内部经营主体与内外部经营主体之间应该形成合作关系，以加强乡村产业抵御市场风险的能力。

三、政策子系统

（一）要素存量促进政策

要素流量促进政策的目的是扩大乡村地区的要素净流入，即增加要素有效流入，减小要素无谓损失。政策主要通过以下三个方面发挥作用。

一是破除要素城乡转移的障碍，畅通要素流动渠道，确保市场机制作用向有利于乡村要素流入的方向转变。政府方面可以以政策作为打破制度障碍的工具，如允许一部分地区设立改革试点，探寻现有户籍制度、土地制度、农村经营制度等的改革方向，并配合优化营商环境、放宽准入限制等指向性较强的政策，降低要素转移成本，为外部资本、技术、劳动等要素流入乡村创造空间。

二是激发乡村地区的要素潜力，盘活乡村自有要素，使乡村地区的土地资源、生态资源优势转化为产业发展的要素优势。政策要有明确的指向性，对积极开发乡村生态、文化资源，推动资源向资产转变的行为持鼓励态度，同时也要坚守政策底线，严格限制影响国家粮食安全、破坏乡村生态环境的项目。在具体的政策制定上，可以设立试点先行先试，在一定的范围内形成示范效应，对典型的优质项目创造政策便利并实行奖补。同时，鼓励社会资本参与乡村资源开发运营，创新开发模式，形成政府与资本合作开发、共同经营的格局，将乡村地区的资源转化为可以创造长期收入的生产要素。

三是政府以适当手段直接干预，将乡村地区打造为要素流动的政策洼地，引导要素再配置到乡村，避免要素在市场机制的盲目作用下持续流出乡村而削弱乡村产业振兴的基础。政策制定上要向乡村地区倾斜，通过直接或间接的方式提高要素流入的净收益。直接方式主要是创造政策便利，为市场主体下乡的经营、创业、帮扶行为提供审批简化、税费减免、财政奖补等全方位的政策支持，通过外部经营主体下乡带动资本、技术等优质要素向乡村流动。间接方式主要是长期性的，通过对城乡基础设施建设和公共服务体系建设的长远规划，再加上政策性金融机构的长期信贷支持来优化乡村要素的外部环境变量，从而提高乡村地区对要素的集聚吸引力。此外，政府可以利用各种金融工具为乡村长期发展提供资本，如设立乡村产业发展基金、乡村建设专项债券等，使乡村建设成为投资者的一个投资领域，也能扩展乡村的融资渠道。

（二）要素结构优化政策

乡村地区的存量要素存在着严重的结构性问题，包括劳动力和资本的结构性短缺，技术结构调整滞后等问题。这些问题需要相应的政策同时调节存量要素和流量要素，使乡村要素结构逐步调整到适应现阶段产业发展要求低的状态。具体的政策可以按照要素种类分为劳动结构优化政策、资本结构优化政策和技术结构优化政策。

劳动结构优化政策的基本导向是鼓励农业劳动力转移，使现有过多农业劳动力转向非农领域，提升农村非农劳动力比重；而对于少数农业劳动力则鼓励其参与职业培训，提高其知识和技能水平，也可以引入外部农业优势劳动力，提升优质农业劳动力的比重。

资本结构优化政策要具有明确的导向性和甄别性，对外鼓励高质量现代产业资本进入、限制落后二次产业资本进入，对内鼓励投资新业态资本、适当促退落后农业资本，形成一套筛选机制，逐步解决乡村优质资本结构性短缺的问题。以农业资本为例，地方政府可以提供农业服务补贴、农机采购补贴、鼓励资本租赁市场发展等一揽子政策，扩大农户的生产性服务需求，提高乡村地区农用器械采购量和租赁量，提高机械设备形态的资本在农业资本中的比重，在引入优质资本的同时还引入与之紧密结合的先进生产技术，从而有助于农村技术结构优化。

技术结构优化政策除改善资本结构外，还应降低乡村劳动力学习新技术的机会成本，例如，为劳动者提供学习补贴、误工补贴，还可以为采用新技术的经营者提供保险以减少新技术应用的风险，稳定经营者预期，提高其接受新技术的积极性，促进主流生产技术更新换代，不断优化乡村地区技术结构。

（三）产业组织发展政策

在农村地区形成适当的产业组织体系，前提是要聚集一批经营主体，这些经营主体既可以从外部引入，也可以在内部培育，不论哪种方式都需要政策的引导和扶持。政策设计的思路和影响农村要素存量的政策基本一致，即以服务导向的政策设计降低外部经营主体的进入成本和培育内部经营主体的启动成本，并对特定领域实行差别化的政策设计来对经营主体的培育进行"指向"，即有选择地支持适合农村经济基础的经营主体、乡村特色优势产业经营主体和适合融合形态产业发展的经营主体的培育工作。

一是通过政策引导新型集体经济组织的重新建构。集体经济组织是新型农村产业组织体系的核心，而在乡村集体没有足够的可以依赖的资源禀赋的前提下，重构新型集体经济组织是有成本的，例如，集体经济组织的工作内容涉及专业性较强的方面，需要组建职业经理人队伍，而基于信息集成能力的集体经济组织基础性服务能力建设对信息收集、处理能力提出了更高的要求，需要相应的资本、技术投入来打造集成信息平台。并且集体经济组织的功能、规模与其构建成本之间是非线性关系，初始投入必须达到一个临界值时，才会发生"突变"，形成有实际作用的农村集体经济组织。在这种情况下，需要政府财政来支付村集体构建集体经济组织的启动成本，同时调整政策以实现配合引导，使政策成为撬动新型集体经济组织的杠杆。在具体的政策制定上，一方面是在财政金融上对地方政府和农村基层予以专项支持，并通过职业经理人培养、信息平台建设等工作打好重构新型集体经济组织的要素基础，另一方面是将农村集体经济建设绩效纳入地方政府考核体系，以此来强化地方政府重构新型农村集体组织的激励。

二是通过政策支持多元经营主体的培育。多元主体共同经营能够适应不同产业形态的技术经济特征，有助于实现乡村产业发展多元化、新型化，因此，政策要先有所放松，为多元主体进入乡村提供空间。首先是注重乡村小微经营主体的发展，夯实乡村产业经营体系的基础，支持符合条件的小微经营主体自愿合并和企业化发展。其次是放宽准入限制，允许外部经营主体在合法合规情况下进入乡村多个领域，特别是进入基础薄弱的乡村公共服务领域，与地方政府、村集体开展合作经营。再次是允许满足条件的村集体成立股份制企业或与外部资本合资成立股份合作制企业，作为乡村产业发展的支柱，引导乡村主导产业、特色优势产业的发展。最后是要大力培育创新创业主体，鼓励当地村民、返乡农民和下乡市民自主创业。具体的政策手段包括设立各类补贴、产业基金，以及创造相对宽松的营商环境。

三是通过政策鼓励经营主体合作化关系的形成。多个经营主体间的合作能够形成网络，加快信息扩散、技术传播、知识溢出等的效率，农村地区小农主体分散化和经营主体多元化的现状决定了合作化仍然是组织产业活动的有效手段。但是现阶段农村各经营主体间缺乏有效的合作途径，且合作剩余不足可能降低各经营主体参与生产合作的激励。因此，在政策设计上，应该以畅通合作渠道、提高合作剩余为主要方向。就畅通合作渠道而言，集体经济组织可以通过举办各种会议活动，为不同经营主体之间交流互助提供平台，还可以公示合作化的典型成功案例，为有意愿参与合作的经营主体提供参考。就提高合作剩余而言，可以对合作过程中的知识、技术的净输出方实行奖补，还可以对合作团体实行整体奖补，以显化的合作剩余增强多元经营主体合作化发展的激励。

四、制度子系统

（一）农村产权制度

产权制度涉及产权的界定、交易和保护等一系列内容。产权的界定涉及产权主体的确定、产权范围的确定和产权内容的确定，清晰地界定产权有利于稳定产权主体预期并提高产权效率和可交易程度；产权交易制度则致力于规范产权交易程序和交易主体关系，完善的产权交易制度同样能够提高产权交易的发生率并提高产权效率；产权保护制度明确产权主体的权责利并以一定的手段进行保障，完善的产权保护制度能够稳定产权主体预期，并强化其投资生产激励，还能有效地抑制各种机会主义行为。

农村最重要的资产就是土地，因此，农村产权制度建设的重点应放在土地产权制度上。一方面，要做好农地"确权到户"工作，使农户对自身的土地承包权形成稳定预期，在此基础上持续推进"三权分置"改革，与城镇化大背景下农村人口向城市大量转移的趋势形成配合，保证土地经营权流入农业优势经营主体，实现土地规模经营。另一方面，要将"三权分置"思想推广到宅基地流转上，并创新流转方式，通过土地置换、增减挂钩等方式来增加集体建设用地，作为改善乡村设施建设的基础。此外，要对土地产权交易过程予以规范，将合法的土地流转、土地置换等情形及具体的交易程序和权责关系都以制度的形式确立下来，并依托集体组织的信息匹配、合同起草、履约监督等平台作用规范土地产权交易行为，实现土地产权交易的批量进行，提高效率。

此外，在新型集体经济组织资源调配能力建设的过程中，会发生一定数量的财力和物力投入，如果没有完善的集体产权制度及有力的保障措施，这部分资源很容易遭受"精英俘获"，集体代理人在个人经济理性的驱使下做出有损其他集体成员利益的行为，甚至侵吞集体资产，长此以往会削弱集体经济组织的资源调配能力。因此，在构建集体经济组织的一开始就应该将形成的资产确权给集体经济组织，并建立集体资产检查制度和代理人经营行为考察制度。此外，还可以建立适当的利益分配机制，保证作为集体成员的村民参与经营剩余分配的权益，有效加强村民以各种形式将土地通过集体组织流转出去的激励，客观上起到加快土地流转，盘活闲置资源的效果。

除了以上方面，在乡村"生态产业化、产业生态化"的发展要求下，农村资源需要立体化的整体开发，因而需要适应各种生态资源产权"结构性粘连"的特征，探索生态资产按整体界定、交易的新型产权制度。

（二）农村基本经营制度

分散农户长期存在是我国农村一个事实，但是分散小农在经营过程中存在着市场对接成本高、抗风险能力弱的缺陷，这种情况下统一行动的能力显得尤为重要。因此，在坚持农村家庭经营基础性地位的前提下，农村经营制度建设的主要方向仍然是统分结合的双层经营制度，集体经济组织在其中处于核心的地位，其不仅起着提高农户组织化程度、维系集体经济的作用，而且能够承担管理和服务的职能。

首先，明确集体经济组织的权责和集体成员的权责，并对集体经济组织的资源调配权力进行规范，推动集体经济组织由动员型、指令型组织向服务型组织转型。推动服务导向的组织转型不是要求集体经济组织承担全部的生产性服务功能，这样会在服务能力建设过程中耗费大量资源，而且会降低生产性服务的供给效率，造成较高的制度成本。集体经济组织服务职能的重心应回归到土地交易服务、信息集成、交易谈判等基础方面，通过这种制度设计来将分散小农在交易过程中的利益协调成本内部化在组织当中，并经过集体经济组织基于"熟人社会"的低成本治理予以化解。至于具体的技术专业性较强的服务，则由集体经济组织牵头交由专业的市场主体来提供，这属于"统"起来，再"分"出去，有助于提高服务供给效率。因此，服务型集体经济组织仍然是要提高农户组织程度、降低其对外交易成本，其本质上服务于市场机制作用的发挥。

其次，在农户与集体经济组织之间建立长期稳定的联结机制，确保在小农分散经营的基础上，集体组织能将其"统"得起来。一方面，可以适当地引入股份制，允许农户以其土地经营权及附于其上的作物资产折价入股，既减轻村集体流转土地的资金压力，又以长期收益加强农户流转土地的激励，从而提高村集体调配土地资源的能力。另一方面，集体组织可以对其牵头的生产性服务标准化，如统一选育品种、统一调度农机、统一执行销售等，农户可以在服务项目中自主选择，并自主进行生产性决策，这样一来既保证了小农经营的基础地位，又促进了农户行动的统一性，有利于农村生产的规模化、标准化发展。围绕集体经济组织调配资源要素的能力，农户参与集体经济的程度与其能够享受到的专业化生产服务的质量捆绑在一起，从而形成良性循环，增强集体经济组织对分散农户的统领作用。此外，村集体经济组织可以凭借其较强的谈判能力和已经形成的产业基础主动寻求乡村农业的融合转型，在此基础上促进非农产业发展和新业态的产生，扩展乡村地区的产业门类，为乡村农业经营农户和农业转移农户参与集体经济提供全新的途径。

（三）集体经济工作制度

1. 日常工作制度建设

集体经济要正常运转，集体经济组织需要承担大量的基础性工作，包括掌握农村地情、市场行情，搜寻外部市场主体，跟踪政策变化等，因而需要日常工作制度对工作方法、结果汇报等作出明确的规定。由于集体经济的性质，需要定期的会议制度来保证村民参与集体经济的权利。此外，集体经济日常工作的基础就是要掌握大量的信息，因此，可以在本村范围内建立反馈制度和接入地方政府的信息平台来扩展信息输入渠道，提高村集体的决策能力。

2. 人力制度建设

前面指出，乡村存在着严重的劳动力结构性短缺问题，即处于农产品价值链最底端的农业劳动力过剩现象与适应新技术、新业态发展要求的高素质劳动力短缺现象并存。要解决乡村劳动力结构性短缺的问题，需要在人口城镇化大背景下做好人力引进和人力培养工作。就人力引进而言，地方需要配合人力引进政策制定下乡人才的合约、考评、奖补、晋升等工作制度，加强人才下乡的激励，同时加强人力资源信息平台的建设，降低人才下乡过程中的交易成本。就人力培养而言，一方面是畅通技术推广渠道和加大技术推广力度，提高乡村人力的知识水平和工作技能，健全职业农民培训制度；另一方面是构建乡村人力培养的多元渠道，除了做好农民、经理人、村办企业家的职业化培养工作，还可以通过校地、校企联合培养，定向培养，专项培养等方式，为乡村振兴提供人才储备。

3. 技术推广制度建设

技术是乡村要素系统中最薄弱的环节，而技术扩散渠道的缺乏和经营主体应用技术能力的欠缺成为乡村地区技术水平提高的重要制约因素。因此，技术推广制度建设的目标包括畅通技术扩散渠道和提高技术转化效率。就前者而言，主要是构建遍布行政村一级的技术推广服务组织，完善技术推广的硬件设施。技术推广服务组织可以嵌入农村集体经济组织内部，其更多时候不是提供技术服务的主体，而是承担牵头专业化主体与村经营主体对接的中介职能，真正承担技术供给的是专业化经营主体、技术研发主体等。这样设计的好处是，村集体更了解本村经营主体的实际情况，也更便于做集体成员的工作，从而有利于技术推广等工作的开展。就后者而言，主要是创新技术扩散方式，提高以实际应用为导向的技术扩散效率，如深入田间和厂内开展培训、组织实训模拟等，且建立反馈渠道定期获取技术推广应用的效果，并根据反馈结果调整技术扩散方式。此外，还可以开展技术应用的试点建设，由少数经营主体开始技术推广，避免大范围采用新技术引发的自然风险和市场风险。将技术推广工作过程中形成的经验以工作制度的方式确立下来，可以使其成为集体经济组织长期承担的基础性工作。

4. 经营监管制度建设

乡村产业发展需要依托多元经营主体，而多元主体经营的目标可能和乡村产业发展的目标不一致，特别是引入外部经营主体后，其与内部经营主体之间产生复杂的委托代理关系或者合作关系，即使是由村集体代替分散的农户家庭进行批量交易，也具有较大的监管难度，因此，需要引入一系列的经营监管制度。第一是建立合作企业的资质公示制度，帮助内部经营主体实现信号甄别；第二是引入外部监督，如地方主管机构的定期考评等；第三是利用嵌入集体组织内部的监管机构，以及集体企业等的监管职能部门实现内部经营主体的自我监管；第四是创新与外部资本的合作方式，共同经营开发项目，共享经营收益，化动态监管为长期稳定的利益联结机制。

（四）乡村金融工作制度

乡村产业发展固有的风险性和乡村经营主体自身基础的薄弱性使得金融机构向其提供信贷、保险等服务的激励不足，再加上乡村金融供给的硬性设施和软性环境不足，导致乡村金融供给渠道不畅，从而使乡村经营主体面临较强的流动性约束。要解决这个问题，要先构建遍布行政村一级的金融服务设施和金融服务体系，村集体也发挥其对接农户与金融机构的中介作用，打通农村金融供给渠道。在此基础上完善担保制度，引入政府担保和集体担保方式，提高乡村经营主体的融资能力；完善抵押贷款制度，探索土地经营权抵押贷款方式，拓展农户家庭等小型经营主体的融资渠道；完善保险制度，建立覆盖面广、保障性强的农业保险体系。

第五节　协调机制的作用路径

一、协调机制的核心内容

要素子系统、产业组织子系统、政策子系统和制度子系统共同组成了协调机制的核心内容。要素子系统与其他子系统的联系需要依靠土地与资本的互动机制。

土地与资本之间的互动关系表述如下。土地流转及整治需要大量资金，这对地方政府来说是不小的负担，因而土地流转进程缓慢阻碍了土地空间结构的优化，不利于现代产业的发展。也就是说，土地流转需要资本撬动，乡村地区可以以土地要素优势换取资本集聚。内外部经营主体都是资本的代表，土地流转促使土地空间结构优化，从而更有利于农业产业资本和工商业产业资本与土地结合的生产率提高，增强了乡村地区吸引资本和生产资本的能力，而资本的增加又为经营主体流转土地提供了资金，从而加快土地流转，并进一步促进资本存量的增加，进而使土地流转和资本积累呈现出良性互动的关系。这一过程也需要地方政府的统一规划和地方财政的支持。

如图 5-5 所示，四种箭头分别代表资本、土地、劳动、技术要素的流动方向及对应的要素转移行为。在土地与资本互动机制的外围，地方政府通过政策手段直接或间接向乡村市场主体注入要素。第一条路径是政府及事业单位通过金融支持、技术应用、用地指标等系列政策直接或间接为乡村中的外部经营主体注入资本、技术、土地要素；第二条路径是政府及事业单位通过金融支持、技术援助与推广和完善流转制度等手段直接或间接为乡村中的内部经营主体注入资本、技术、土地要素；第三条路径是政府及事业单位使用政策工具将资源下沉给村集体，建立起新型集体经济组织的资源调配能力，村集体再将农户家庭的土地和劳动等要素集中起来输送给内外部经营主体，同时从外部经营主体引入资本、技术等。

这一系列要素流动路径最终都将生产要素导入乡村经营主体中，构成了乡村产业发展的基础条件。进一步通过制度的建设保障要素渠道的持续畅通，并完善产业组织建设，更高效地组织要素从事产业活动，进而推动乡村产业振兴。因此，在这一机制图中，要素是产业发展的基础，是各主体联系的主要内容；产业组织是主体，组织要素进入生产活动，为乡村产业发展提供内生动力；政策是外部动力，将要素注入乡村并启动集体经济组织；制度是稳定器，保障要素渠道畅通和产业组织稳定运行；制度与政策则相互融合，政策实施引导制度建设和完善，制度建设则为政策实施提供渠道、手段和保障，各个子系统相互联系、相互制约，融为一体。

二、协调机制的作用路径

图 5-6 展示了城乡融合的路径。首先，协调机制的运行使乡村要素配

置实现了存量扩大和结构优化，并使乡村产业组织实现专业化、合作化、融合化，从而促进乡村产业发展。其次，乡村农业逐步实现规模化、标准化、高值化，并使农业功能拓展；乡村非农产业则逐步实现特色化、集群化、服务化，并通过产业链前后向延伸来增加产业种类、扩大产业规模。农业的发展为非农产业的发展提供更丰富的深加工对象和更大的服务需求市场；非农产业的发展则拓展农产品价值链并为农业发展提供更高质量的服务；农业与非农产业由于生产联系加强、互动机会增多而相互嵌入对方的生产环节，从而形成融合的形态，进而导致新产品、新业态产生，并为信息技术在产业内大范围应用创造了条件，也为合理开发乡村资源提供了途径，有助于"生态产业化、产业生态化"的绿色发展，最终形成农业发展、非农业发展、产业融合相互促进的格局，实现乡村产业振兴。最后，乡村产业振兴是乡村振兴的核心问题。乡村产业振兴则乡村的收入水平提高，从而使乡村市场规模扩大；同时乡村自身和地方政府有更多的动机增加投入改善乡村公共基础设施和公共服务，促使乡村整体环境的提升；市场规模扩大和整体环境提升增强了乡村地区对要素的吸引力，从而使更多承载要素的经营主体进入乡村，乡村地区的经济功能不断增强，形成良性循环。这样，乡村地区既对接城市地区消费需求升级趋势，提供高质量农产品、轻工品以及文化和生态服务；又创造了新的需求，纳入城市制造业和服务业产品市场；同时还有机会成为城市生产功能的承载地，接受城市产业和技术的转移，乡村自身在城乡融合发展过程中的主体地位得到提升。城乡物流、人流、信息流互动不断加强，从而为城乡基础设施联通化和公共服务均等化提供了必要性和可能性。

可以说，城乡融合协调机制的作用对接了动力机制的作用：第一是对接了城市经济系统的内生动力，扩大了城市产业面临的市场规模，为城市资本提供了更多的市场机会；第二是对接了城市经济系统的需求拉力，满足了城市人口日益升级的产品和服务消费需求；第三是对接了城市经济系统的成本压力，破除了要素城乡转移的壁垒，为高成本城市空间中的产业转移提供了低成本的承载空间。协调机制协调了动力机制作用的方向和强度，具体来讲是通过政策和乡村自身的建设将城乡融合动力的作用方向引向乡村，并强化了城乡融合动力，从而推动要素配置合理化、产业发展融合化、公共服务均等化、基础设施联通化、居民收入均等化，最终实现城乡融合。

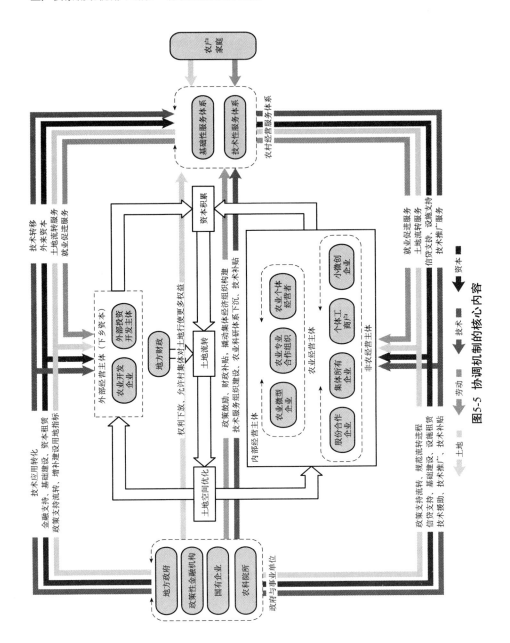

图5-5 协调机制的核心内容

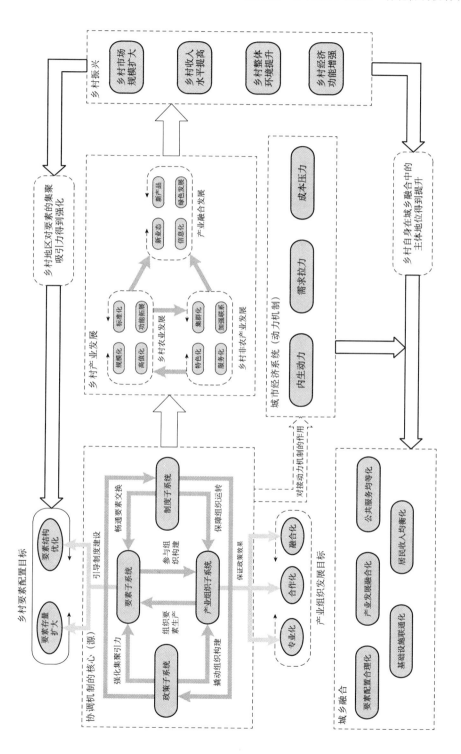

图5-6　协调机制的作用路径

第六章　城乡一体化推进机制与政策体系构建

前面阐述了城乡一体化动力机制和协调机制，动力机制是从城镇到农村发力、协调机制是从农村到城镇发力来推进城乡一体化，本章则将两者结合起来，从新型城镇化与乡村振兴衔接互动方面研究协同推进机制，然后，再从理论分析转到政策落地，构建政策体系。

第一节　城乡一体化推进机制

一、新型城镇化与乡村振兴

新型城镇化与乡村振兴战略都是国家提出的解决我国城乡问题的重大战略，两者是相辅相成的，只是发力点和作用方向不同而已，基本目标导向是一致的。新型城镇化是党为了解决"三农"问题和传统城镇化所带来的问题而提出的重大发展战略，它是以人为本的城镇化，核心是人，主要针对我国传统城镇化过程造成的城乡差距扩大、城乡资源配置失衡、半城市化问题严重、农民工社会认同低、城市发展粗放等问题，其核心目标是提高城镇化质量，解决传统城镇化中存在的问题，最终表现为城乡一体化发展和实现共同富裕。"城乡统筹、城乡一体、产业互动、节约集约、生态宜居、和谐发展"是其基本特征。

乡村振兴战略是党在关键的历史时期提出来的，是新时代的重大战略之一，对于实现全面小康社会具有重大意义，同时，也是解决"三农"问题的又一条腿，它承袭了新农村建设的历史任务，同时，又提升了其高度，将农村发展放到了优先的地位，改变了过去过分倚重城镇化来解决农村和发展问题的导向，真正地将农村本身的发展放到了从未有过的高度，是解决城乡问题战略从城镇化思路到城乡互动思路转变的主要标志。在新的历史背景和发展战略下，新型城镇化与乡村振兴应该相互配合、齐头共进。乡村振兴战略是针对我国长期的历史积累所形成的农村发展不充分、城乡严重失衡现象，站在新的历史起点，从农村本身的根源出发寻找解决问题的举措。中华人民共和国成立初期，在经济基础相当薄弱的条件下，选择了重工业优先发展的赶超战略，为了构建完整的国民经济体系，不得不通过牺牲农村和农民的利益来积累工业资本，因而实施了一系列城乡隔绝的政策，造成了城乡失衡。原本在工业化、城市化过程中城乡差距扩大就不可避免，而我们的政策导向则使问题更加严重，即使在改革开放以后，这种导向也未完全改变，农村在很大程度上还是城市发展的支持者和转嫁危机的被动接受者，只有按照乡村振兴战略所提出的"坚持农业农村优先发展"的要求去做，才是真正地转变了政策导向。

新型城镇化与乡村振兴这两个重大战略不是对立的，而是相互促进、互为条件的，表6-1列出了它们的基本特征、战略核心、目标要求等内容，可以看出，两者你中有我、我中有我，其基本目标是统一的：都是要通过健全城乡融合发展的体制机制改变过去牺牲农业的导向，通过两者结合的方式实现城乡一体化发展，最终达到城乡融合，使农民能够充分享受经济发展所带来的好处。同时，两者又不是完全相同的，新型城镇化侧重的是"三农"问题的外部环境问题，乡村振兴是解决"三农"问题的内部问题，只有内外结合，综合施策，才能解决问题的根本。

表6-1 新型城镇化战略与乡村振兴战略

项目	新型城镇化	乡村振兴
提出时间	2012年11月党的十八大	2017年10月党的十九大
基本特征	以城乡统筹、城乡一体、产业互动、节约集约、生态宜居、和谐发展为基本特征的城镇化，是大中小城市、小城镇、新型农村社区协调发展、互促共进的城镇化	坚持农业农村优先发展，建立健全城乡融合发展体制机制和政策体系，加快推进农业农村现代化

项目	新型城镇化	乡村振兴
战略核心	以人为本、四化同步、优化布局、生态文明、传承文化	产业兴旺、生态宜居、乡风文明、治理有效、生活富裕
战略定位	侧重于解决"三农"外部问题	侧重于解决"三农"内部问题
总体要求	不以牺牲农业和粮食、生态和环境为代价，着眼农民，涵盖农村，实现城乡基础设施一体化和公共服务均等化，促进经济社会发展，实现共同富裕	重塑城乡关系，走城乡融合发展之路。巩固和完善农村基本经营制度，走共同富裕之路。深化农业供给侧结构性改革，走质量兴农之路。坚持人与自然和谐共生，走乡村绿色发展之路。传承发展提升农耕文明，走乡村文化兴盛之路。创新乡村治理体系，走乡村善治之路。打好精准脱贫攻坚战，走中国特色减贫之路
战略目标	促进区域协调发展，提高新型城镇化质量	乡村全面振兴，农业强、农村美、农民富

既然两者要相互配合，新型城镇化和乡村振兴战略要协调发力，那么，它们之间联系的重要节点是什么？我们可以看到，两者都强调产业问题，而产业互动和产业兴旺是问题的关键，其他方面都是依附产业发展而存在的，或者说，产业发展是其他方面统筹发展的基础或载体，而产业联系又是通过要素的配置与交换而实现的。因此，无论是对于新型城镇化还是乡村振兴，要实现城乡一体化的融合发展，劳动力、土地、资本、技术等生产要素的合理配置才是问题的关键，城乡一体化协同推进机制的研究与构建一定是围绕着生产要素展开的。生产要素的配置有市场和政府两种配置方式，两者需要进行合理、有机结合。

二、市场与政府

市场与政府是配置资源的两种方式，城乡生产要素的配置是联系城镇和农村、新型城镇化和乡村振兴的纽带，城乡一体化的协同推进需要将动力机制和协调机制相结合，因此，也需要市场和政府这两种资源配置方式相结合，如前所述，动力机制和协调机制中两种资源配置方式的地位是不同的。

城镇化本身是人类社会发展的自然规律，是工业化进程所伴生的自然过程。工业革命产生以后，人类社会也进入了持续的城市化过程，由于工农业的自然属性差别，以工业为主的城市快速扩张，农村劳动力和人口开始持续向城市转移，同时，其他生产要素也相应地向城市转移，城市化相继经历了起步阶段、快速推进和稳定阶段。这个过程是不以人的意志为转移的，是一般化的市场规律，是由经济主体的趋利行为所决定的，即使政府什么也不做，这个过程也不会中断。不同的政府干预方式只会延缓或加快这个过程，或者使其呈现出不同的特点，但不会改变总体趋势。新型城镇化在传统城镇化的基础上增加了些内容，所增加的内容是靠市场机制在短期内不能完成的目标，也就是要改变传统城镇化过程中特别是快速城镇化过程中所形成的城乡发展失衡、农村大量资源流出所导致的乡村凋零现象，使城乡一体化发展和城乡融合能来得早一点。而中国的城镇化过程与其他国家有所不同，一方面是后发城市化国家，在城市化快速阶段城镇化的速度相当快，每年都超一个百分点；另一方面是重工业优先发展的赶超战略所形成的城乡隔绝更加严重。而我们社会主义国家在共同富裕目标驱使下对城乡协调发展的要求却更加迫切，因此，实施以人为核心、以提升城镇化质量为根本的新型城镇化战略就更加必要。以新型城镇化为核心的城乡一体化动力机制更多的是依靠市场从城镇向农村推进，是一个顺市场规律的过程，政府主要起纠偏和辅助的作用以解决传统城镇化过程所形成的问题，因而是政府配合市场的一个过程，市场起基础性和主导作用。

乡村振兴和城镇化完全不同，它是一个逆市场规律的发展战略。从人类社会发展的一般规律来看，在工业化和城市化进程中城乡差距扩大是不可避免的，原生工业化国家这个过程相对比较长，城乡差距扩大会缓和一些，而后发工业化国家工业化过程相对比较短，城市化过程也被压缩了，要用几十年完成原生工业化国家一百多年完成的事情，城乡悬殊问题就会严重一些，一般到工业化后期阶段，城市化也基本完成以后，城乡问题才会解决，有的是工业文明完全战胜了农业文明导致农村基本消失，有的是城乡慢慢融合，城乡差距也就不再是问题。而中国现在正处于快速城镇化阶段，城镇化率在 60% 左右，每年以超过一个百分点的速度在增长，在这个阶段，市场机制的作用自然会导致大量的农村资源流到城镇，如果不去干预，总有一天工业文明也会完全碾压农业文明，导致农村彻底衰落、消亡，但这个过程一定是痛苦的，特别是对于农村居民来说，会经历一个非常艰难的过程。中国从计划经济时代到市场经济时代，从工业化起步到工业化中后期，从城镇化起步到快速城镇化阶段，城乡收入差距有所波动，但总体而言差距的扩大趋势其实并没有改变，大批的农民和迁移到城镇的农民工游离在现代文明之外，成为社会之痛，也是影响中国高质量发展的最大障碍。我们现在不仅想要先进的城市文明，而且还想保留现代化的乡村文明，这既是社会主义国家性质的要求，同时也是科学发展理念的内在要求，在享受现代文明的同时，还要"看得见山、望得见水、记得住乡愁"，让广大农民共享经济发展的成果。我们想在快速城镇化阶段就来解决这个问题，难度就大得多，况且，中国又是一个人多地少的大国，农村人口众多，农村的基础设施、产业基础、人力资源、资本积累等各个方面都还相当薄弱，这又进一步提升了完成的难度。这就需要将进行新农村建设、实施乡村振兴战略作为国家重大战略来推进，这个战略的实施依靠市场基本是不可能的，政府必须要做更多的事情。因此，以乡村振兴为核心的城乡一体化协调机制同样不能单靠市场来构建，它是通过农村自身的发展向城镇推进的过程，在这个过程中政府的作用应该远比其在城镇化过程中来得更加关键和必要；但是，在市场经济的环境下，又不能忽视市场的作用，政府的作用一定要通过引导经济参与主体、借助市场力量来实现，如果忽视市场规律，单纯靠政府去做，只能取得事倍功半的效果，一定要运用借力打力的理念，利用市场规律，借助杠杆作用，放大政府行为的作用，充分调动各个经济主体的积极性，包括农民、返乡创业人员、合作组织、企业、新型经营主体、中介组织、村集体等不同类型的经济主体，这样才能起到四两拨千斤、事半功倍的效果。

市场和政府两种资源配置方式如何配合、配合得好坏，会直接决定事情的成败，因此，通过对接动力机制和协调机制两种机制来构建协调推进机制更加需要重视市场和政府的配合问题。

三、协同推进机制

新型城镇化和乡村振兴对接，城乡一体化动力机制和协调机制对接，关键在要素，因此，需要围绕要素来构建城乡一体化协同推进机制，该机制包括总系统和劳动力、资本、土地、技术四个子系统。

（一）协同推进机制总系统

新型城镇化和乡村振兴相互衔接，动力机制和协调机制相互配合，利用政府和市场两种力量统筹推进，通过城乡劳动力、资本、土地、技术等生产要素的城乡配置形成城乡互动的协同推进机制从而实现城乡一体化发展，这是本章内容的目标。如图 6-1 所示，城乡一体化协同推进机制需要新型城镇化和乡村振兴战略的相互配合，新型城镇化战略通过借助城镇化过程本身，围绕以人为核心、资本下乡、产业互动、土地利用、技术创新与转移等方面作用于生产要素，推进城乡一体化；乡村振兴以农村产业振兴为核心，整合生产要素，提升农村吸纳能力，衔接城镇化所带动的要素流动，实现城乡一体化发展。城镇和农村的要素配置需要有一个配合的过程，这个过程就是由政府和市场相结合来实现的。

城乡一体化协同推进总系统包括劳动力、资本、土地和技术四个子系统，其中，劳动力和资本子系统是基础，土地子系统是条件，技术子系统是翅膀。当前中国农村整体发展水平不高，而在经济起飞或者发展初期，最重要的或者最基础的就是优质劳动力和充裕的资本。中国在快速城镇化过程中有大量的农村劳动力流进城镇，而这些劳动力都是农村素质相对比较高的劳动力，进城后大部分以农民工的身份存在，游离于城市的边缘，导致农村大多是留守老人、妇女和儿童，为农村的发展和承接城市的产业转移造成了极大的障碍。资本同样是农村所缺乏的，从我们实施重工业优先发展的赶超战略以来，农村资本就源源不断地流出，流出的途径是多种多样的，有剪刀差、有存贷款、有财政途径、有投资途径，同时，也有大量资本在城乡人口转移过程中一同被带到了城镇，导致农村基础设施、资本积累等都极其薄弱。因此，在当前条件下，劳动力和资本的合理配置是推进城乡一体化最基本的条件。无论是城市发展还是农村发展，无论是农业发展还是非农产业发展，都离不开土地这个基本条件，土地是制约和促进新型城镇化与乡村振兴的一个前提条件，在土地总量一定的条件下，土地制度是否有效、是否有利于城乡一体化发展就起着不可忽视的作用，而

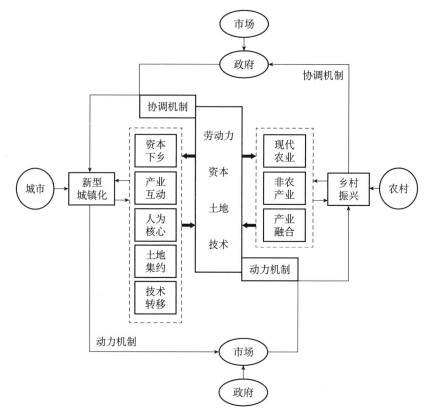

图 6 – 1 城乡一体化推进机制

中国的城乡土地制度又相对比较复杂，和其他国家都不一样，有非常强的独特性，这种独特性也在一定程度上成为制约城乡一体化发展的障碍，因此，如何在现有的基本制度框架下求突破，使其既有利于城镇的发展也能够促进农村产业发展，就显得相当关键。中国处于工业化过程的中后期，但农业技术水平相对落后，靠传统的农业和农村传统工业来实现乡村振兴基本不可能，必须要借助现代科学技术手段这只翅膀。城镇化可以促进技术创新与转移，就技术创新而言，现代化的科学技术却很难产生于现在的农村，以后也许可以，但是就当前而言条件还是不具备的；就技术转移而言，农村主要负责接纳和推广技术。只有技术创新、技术转移、技术承接整个过程顺畅了，才能为农业和农村插上现代化的翅膀。

各个子系统之间是相互作用、相互影响、相互促进、相互制约的，都不是孤立存在的，需要相互配合。例如，农地规模会影响技术推广和资本流入，农村建设用地会影响资本和非农产业发展，也会影响劳动力的转移；农村劳动力质量同样会影响技术转移与推广，也会影响农业经营方式和农村资本积累方式。因此，需要统筹设计，协同共建，达到相互促进的效果，而不能相互牵绊，原因在于，农村各个方面是一个系统的整体，牵一发而动全身，不能头痛医头、脚疼医脚，而是要进行系统治疗、综合施策。

（二）协同推进机制劳动力子系统

劳动力资源的城乡优化配置是推进城乡一体化的基础。在过去的工业化、城镇化进程中，由于城乡收入差距和基础条件差距，大量农村相对优质的劳动力流入城镇，进入城镇后又没有完全融入城市，而是形成了庞大的农民工群体，游离于城市和农村的边缘。一方面，为城市提供了廉价劳动力，促进了城市工业的发展，帮助城市快速实现了工业化。另一方面，也造成了很大的经济、社会问题，当前，农民工数量约 2.7 亿，城市中的农民缺乏应有的身份认同感和社会认同度，钟摆式地游走于城乡之间，相应的还有所谓的"农民工二代"问题，他们是回不了农村的新一代"农民工"。农民工的权益也很难得到保证，形成了严重的社会问题。同时，农村又缺乏优质劳动力，以留守人员为主，严重地影响了农村本身的建设和发展。没有现代化的劳动力，如何发展现代农业，如何谈乡村振兴？要实现城乡一体化，就需要城乡劳动力合理配置，一方面提高配置效率，保证城镇经济建设，促进城镇化健康发展；另一方面保证乡村振兴所需要的劳动力要求。

在传统城镇化进程中，农村劳动力为工业化提供了劳动力蓄水池的作用，大量农村劳动力转移到城镇，而带动的非劳动力有限，老人、孩子被留在了农村。在新型城镇化和乡村振兴背景下，主要需要解决的是两个问题：一个是城镇农民工的市民化问题；另一个是乡村振兴所需的劳动力来源问题。如图 6-2 所示，要解决这两个问题需要借助于新型城镇化进一步转移农村人口，这些农村人口既包括更适合去城镇工作的劳动力，也包括劳动力所附带的非劳动力人口。转移人口进入城镇以后，劳动力在经过一定的技能培训进入城镇产业，在城镇产业中进一步通过生产经营活动来积累经验、提高技能。一部分劳动力和所带人口通过市民化过程完成由农民向市民的转变；另一部分劳动力则携带着新的技能、知识和资本，返乡工作或创业，成为乡村产业振兴的主力军，成为推动乡村振兴的优质劳动力和人力资本，成为满足乡村振兴的劳动力来源之一。迁移人口的市民化与返乡创业两条途径之间是可以相互调剂的，不同的个体可以选择不同的道路，在这方面城镇和农村的政策影响会起到决定性作用。

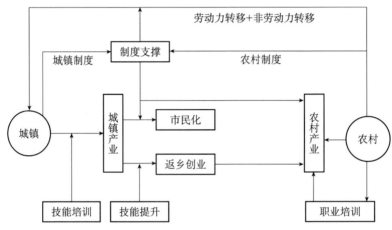

图6-2 劳动力子系统

乡村振兴的另一个劳动力来源是其本身所拥有的劳动力和人口，这些人分为两部分：一部分是具有一定素质、具有发展和提升潜力的劳动力；另一部分是具有一定劳动能力但只能从事简单劳动的人口，可以称为半劳动力，人们只要还能从事一定的生产活动就不会完全退出劳动力市场，而是会从事一些兼业活动。对于第一类具有一定素质的劳动力要加强职业素养培训，未来的农村产业不论是现代农业还是非农产业，对劳动力的职业技能要求都会越来越高，越来越需要他们承接技术的转移与推广，因此，强化职业教育是必不可少的，而这一块正是农村所最缺失的。对于第二类半劳动力人口也需要充分利用，农村产业和城镇产业最大的不同是容易开展兼业，因此，除了让半劳动力从事一些简单生产经营活动外，更重要的是要拓展他们从事兼业活动的途径，拓展他们的收入来源，这样也能提升农村全员生产力。

在这个过程中，除了需要各种技能培训和职业培训以外，还需要强有力的配套制度支撑，这个制度保障是综合性的，既涉及城镇又涉及农村，对不同的农民工群体制定不同的针对性政策。这里，最关键的是市民化的问题，市民化会涉及户籍和附带的社会福利问题，涉及身份认同和社会融入问题，涉及农民工就业和社会保障问题、涉及农民工收入和住房问题、涉及农村土地和与农村的联系等各个方面的问题，这些问题的解决既需要政策也需要成本，既需要个人也需要企业和政府，当然，政府的顶层设计还是最重要的。农民工返乡问题也是容易陷入矛盾循环的一个环节，返乡需要农村有一定的产业环境和基础条件，而没有一定的优质劳动力群体又很难建立产业发展的基础条件，需要营造良性的产业环境。

（三）资本子系统

中国农村资本长期处于资本净流出状态，从计划经济时代的政府转移农村资本到市场经济时代的市场转移农村资本，这个过程基本没有停止过，流出的途径是多方面的，包括财政税收方面的流出、金融机构存贷款差额的流出、通过价格"剪刀差"形式进行的资本转移和城乡人口转移过程中所附带的资本转移，导致农村产业资本奇缺，自身资本积累能力奇弱，严重损伤了农村的产业基础。要想实现城乡一体化发展，必须打破和扭转这样一种长期形成的净资本流出状态，形成以工辅农、以工助农的工业反哺农业、城市支持农村与农村自我资本积累相结合的良性循环状态。资本子系统情况如图 6-3 所示。

农村产业资本是实现乡村振兴和城乡一体化的另一个基本条件。农村产业资本的来源主要分为内部和外部两个途径。内部来源主要包括农业产业资本的积累与内部投入。过去在以联产承包责任制为基础的家庭经营方式下，分散的家庭生产经营和被弱化的集体经济实现形式很难实现资本的大规模自我积累，导致农村产业自我积累能力基本丧失，积累起来的都是一些零散、分散的小型资本，难以适应市场化发展的需要，更难以支持现代化的实现。要使其具有资本积累能力，需要两个方面的条件：一方面是借助现代经营主体的介入打破传统的小农生产方式，鼓励发展一些能使资本留在农村、发展农村的新型经营主体，使其实现自我资本积累，现代经

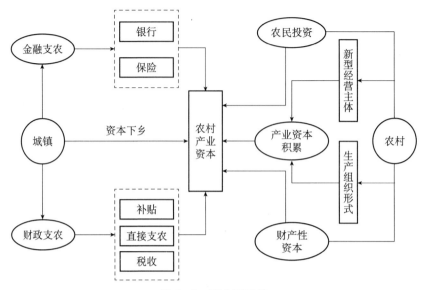

图6-3 资本子系统

营主体有很多种，如合作社、家庭农场、龙头企业等，还包括一些复合型的经营主体；另一方面是经营方式的转变，传统单一的生产或者流通方式已经不适应现代化市场经济的发展，现代市场经济中需要合作，需要产业融合，需要产、供、销一体化，需要现代化、网络化、智能化的生产经营方式，需要与城市需求、城市产业相对接，这样才能形成产业一体化的发展趋势。除了农村产业资本自我积累以外，内部投入也会起到一定的作用。一种内部投入是农民本身的资本投入，现在很多农民有些积蓄就急于去购买城市房产，投入农村产业的不多，只有农村发展势头良好、投资有回报，农民的自我投入才会形成。另一种内部投入是资产性投入，农民有耕地的经营权、宅基地的使用权、自建房屋的所有权等，这些权力在很大程度上是农民的资产，但是在现实中不能变现，很多也没有作为资产被充分投入生产经营活动中，因此，需要依靠一定的制度设计来激活这些资产，让它们能够充分参与农村产业发展中，除了为农民带来收入，更重要的是使农民直接参与产业经营管理中，增强其主人公意识，使其成为真正的乡村振兴的参与主体。

外部资本投入主要来源于三个途径，代表着工业反哺农业、城市支持农村的政策倾向，但这种"支持"也不纯粹是支持，资本毕竟有自己的运动规律，资本的目的还是获取利润。第一个外部来源是工商资本下乡。城市积累了大量苦于没有好的投资渠道的工商业资本，因而合理引导资本下乡具有很大的可操作空间。当前资本下乡并没有形成热潮，原因在于我国对工商业资本下乡一向比较谨慎、限制条件比较多。国家这样做是因为资本一向具有掠夺性，对于其自身而言，下乡并不是为了发展农村、建设农村，而是为了获取利润，而带走利润却留下问题是我们最不愿意看到的事情；还有些资本是为了获取国家的优惠政策而打擦边球，名不副实，反而会给农村造成损害。这就需要政府合理引导、规划、监管、鼓励，使工商资本真正成为注入农村产业发展的一股强大力量，同时使其成为培育新型经营主体的一种资本来源。第二个外部来源是财政体系，财政支农主要是指财政支出中直接用于支持农业生产或与农业生产有比较密切联系的资金支出，包括支援农村生产支出、综合开发支出、水利气象等部门的事业费、农业基本建设支出、企业挖潜改造资金、农业科技三项费用，社会福利救济费、政策性补贴支出等。概括起来分为三类，一是税收政策，二是财政直接投资，三是财政补贴。财政手段是政府干预和引导乡村振兴最直接的手段和方式，使用得好坏会起到关键性作用。合理地综合运用这些财政手段，才能起到四两拨千斤的效果。第三个外部资本来源是金融系统，在乡村振兴战略和城乡一体化发展的时代背景下，推动农业、农村现代化进程，金融支农不可或缺，我们需要将更多的金融资源配置到农村经济发展的重点领域和薄弱环节，深入推进银行业金融机构专业化建设，形成多样化农村金融服务主体，发展乡村普惠金融，降低农户和新型经营主体的融资成本。一方面，要加快农村金融产品和服务方式创新，结合农村集体制度改革，积极探索开发新型信用类金融支农产品和服务；另一方面，要发展农业保险，农民对于风险的承担能力比较弱，禁不起任何的风吹雨打，但现在的农业不仅面临自然风险，更面临着很大的市场风险，所以需要通过完善农业保险体系来化解或降低农民的各类风险，其中也包括农业以外的风险。

只有通过内外结合，才能解决农村的资本积累问题，当其自我积累能力形成以后，政府才可以慢慢退出，交给市场。从世界范围看，很多发达国家政府对农业、农村的支持都是持续的、持久的，我国的乡村振兴同样也离不开政府的扶持。

（四）土地子系统

土地子系统主要涉及的是农村土地问题，中国农村土地制度与城市不同，它是中国特有的农村集体所有制，由村集体经济组织或者村民委员会经营管理。土地类型主要包括三类：农用地，建设用地和荒山、荒沟、荒丘、荒滩等未利用地，其中，建设用地又分为宅基地、经营性建设用地和公益性建设用地。对农村生产经营活动起主要作用的是农用地、宅基地和集体经营性建设用地。农用地是指直接用于农业生产的土地，包括耕地、园地、林地、牧草地及其他农用地，其集体所有制的实现形式是家庭联产承包责任制，所有权归集体而承包权和使用权由家庭农户所有。宅基地是农村家庭用于建住宅而占有的土地，属于农村的非经营性建设用地的一种，宅基地属于农村农民集体成员所有，宅基地使用权人依法对集体所有的土地享有占有和使用的权利，宅基地使用权不得单独转让，转让也只能在同一集体经济组织内部成员之间进行，转让地随房一并转让，宅基地上的住房由宅基地使用人所有，可以继承、抵押，出租等。集体经营性建设用地，是指具有生产经营性质的农村建设用地，包括由农村集体经济组织使用规划确定的用来兴办企业或者与其他单位以联营等形式共同举办企业或者进行商业活动的农村建设用地。2013 年 11 月 15 日，《中共中央关于全面深化改革若干重大问题的决定》指出，要建立城乡统一的建设用地市场，也就是说在符合规划和用途管制前提下，农村经营性建设用地可以出让、租赁、入股，可以与国有土地同等入市、同权同价。

农村土地为新型城镇化、城乡一体化发展和乡村振兴提供了条件，特别是对农村产业发展和乡村振兴起到了举足轻重的作用。如图 6-4 所示，与新型城镇化联系比较密切的是农村土地为城镇发展提供了空间，城市空间的扩大很大程度上依赖于征地的多少，也就是由农村集体所有的土地转变为国有土地，成为城镇用地。城镇要集约化用地，以往中国的城镇建设用地过于粗放，土地城镇化远远快于人口城镇化，挤占了农村土地特别是对农业生产和国家粮食安全起重要作用的耕地。同时，征地过程中的权益保护问题也特别重要，土地用途转变所带来的巨大收益需要返给农民，成为他们的财产性收益，最终转变为农村产业发展的资本。

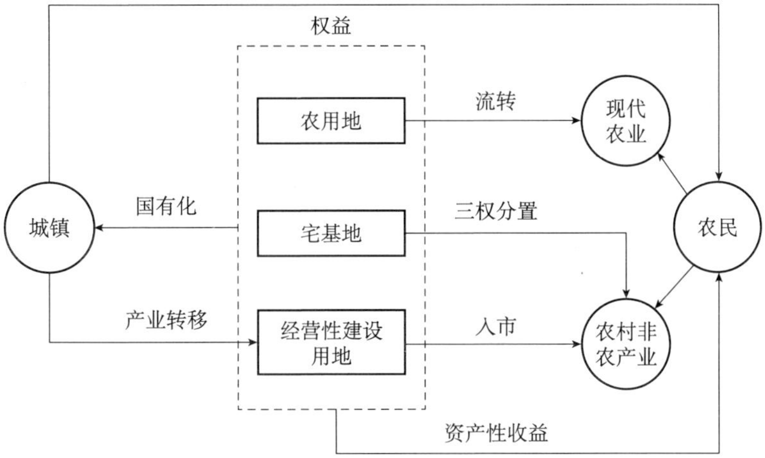

图6-4 土地子系统

农用地是农业生产的基础，中国在实施联产承包责任制以后，土地碎片化非常严重，难以适应现代化的农业生产。鼓励在保持承包权相对稳定的情况下通过各种方式进行土地流转：一方面，与现代经营主体相契合，有利于适度规模经营和改造传统农业；另一方面，农民可以得到土地流转的收益或者以土地入股成为股东，增加财产性收入。但是，在流转过程中也面临着比较大的问题：一是土地流转的收益有限，一亩地几百元钱，而人均土地非常有限，即使将家庭农用地全部流转出去收入也微乎其微，难以改变家庭经济现状，这就造成农户土地流转意愿不强的局面；二是面对分散的农户在进行大规模流转的时候进入成本太高，小规模的流转相对比较容易，成片的大规模流转就比较难以实现，即使实现的案例也都是通过村集体统一安排来实现的，但这不是所有村集体都能做到的；三是农地流转以后双方权益的保护问题，农地流入方使用年限的保障和流出方未来收益的保障，在当前的制度框架下面临着很多不确定性，所以需要积极创造农地流转的条件，提升农地使用效率。

宅基地和经营性建设用地都属于农村集体建设用地，只是用途不同。当前农村宅基地使用粗放，大量闲置问题相当严重，如何盘活闲置的宅基地和农村住房成为当前农村面临的大问题。经营性建设用地在农村占比不高，却是使用起来比较灵活的土地。如何充分利用这两块土地发展农村非农产业很是关键，这需要借助城镇的产业转移和农村的非农产业发展来解决。城镇产业向农村转移需要建设用地，而耕地的用途不能随便改变，这就只能在经营性建设用地上想办法；农村本身也需要发展非农产业，而经营性建设用地和宅基地就是发展的基础，这些土地也需要产业发展来盘活，非农产业繁荣了，宅基地和闲置的住房就有了用武之地，同时，也就实现了农民财产性收入，如果这些收入再流进农村产业，就会形成良性循环。

（五）技术子系统

在当前的时代背景下，技术进步为城乡一体化发展创造了条件，也是发展现代农业和先进制造业所必需的。互联网、物联网等技术的发展，自然而然地增强了城乡之间的联系，使以前偏远农村所不能实现的生产经营行为变得很容易实现，距离不再成为阻碍城乡和区域联系的障碍。农村发展需要多种类型的技术，包括一般的通用技术、专业技术和与农业相关的技术，但是，现代化的技术创新不可能在现在的农村完成，因为现代技术不是靠经验就可以实现的，它需要依托于科学技术总体的进步，需要在实验室由研发机构组织科研工作人员去探索和实现，而当前大部分农村还不具备这样的条件，因此，技术创新一般是在城镇中完成的，然后通过城镇化过程使城镇技术向农村转移和推广，至于技术转移和推广的途径则是多方面的。

如图6-5所示，通用技术、专业技术和农业技术的创新和成果转换在城镇集中完成，然后伴随着城乡之间的人口流动和资本流动来到农村，增强了农村的基础设施建设，提高了人员素质，为进一步承接技术转移奠定了基础。第一，通用技术主要指互联网、物联网、交通等方面的技术，这些通用性技术会为农村带来技术基础条件的提升，同时，也会提升农村人员与现代社会生活的融合度，有利于其他技术的承接。第二，专业技术是指在产业发展中所使用的具体的专业技术，它需要通过城镇产业的转移扩散到农村非农产业中，当然，农村非农产业也可以引进城镇产业技术，还可以通过产业融合渗透到农业。第三，农业科技创新与推广对于农村发展及其重要，农业毕竟还是农村的基础产业，农业的出路在于农业现代化，农业现代化关键在于科技进步和创新。首先，需要培育和壮大农业创新主体，优化农业科技资源配置，以研究与开发机构为主体，联合高等学校、企业等力量，培育适合市场需求的农业技术，而适合市场需求的农业技术的有效供给能够推动农业生产方式改进，进一步催生新的技术需求，有效需求又是推动农业科技创新与推广的动力。其次，农业科技推广也是重要的一环，是农业科技转化为现实生产力所必不可少的关键环节。农业技术推广体系（agricultural extension system）是农业技术推广工作的基础和保证，目前，中国已经初步形成了从中央到省、地、县、乡、村的多层次、多功能的农技推广服务体系，主要包括农业技术推广、农业良种繁育、农业技术监督检测3个系统，还包括一些群众性农技推广组织。但是，农业科技推广工作所取得的效果和作用却不太理想，因为组织结构和运行方式带有很强的计划经济印记，难以适应当前的市场化进程，因此，健全和完善农业技术推广体系，推进农业机械化、信息化建设，是实现农业现代化、实现乡村振兴的重要环节。

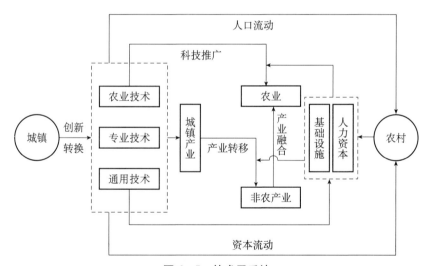

图 6 - 5　技术子系统

所有的农村技术转移与推广，都离不开农村基础设施和农村人员的基本素质，两者是相辅相成、相互促进和相互制约的。当前，中国农村大多是留守人员，文化水平低，整体素质不高，对于新知识、新技术的接纳能力弱，接受新事物的动力不强、热情不高，这已经成为阻碍城乡技术转移与推广的重要障碍。因此，还需要加强农村基础设施建设，加强基础教育和职业培训，从而提升农民的整体素质，同时鼓励高素质的农民工返乡创业。

第二节　城乡一体化政策体系

通过前面对城乡一体化机制的分析，我们明确了：要以新型城镇化为动力，以乡村振兴为协调力量，从"城—乡"与"乡—城"两个方向推进城乡一体化发展，应围绕生产要素流动这个核心，破除不利于生产要素流动的各种障碍，完善城乡一体的生产要素市场体系建设，加强各方面的制度保障以促进劳动力、资本、土地、技术在城乡之间、产业之间的合理流动、优化配置，从而推动城乡产业合理布局、协同发展，缩小城乡收入差距和生活水平差距，最终达到城乡融合的多元要求。遵循以生产要素流动带动城乡产业协同发展、以产业发展推进城乡一体化这个基本逻辑，我们设计了城乡一体化的政策体系。

一、城乡一体化政策体系构成

城乡一体化政策体系由三个层次的政策体系组成，这三个层次分别是：要素层政策体系、产业层政策体系和保障层政策体系。三个层次之间依次递进，存在着紧密的联系。

（一）城乡一体化政策体系的三个层次

城乡一体化政策体系的三个层次是要素层政策体系、产业层政策体系和保障层政策体系，分别对应着要素政策、产业政策和保障政策三类政策。

如图 6-6 所示，要素层政策体系是政策体系的核心和重点，由四部分具体政策和制度组成，这些具体政策和制度分别围绕劳动力、资本、土地、技术四种生产要素展开。换句话说，要素层政策体系是为促进劳动力、资本、土地、技术四种生产要素合理双向流动而设计的一系列政策。产业层政策体系包括一系列促进农业、农村非农产业发展的政策和推进城乡产业融合的政策。保障层政策体系为城乡一体化发展提供保障，主要涉及基础设施和社会保障制度。

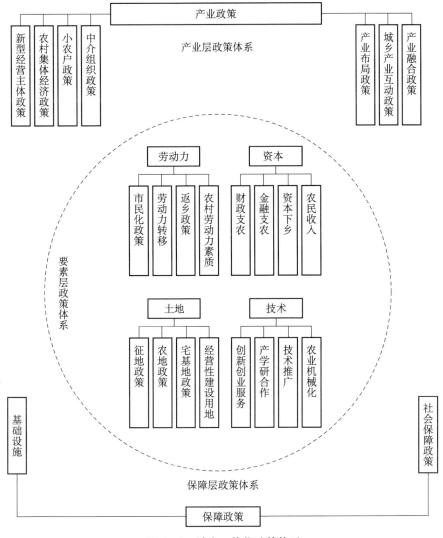

图 6-6　城乡一体化政策体系

（二）各层次政策体系之间的关系

城乡一体化政策体系的三个层次并不是毫无关联、各自为政的，它们互相之间存在着密切的联系：首先，要素层政策体系是城乡一体化政策体系的核心，保障层政策体系为其提供基础保障，产业层政策体系以之为基础进行拓展。其次，产业层政策体系直指城乡产业发展，是城乡一体化政策体系的更高层次，它同样离不开保障层政策体系的支持，同时也是要素层政策体系的升华与拓展。最后，保障层政策体系，顾名思义，是整个城乡一体化政策体系的保障，离开了保障政策一体化的基础性保障，要素政策和产业政策将失去支撑而难以为继。

二、要素层政策体系

要素政策包括四大类：以劳动力为中心的农村转移人口市民化政策、劳动力转移政策、农民工返乡政策和农村劳动力素质提升政策等；以资本为中心的财政支农政策、金融支农政策、资本下乡政策和农民收入提高政策等；以土地为中心的征地政策、农地政策、宅基地政策和经营性建设用地政策等；以技术为中心的创新创业服务政策、农业技术推广政策和农业机械化、信息化政策等。

（一）劳动力要素相关政策

1. 市民化政策

第一，建立农村转移人口档案管理系统，提高管理的信息化、网络化。农村转移人口的市民身份问题一直是个"痛点"，在城乡一体化过程中，应当综合考虑各类规模城市的承载力，配合新型城镇化步伐，积极解决农村转移到城市人员的落户问题，即实现人的"城镇化"。现在看来，"市民化"针对的主要群体还是农村转移劳动力，即农民工及其家属，至于因参军、升学等原因进入城市的农村转移人口的城市化并不是主要问题所在。那么问题就来了，农民工最明显的一个特点就是流动性强，掌握其具体信息比较困难，所以有必要建立一套办法来有序地促进农村转移人口的市民化。在这方面，可以发挥社区深入群众的优势，对每个入城农民的入城工作时间、工作地点、工种等信息以及随迁人员信息进行及时登记、建档，并由县级或市级政府成立专门的农村转移人口档案管理小组，联网统一管理。

第二，明确规定农村转移人口获得市民身份的年限和其他条件。规定在某城市工作超过一定年限，如超过 5 年的农村转移人口，可以申请获得城市户口；超过更高年限，如超过 8 年，允许其随迁子女、父母转为城市户口；对城市特别需要的工种或为城市建设、疾病防控等作出重大贡献的农村劳动力，可以根据情况适当放宽年限要求，构建城市户口"绿色通道"。前面建立的档案管理系统使获得农村转移人口的这些信息变得非常简单，一旦满足条件，可以由系统通过网络自动发送提醒信息给相关人员本人，由其自行决定是否申请转为城市户口。

第三，继续实行居住证制度，对持证者实行市民化待遇。要明确城市不仅是拥有城市户籍的人口的城市，而且是所有其他城市居民和城市建设者的城市。针对因未达到条件或因城市承载力限制等未能转为城市户口的农村转移人口，扩大居住证覆盖范围，在医疗卫生服务、义务教育等公共服务方面为持证者提供市民化待遇。对于受城市规模和其他方面限制而在城市不能落户的群体，降低农村进城务工人员在子女入学和享受公共服务等方面的门槛，尽量做到同等对待，让其享受基础性的市民化待遇。在医疗卫生服务方面，如社区卫生和计划生育服务方面，要同等对待，建立城乡养老、医疗保险等社会保障体系的衔接机制；简化进城务工人员子女入学程序，实现义务教育全覆盖；住房保障方面，政府带头、企业配合，以廉租房、公租房、发放补贴等各种方式保障进城务工人员拥有较好的居住条件，使孩子上学等政策与房产脱钩。

2. 劳动力转移政策

第一，建立并完善农村劳动力就业示范基地制度，提供更多的就地工作岗位。鼓励一批有利于吸纳劳动力的农村非农企业发展，并选取其中一些企业作为就业示范基地，将经验进行推广。这些作为示范基地的企业应当具有以下一种或几种特征：本区域的特色产业尤其是有着深厚传统文化历史的产业中的企业，本地人往往对其较为熟悉，更愿意、更易于从事这些工作；一些劳动力密集型的企业，这些企业提供了众多的劳动岗位，这是城市产业向农村转移给农村带来的机会；一些农民创业而建立的企业，在吸纳劳动力的同时还提供了以创业解决就业问题的思路。

第二，打通外出就业的通道，建立和完善外出就业服务平台，有序、有目的地组织、引导劳动力外出从业。就低级层次而言，这个平台首先面向农村建立，为农村劳动力提供城市的招聘信息和免费的就业中介服务，避免出现以前农民工那种漫无目的地进城寻找工作的情况。就高级层次而言，建立农村之间、城乡之间、城城之间的信息服务平台，及时公布各地岗位信息，实现全国联网，为更大范围的劳动力合理流动提供信息服务。

3. 返乡政策

第一，建立返乡人员创业平台。返乡人员中最引人注目的是一部分外出农民工和经商人员。这类人员在城市中提高了职业技能、积累了创业资本和管理经验，他们返乡在为农村带来高素质劳动力的同时，也带来了资本和技术。这部分人回乡往往是为了创业，因此，为其创造良好的创业环境就非常重要。可以由县级政府牵头设立返乡人员创业平台，该平台内部可以设置这样几个板块：专业化咨询服务板块，为返乡人员提供法律、工商、税收、技术等方面的专业化咨询服务；金融服务板块，为返乡人员创业提供优惠性的贷款服务，降低贷款门槛，简化贷款流程；税收优惠板块，对返乡人员创业普遍实行税收优惠，对环保型、高科技型和能够为农民提供较多工作机会的企业执行更优惠的税收政策。

第二，大力鼓励、吸引高校、职业院校毕业生回原籍工作。可以从情感、工作、生活方面设立吸引、激励和保障条件吸引这部分青年高素质人才回乡：一是，以"乡愁"为纽带，激发年轻人建设家乡、服务家乡的斗志；二是，为他们回乡就业提供良好的工资待遇、晋升制度等条件，为其描绘广阔的职业前景；三是，提供基本的住房等生活保障，使其没有后顾之忧。

4. 提高农村劳动力素质

第一，推广面向农村地区需要的对口职业教育。相对而言，我国的高等教育是比较发达的，职业教育发展非常不充分，面向农村的职业教育更是不足，而职业教育对于提升农村劳动力素质而言，却是最重要的途径之一。因此，完善对口农村的职业教育体系非常重要，在实践中要针对本地区农村稀缺的人才种类，从专业设置、实务操作等方面入手，积极培育适合农村的专业人才。

第二，健全农村劳动力培训体系。加强农村劳动力技能培训，是提高农村劳动力适应性最直接、最便捷的一种方式。要积极利用专家讲学、互联网教学、实地培训等多种方式，因人而异对各层次农村劳动力进行分门别类的专业培训，建立服务终身的职业培训制度，赋予有意愿的农民定期参加培训的机会。

（二）资本要素相关政策

1. 财政支农政策

第一，加强专项补贴和临时补贴，完善以直接补贴为主的农业补贴制度。我国 2004 年开始实行粮食直接补贴政策，2006 年开始实行农资综合直接补贴政策，这些直接补贴制度的建立一方面有利于保护农业发展，另一方面也是为适应世界贸易组织（WTO）规则的要求而进行的改革。今后，还可以从以下两个方面来完善农业补贴制度：一方面，对一些重要经济作物，如花生、油菜籽等可以设立专项补贴，专项补贴的精准性会比较强；另一方面，建立健全临时补贴制度，在天气极端、发生虫害的年份可以对农作物实行临时补贴，如"灭蝗补贴"，助力农民展开抗灾行动。

第二，加大对重点领域和薄弱环节的财政直接投资。建立政府固定资产投资优先投入农业、农村相关领域的长效机制，提高支农投入在政府支出中的比重，加大农村基础设施和水利、灌溉等系统性大型项目的投入，注重农村交通设施、网络建设、物流建设等基础设施方面的直接支持力度。

第三，充分发挥税收政策的功能。农业税免除以后，经营性的税收支出成为农村的主要税收。需要政府调整农村税收结构，通过减免税收等优惠政策，引导农村的投资和产业发展方向，使资本更多地投入农村涉农产业和乡村建设，充分发挥其指挥棒的作用。

2. 金融支农政策

第一，继续完善农村金融服务体系，发展普惠金融。政策性银行、商业性银行和合作金融组织一起形成多样化的金融服务主体，鼓励和引导证券、保险、担保、期货、租赁、信托等金融机构也积极参与乡村振兴。完善农业农村金融服务机制，下沉服务中心，加大乡村振兴的信贷支持，降低涉农融资门槛，使金融融资业务成为农民和农村企业及其他农村经营主体融资的重要途径，引导农民建立自己的合作金融机构。从国际经验看，日本、韩国等国家的农民合作社都设有自己的银行系统，金融机构的盈利能力还是高于一般行业的，有利于农村的资本积累。

第二，创新金融支农产品和金融支农政策。结合农村集体产权改革、宅基地、经营性建设用地、土地承包权的改革，积极推进这些权利的抵押担保功能，创新性地提供集体资产的融资方式，通过利用各种新型技术手段和途径简化融资程序，注重提高金融的"三农"服务质量。进一步完善涉农贴息贷款等政策，降低涉及农业产业和农村各类经营主体的融资成本，同时，也要加强涉农资金风险管理，化解金融风险。

第三，推广农业保险，提升产品针对性。农民承担风险的能力很弱，而且农业本身也很脆弱，因为，当下的农民和农业生产已经不像封闭经济条件下仅为了自给自足，更多的是要面向市场，提供产品是为了获取收益，因此，农业要同时面对不可测的自然风险和市场风险，任何一种风险都是他们难以承受的，他们面对自然风险基本无计可施，应对市场风险的能力也很弱，这就需要有针对性的农业保险，例如，针对大风、倒伏、暴雨、洪水、冰雹、干旱、病虫害等自然灾害提供特别保险，针对农产品市场的价格异常波动设立相关的保险项目等，降低农民在生产经营过程中所带来的重大风险的损害程度。

3. 资本下乡政策

第一，正确引导工商资本下乡。城市工商业积累了大量的工商业资本，其中有很大一部分并没有很好的投资去向，在这样一个乡村振兴的大潮中，农村、农业其实应该成为很好的投资出路，而现在却出现了资本没出路还不下乡的矛盾。资本的本质是追求利润，哪儿利润空间高就会流向哪儿，而就农业而言，只有保持一定规模才有利润空间。非农产业具有廉价劳动力的优势，但需要一定的市场和产业条件。因此，需要正确地引导资本下乡，一方面，鼓励发展现代农业，提供优惠政策；另一方面，创造市场和产业条件，工商业资本自然会逐利润而去，但是，工商业资本下乡一定要杜绝其掠夺性发展，应当引导其与农村资本相结合，保证农民的权益、收益，使资本积累能够发展和建设农村。

第二，引导社会资本投入乡村振兴。单纯靠政府的投入解决农村基础设施建设的资金来源问题也不太现实，需要鼓励和撬动社会资本加入，同时，也要引导社会公益资金和本地外出创业成功的企业的参与，还要鼓励农民对家乡建设的积极投入，可以投入资本，也可以投入劳力，调动农民本身的积极性，让他们参与乡村振兴，建设自己的家乡。

4. 提高农民收入的政策

农民总体收入水平还比较低，导致农村自身资本积累非常有限，因而需要多途径增加农民收入。首先，提升工资性收入，增加非农产业就业岗位，提升农民工的工资水平，拓展就地非农产业就业机会，鼓励农民兼业经营，增加兼业经营机会。其次，完善各类新型经营主体与农民的利润链接与合理分配机制，引导农村积极参与现代经营方式，能够从中获取更多的收入，拓宽增收渠道。再次，增加其财产性收入，增加农民所拥有的耕地承包权、宅基地使用权等权利的变现途径。最后，与农村脱贫攻坚政策相对接，增加转移支付，增强贫困农户的发展能力，解决一部分人的生计和收入问题。除此之外，更重要的是使农民的资本能够留在农村，投入产业发展和乡村建设，而不是去城里买房子，让他们能够看到农村有比去城里买房子更高的收益空间，看到农村的希望，他们才会将资本留在家乡。

（三）土地要素相关政策

1. 改革征地政策

第一，城乡土地流转是保障城镇建设和发展的重要空间来源，需要合理规划，提升城镇土地利用的集约化程度，缩小征地范围，节约用地，推动城镇建设用地合理发展。应特别注重小城镇与农村的接合部，使其与现代农业、特色农业相结合，与"三农"相结合，服务于农民、农业和农民。

第二，规范征地流程，改革征地制度。降低对土地财政的依赖，进一步优化征地程序，完善征地使用范围，确保征地农民的利益和农村集体利益，兼顾国家、集体和个人的利益分配，提高个人补偿收益，优先确保农民、农村的集体利益，尽量做到取之于农用之于农，使土地用途改变所带来的收益回到农村。

2. 农地政策改革

第一，继续强化耕地保护政策。耕地属于农地中最重要的一类土地，大部分地区农地以耕地为主，因为耕地数量有限，涉及国家安全，不单纯是经济利益问题，因此，要继续严管土地用途，加强保护耕地，优化基本农田管理，完善基本农田保护机制；合理运用占补平衡和土地整理复垦政策，加强监管力度。占补平衡也带来一个问题，有的地方为了获取更多的城镇建设用地，强制农民上楼，违反了农民意愿，损害了农民利益，对待此类问题应该全面地去看而不能一刀切：有些村丧失了发展的潜力和条件，只剩农民的情结，这一类村庄需要整体整饬；另外一些地方，农村仍有潜力可挖，可以在保持居住现状基础上大力发展产业，对于这一类村庄绝对不能一刀切，更不能强制农民上楼。

第二，改革农地管理制度，促进农地流转。在农村承包地确权登记的基础上，进一步在"三权分置"制度上下功夫，在农地集体所有的前提下，需要加强农户承包权的保护，最大限度地放活经营使用权，让农地承包者拥有土地所有收益、抵押和担保等权力，鼓励规模化流转，完善土地流转市场和平台，增加信息透明度，提升土地流转价格，降低土地流转交易成本，允许土地经营权入股经营农业，完善农地承包权的集体内部转让和退出机制使其有利于规模化经营，加强土地流转的各类社会组织建设，让作为土地市场的交易中介参与土地流转，以降低交易费用和确保土地流转双方的权益。

3. 宅基地政策

第一，进一步探索和推进"三权分置"制度。农村土地都属于集体，宅基地同样也不例外，有资格使用宅基地的也只能是集体内部的农户，而宅基地上的房屋财产权是属于宅基地使用者的，这三种权力如何分置对能否盘活闲置的宅基地至关重要。为了防止城市人群去农村买房买地，宅基地的所有权不能改变，资格权一般也不会放开。虽然现在一些地方也存在私下的交易，农村住房被卖给了集体之外的成员，但是很难受到法律的保护，对于这些情况需要规范和清理，将权利和义务划分清楚。适度放活宅基地和房屋的使用权，例如，宅基地可以用来从事经营性生产活动，房屋可以继承、出租、抵押和入股等。

第二，盘活闲置宅基地。现在由于农村人口大量转移向城镇，大量宅基地和房屋被闲置，造成很大浪费，并且宅基地的使用也非常粗放，很多通过继承所形成的农村房屋所有者不在村里，又没有宅基地的使用权，因此，房屋只能维修不能翻盖，导致破败不堪，使得农村一派落寞景象，如何盘活这些闲置资产就显得非常重要。关于农村闲置的宅基地，首先要解决的就是如何盘活、由谁来盘活的问题，盘活是需要条件的，条件不具备那就是空谈，要想盘活，就需要发展产业，产业是农村宅基地盘活的基本条件，需要依托产业发展盘活和整治农村宅基地和房屋，在尊重农民意愿的情况下，使分散的住房尽量集中化，同时赋予其现代要素，为产业发展提供条件。同时，积极探索宅基地有偿退出机制，特别是转移人口的宅基地问题，如可以尝试宅基地换社保等方式。

4. 经营性建设用地

第一，经营性建设用地的流转问题。经营性建设用地是发展农村非农产业的重要空间保证，要积极配合非农产业发展，在符合规划和用途管制的情况下，推进经营性建设用地入市，让其拥有与国有土地同等的权能，享受与国有土地同等待遇。推动土地产权交易的规范化、公开性，明确入市范围和途径，可以就地入市，也可以异地入市。

第二，打通经营性建设用地扩展途径。随着乡村振兴的推进、农村产业的繁荣，对经营性建设用地的需求会越来越大。对于用闲置土地发展新业态的经济主体，适当地给予优惠和奖励；对于闲置的宅基地和公益性建设用地要进行回收统筹利用，尽量通过一定程序转变为经营性建设用地。在未来的产业发展过程中经营性建设用地一定会呈现出短缺状态，可以用这些方式来弥补其供给不足问题。当然，一定要重点关注各类建设用地转换和使用过程中的收益分配问题，不要损害农民的利益，让他们能够从中得到好处，这样，他们才会拥护和支持这项工作。

（四）技术要素相关政策

1. 科技成果创新服务

第一，科技创新体系需要进一步完善。创新需要创新主体，更需要创新平台，还需要创新主体和平台的结合，需要发展多种形式的创新平台，鼓励各类创新主体，包括高校和科研院所、规模性企业等都参与进来，通过合作开发、技术转让、作价投资等方式为农村科技创新提供原动力，在绿色革命等重大科研成果方面有所突破。农村建立各类创新、创业园区和企业一起构建各类实训基地和科研基地，提供科研成果与当地农村实践相结合的空间条件。培育与乡村产业具有紧密关系的创新型企业，引领乡村产业迈向高层次。

第二，促进产学研合作。搭建各类城乡产业协同创新平台，通过产业合作促进科研成果转化。发挥中小城镇的城乡衔接功能，打造和优化各类城乡协同创新平台，推广典型项目，形成示范效应。推进产学研合作，为产学研合作提供政策支持和引导。很多科研成果研发出来了却一直不能够运用到实践，原因是多方面的，但产学研的分离和割裂是一个重要原因，需要提供平台和机会使其结合，特别是在农村进行结合，这样才有利于加强技术扩散，使各种要素向农村创新创业活动聚集。

2. 技术推广服务

第一，进一步推进科技推广。中国虽然建立了相对完善的农业技术推广体系，但是由于在管理、经费和人员素质等各个方面还存在很多问题，导致培训推广工作不到位，特别是基层推广组织基本处于半瘫痪状态，使得乡镇与农民之间失去了桥梁，难以发挥整体效应。需要进一步完善农村基层科技推广体系，转换推广模式，形成以农业行政部门、企业、协会和合作组织为主体的多模式、多途径农业科技推广体系。

第二，提升农业技术推广人员素质。由于基层条件差、待遇不高，导致农业技术推广人员学历低、年龄大、缺乏专业知识，人才流失严重，而美国、日本等国家的农业科技推广人员中硕士、博士等高学历的专业人员占比却很高。需要提高基层科技推广人员待遇，鼓励大学生、研究生等高学历人才到农业技术推广队伍中去，并通过培训和学习等方式提升推广人员的专业水平。推进农业技术推广人员管理体制改革，使权责利相结合，提升待遇，使其能够扎根农村。

3. 提高农业机械化、信息化水平

第一，提高农业机械化总体水平。农业机械化是发展现代农业的最基本条件，也是解决农业劳动力短缺的基本途径，当前，农村机械配置普及率不高，整体水平低，需要加大农机补贴力度，扩大补助范围，提升农业机械化水平。积极推进育种、播种、栽培和机械装备等配套技术推广，加快生产全过程机械化进度。

第二，加强农业信息化建设。提升农业信息化水平是发展现代农业必不可少的条件，运用互联网、物联网，云计算、大数据等现代信息网络技术与现代农业相结合，降低运行成本，提高信息传递速度，提供农业发展新动能。利用信息化和智能化提升农村现代化水平既是机会又是必由之路，这样就必须加大信息化、智能化的基础条件建设，把每村每户都纳入信息化网络，使智能化设施融入所有产业之中，推进智慧农业、智慧农村建设，尽快提升四化同步水平，借助现代科学技术提升农村产业和村庄建设。

三、产业层政策体系

产业层政策体系包括培育农村经营主体的政策与城乡产业布局和融合的政策。培育农村经营主体的政策包括新型经营主体政策、农村集体经济政策、小农户政策等；城乡产业布局和融合政策包括城乡产业布局政策、城乡产业互动政策和产业融合政策等。

（一）经营主体政策

1. 新型经营主体政策

第一，鼓励多种类经营主体并存，注重培育现代经营主体。自实施家庭联产承包责任制以来，中国农村主要经营方式是分散式的小农家庭经营，家庭生产已经不能适应现代化市场经济的需要，但又不可能在短期内取消它而实现大规模农业经营，这意味着需要允许多种经营主体共存。必须要培育现代经营主体，增加其规模和数量，壮大其实力。现代经营主体的种类是多样的，包括家庭农户、合作社、龙头企业等以及一些亚型的经营主体，这些新型经营主体都需要以一定的规模为基本条件，因此，在土地流转和建设用地方面要有相应的政策支持，同时，要用政策引导和鼓励新型经营主体，解决制约其发展的外部环境问题，创造其自我壮大和积累的良性机制，扩大其规模和数量，同时，理顺其与小农户和农村集体之间的链接，形成互利互惠的共同体，使他们能够带动家庭农户和农村集体发展。

第二，特别注重农村合作组织等能够使资本留在农村的新型经营主体。日本、韩国等国家的农民合作社非常发达，我国可以借鉴其运作机制，大力扶持真正的农村合作社，真正使其成为农村经济运营的主导经营方式，达到带动农民共同富裕的效果。

2. 农村集体经济政策

第一，壮大农村集体经济。集体所有制是中国农村的基本制度，所有的经营方式都是集体经济的实现形式，而真正的作为经济主体的集体经济却非常薄弱，除了个别地方一直保持着传统集体经济以外，其他各级农村经济集体的实力都很弱，有些村庄基本上没有什么集体产业。农村集体经济本身就是一种合作经济，是与社会化大生产相适应的一种形式。对于有条件的地区，应该支持和鼓励其壮大集体经济。

第二，盘活集体资产。农村集体资产有多种表现形式，有些已经属于农村集体资产或者资本范畴，如农村的集体企业、集体经营的合作社等新型经营组织的集体资产和资本。要充分实现这一部分资产的增值保值，让其为农村带来利润和分成，对其进行科学的管理。另一部分是还没有变为资本或资产的农村集体资源和财产，对于这一部分集体资产需要进行产权制度改革，使其通过各种形式的合作变为资产或资本，将其纳入农村资本运营范围并实现增值，同时完成集体资产使用、收益、处置等权能的完善和改革收益分配制度，确保集体资产占有、分配等方面的公平性，杜绝资产被少数人所控制和占有的现象。

3. 小农户支持政策

第一，注重小农户与新型经营主体的衔接。小农户生产会在很长一段时期内依然占据中国农村生产的主流，不可能被骤然消除，这就需要现代经营主体和农村集体经济与其衔接。脱离了农户的现代经营主体意义不大，新型经济主体采取与农户生产相结合的联合方式才能带动农村的发展，要依据其带动农户的数量和力度进行扶持，同时，拓展两者之间的合作方式，实现多种类、多层次、多环节的链接。

第二，增强个体农户抵御风险的能力。分散的小农户不仅在化解自然风险方面能力有限，而且也缺乏化解市场风险的能力。需要提升其组织化程度，一方面，鼓励其与新型经营主体和集体经济建立契约型、股权型利益链接，提升其专业化生产能力。另一方面，需要健全社会服务体系，壮大中介服务机构，为其提供生产和经营服务，帮助农户维权、保护农户利益。当然，相对全面的保险体系也是需要的。

（二）产业布局与融合政策

1. 培育新业态，探索新机制

第一，培育和引入新业态。互联网时代，新业态层出不穷，而每一种新业态的出现都会成为新的经济增长点。对于农村而言，新业态表现在两个方面：一方面是在传统产业内部发现的适合自身发展的新行当，如引进新品种、新的特色养殖、新的特色种植，这些都需要组织农民出去学习、开发和挖掘；另一方面就是我们一般所说的新业态，区别于传统产业的新兴行业，如休闲农业、民俗、康养等这些新业态。需要把握社会潮流、抓住发展时机，依托于"互联网＋"推进和探索新业态。培育新业态，首先，要打开交流的大门，让农民走出去开阔视野；其次，要主动组织和策动农民去尝试新业态；最后，对于探索失败有兜底，有保障机制。

第二，建立和探索新机制。一是建立新业态的培育机制，实现包括事前引导和学习、事中服务和支持、事后保障和推广的完整的新业态培育机制。二是对于新业态提供全方位的优惠和支持政策，适应消费升级和完成农村的供给侧改革。三是探索自身自然资源的价值实现机制，农村到处是绿水青山，还有很多区域拥有特殊的自然资源，如旅游资源、文化资源等，如何利用这些资源发展新业态，使其变为金山银山？需要一种实现机制去引导各类主体参与开发，实现其经济价值。

2. 促进产业互动与融合

第一，促进城乡产业互动。城乡产业互动是城乡交换资源和要素的重要途径。鼓励城市工商业下乡，对于符合要求的下乡企业给予政策支持。资本下乡能够为农村带去资源和技术，使城乡产业之间实现交融。同时，也要鼓励农村企业和经济组织走出去，去城市挣钱、去国外挣钱，扩大市场范围，只有这样，农村产业才有希望，农村企业才可以参与全球竞争，才能为农村赢得未来。

第二，促进产业融合。农村一二三产业的融合是大势所趋，农业只有依托第二产业和第三产业的扶持才能实现现代化，脱离了第二产业和第三产业就不能实现农业现代化，同样，农村的第二产业和第三产业只有围绕农业来做，才会更有竞争力和生命力。两者需要结合、融合。三次产业融合，其中非农产业是关键，因此，应当大力鼓励农村非农产业发展。发展非农产业需要政府的扶持，如在投入、用地和税收等方面的优惠，更需要政府营造良好的营商环境，承认民营经济的重要地位，为他们提供更好的服务，而不是索、拿、卡、要和处处设置障碍。有意识地引导能够促进行业和企业在产业融合中发展。

四、保障层政策体系

城乡基础设施一体化政策包括交通物流、水利设施、互联网等方面的政策；社会保障政策包括城乡基本养老保险、医疗保险、社会救助等方面的政策。

（一）基础设施一体化相关政策

建立城乡一体的基础设施规划、建设与管护机制，做到统一规划布局、分级分类投入和提高市场化管护程度，努力实现城乡公共基础设施均等化。

1. 建立交通通信路线、水电气暖管网、垃圾污水处理网络、传媒网络、监控体系的城乡统一规划制度

在基础设施的规划方面，摒弃城乡之间分别规划的方式，要从区域内城市和农村整体出发进行设计规划，充分考虑区域内地形地貌、行政区划等特点，合理布局交通通信路线、水电气暖管网、垃圾污水处理网络、传媒网络、监控体系等基础设施。交通路网要实现联通和客运一体化，实现城乡之间、乡村之间有路可通、有车可乘，通信设施、信息网络要尽量向末端农村延伸，避免出现孤立的村庄和小镇；水、电、煤气、暖气管道和下水道系统要逐步向农村延伸，使农村居民在生活基础设施方面减少与城镇居民的差距；垃圾污水处理网络布局要因地制宜，不能仅着眼城市利益而不顾农村居民的需要，不能让农村成为城市的垃圾处理场，要着眼于城乡生态保护和可持续发展；广播电视等传媒网络设施要涵盖绝大部分农村地区；公共安全监控体系要城乡联网联控，"天网"建设要延伸到最后一公里。

2. 城乡基础设施建设分级分类投入

基础设施并不同于一般的消费品，它属于公共品，公共品不能单靠市

场来提供，需要构建分级分类投入机制：对于收益高于成本的公益性基础设施，如道路、水利、公共交通和邮政等设施，政府应当承担起主要建设者的责任，积极合理投入；对于农贸市场、垃圾污水处理等有一定经济收益的项目，在政府投入的同时要合理引入社会资本；对于电信、物流等营利性领域，则要以企业投入为主。

3. 建立城乡基础设施管护制度

一方面要明确基础设施管护责任方，落实管护、运行费用来源，避免有建无管，例如，公益性强的道路等设施由财政负责管护，经营性强的设施由产权所有者负责管护；另一方面要提高管护的市场化程度，积极引入企业进行专业化管理。

（二）社会保障与公共服务一体化政策

构建覆盖全民、城乡一体的多层次社会保障体系，包括居民基本养老保险制度、基本医疗保险制度、低保制度、特困人员救助和残疾人保障制度等，尤其要注意完善目前比较薄弱的农村社会保障体系建设；全面实现在医疗卫生服务、教育等方面的权益一致。

1. 城乡居民基本养老保险制度

中国农村在很长时期内都没有相应的养老保险体系，都是在靠"养儿防老"，后来慢慢有了一定的养老保险，但是和城市的养老制度差别还是很大，所以需要进一步加强制度建设。在制度建设方面，要把待遇确定和标准调整标准化、制度化。在完善基本养老保险制度的同时，探索适宜城市和农村的养老新模式，发挥家庭、社区和机构在养老方面的作用，构建涵盖基本养老保险、养老机构、老年医疗保健等在内的多层次"大养老保险制度"。

2. 城乡基本医疗保险制度和卫生服务制度

在医保方面，要做到城乡基本医疗保险制度统一化，在就医渠道、报销比例与范围等方面进行统一规定并实现联网结算，尤其是要明确并简化农村人口转向高级别医疗机构就医和异地就医时的手续和报销比例，防止出现两边踢球、反复开证、难以报销的局面而增加农村人口就医困难。同时，要完善城乡统一的大病保险制度，这方面要特别注意搞好农村重特大疾病救助工作，防止大病无钱可治、因病致贫的情况出现。在医疗卫生服务方面，需要特别加强农村医疗卫生服务体系建设，提高农村地区在计划生育、传染病、地方病、慢性病和精神卫生疾病防治等方面的服务水平，倡导建立城乡对口帮扶的医疗卫生服务机制，鼓励高层次医护人员以各种方式下乡坐诊。

3. 低保、特困人员救助与残疾人保障制度

对于因各种原因导致的贫困、特困人员和残疾人要特别关爱。低保制度要健全动态调整制度，防止冒领冒充；对特困人员施以必要的经济救助，有能力的扶助其逐渐自食其力；健全残疾人保障制度，进行统一的保障和扶持。

4. 建立城乡教育工作者交流制度

认清优质教育资源过度集中于城市的局面在短期内难以改变的事实，逐步向农村基础教育体系输血。探索建立城乡教育工作者交流制度，除了短期交流以外，有条件的地方可以实行县域内教师轮流在城、乡上岗的制度，让城市优秀教育人才流动起来为城乡共用，让农村从教人员有更多机会到城市中学习、提升。

第三节　城乡一体化重点政策突破口

本书主要是站在一般性角度讨论了整个城乡一体化的政策体系框架，而没有分地区、分类型探讨实施路径，这是因为，中国的农村千差万别，不同地区、不同类型的农村具有不同的特点，限于本书的研究设计体系，无法在这方面进行全面、系统的深入研究。从共性的角度来说，解决我国的城乡一体化问题的整个政策体系中也存在着一些比较重要的方面，这些方面是突破传统体制机制的关键所在，在这里进行了简单的讨论。

一、以农村土地制度改革为突破口

农村的土地制度是农村改革实现城乡一体化发展的关键突破口，农民

在很大程度上是依存于土地在生产生活的，而长期形成的中国农村独特土地制度成了制约农村现代化的关键桎梏。

（一）破除集体经营性建设用地进入市场的法律障碍

原来的土地管理法除乡镇企业破产兼并外，禁止农村集体经济组织以外的单位或者个人直接使用集体建设用地，只有将集体建设用地征收为国有土地后，该幅土地才可以出让给单位或者个人使用。这一规定使集体建设用地的价值不能显化，导致农村土地资源配置效率低下，农民的土地财产权益受到侵蚀。在城乡接合部，大量的集体建设用地违法进入市场，严重挑战法律的权威。应该允许通过出让、出租等方式交由集体经济组织以外的单位或者个人直接使用。同时，使用者取得集体经营性建设用地使用权后还可以转让、互换或者抵押。

（二）鼓励宅基地退出与整合

农村宅基地是农民安身立命之本。长期以来，宅基地"一户一宅"、无偿分配、面积法定、不得流转的法律规定，导致农村宅基地大量闲置浪费，农民宅基地的用益物权难落实。要建立自愿有偿退出宅基地、宅基地有偿使用、下放宅基地审批权限。鼓励进城落户的农民自愿有偿退出宅基地，提供各种鼓励和补偿措施，保障退出农民的利益，集体可以通过各种方式整合闲置的宅基地。

（三）促进土地制度多规合一

加快深化城乡土地政策制度改革，实施城乡统筹规划土地综合整治，切实创新城乡土地权利与政策制度，优化城乡土地生态环境，调整城乡土地利用结构并改善生产生活条件，实现有效节约集约利用城乡土地，真正实现"多规合一"的城乡一体化规划统筹协调可持续发展，与此同时，深化拓展相关配套政策措施改革，全面实现城乡一体化战略、保护耕地、维护生态环境、促进城乡社会经济协调可持续发展的目标。对田、水、路、林、村等城乡土地实施综合整治，加大城乡废弃地复垦力度，适度整治开发闲置未利用地，多渠道增加资金的投入，以积极加大力度推进基本农田整理，以城乡土地综合整治制度创新为突破口，从根本上转变城乡土地利用，加快城乡一体化统筹协调发展，创新改革城乡土地利用方式、结构，改变、改善生产、生活条件，达到公共、共有、共享、共进，探索深化城乡土地政策制度的改革创新的新途径。

二、以农村产业融合政策为核心

农村产业兴旺是城乡一体化发展和乡村振兴的核心，农村产业融合是促进农村产业发展的重要途径。

（一）提供农村产业融合用地保障

农村产业融合需要用地的保障，涉及面广，要确保政策能够解决具体问题，能够对农村新产业新业态融合发展发挥促进作用。可以在充分尊重农民意愿的前提下，根据地方自然资源禀赋、农村产业项目用地需求等，选择若干个乡镇、村庄（包括行政村、自然村）为单元，编制全域土地综合整治规划或郊野单元规划，作为国土空间规划的组成部分，通过城乡建设用地增减挂钩等政策，在规划确定的乡镇、村庄之间，实行村村挂钩、村镇挂钩，在更大的程度上，对农村宅基地、产业用地、公益事业和公共设施用地等的布局和规模进行调整优化。

（二）提升农业加工型产业

农业加工型是指利用工业工程技术、装备、设施等改造传统农业，采用机械化、自动化、智能化的管理方式发展高效农业、加工农业、植物工厂等建设项目。引导加工企业向园区集中，突出企业创新的主体地位，加快科技成果的转化和推广。引导企业发展低碳、低耗、循环、高效加工，形成一个绿色加工体系。

（三）发展农旅融合型产业

农旅融合型是指农业与服务业相互渗透，发展种植养殖业的同时利用农业农村景观和生产活动，全方位开发农业观光、休闲、度假、康养、教育等建设项目。重视第二产业和第三产业之间的衔接，发展"接二连三型"项目，即包括农业加工业向三产拓展的旅游业项目，以生产过程、建筑风貌、产品展示为主要参观内容开发的体验项目，以及以三产文化创意活动带动农产品加工的建设项目。近年来，我国休闲农业和乡村旅游蓬勃发展，成为天然的农村产业融合主体。需要实施休闲农业和乡村旅游精品工程，开展休闲农业和乡村旅游升级行动，促进乡村旅游产品质量、硬件设施建设的升级，软件管理服务的升级，文化内涵的升级，环境卫生的升级，人员素质技能的升级，真正打造一批生态优、环境美、产业强、农民富、机制好的休闲农业和乡村旅游精品。

（四）搭建服务平台

推进多种类型服务的平台建设，通过政府购买服务等方式为企业提供公共服务；加快制修订一批行业标准以规范行业管理；完善统计制度和调查方法，开展行业运行监测分析，指导和推动农村产业融合有序发展；加强与金融投资的合作，加大信贷支持力度。

三、以城乡互动政策为驱动力

促进城乡互动是新型城镇化的重要内容，也是以工助农、城市支持农村促进城乡一体化的重要途径和驱动力。

（一）充分利用新科技

数字经济、互联网等新技术的应用是城乡互动的催化剂。互联网、大数据等现代信息技术具有开放性、共享性、互动性，不仅可以改造传统农业，促进农业生产精准化、组织紧密化和质量监督全程化，而且可以打破城乡之间时空、地域限制，在和农业、农村结合过程中，产生新业态和新模式，为城市资金、人才等先进生产要素下乡开辟更广阔的空间，为区域发展带来新动力。近几年，互联网在农村农业的应用逐渐广泛，尤其是农村电商异军突起，电商交易额迅速增长，要加快农村技术扩散，充分利用新技术的作用，促进城乡互动。

（二）促进城乡产业互动

不能把工业与农业分割开来，更不能把推进新农村建设与推进工业化对立起来，而是要使第二产业和第三产业与农业更加紧密地联系起来，实现城乡产业互动，运用城市工业改造传统农业，鼓励农村机械化，提升农业生产力水平，使传统农业逐步变为现代化农业；为农产品提供广阔的转化加工机会，使农业产业链不断延伸，附加值不断增加，比较效益不断提高；为农村第三产业的发展提供更多机遇，使农村的商贸流通、观光旅游、服务业得到更好的发展。这就要求我们要跳出"就农业抓农业、就农村抓农村"的传统理念，把乡村振兴放在新型城镇化过程中去。

（三）促进资本下乡

实现乡村振兴，要推动城乡一体化发展，这离不开社会资本、各方人财物投入的支持和拉动。当下，广袤田野已成为创业兴业的沃土，应该使更多工商资本到乡村投资兴业，发挥资金、技术、管理、品牌等方面的优势，完善利益联结机制，带动农民一起干、一起赚，形成产业链优势互补、分工合作的格局。资本下乡要及时规范，规范土地流转市场，保护好农民合法权益，对下乡资本设置严格准入条件，避免投资者打着振兴乡村的旗号损害农民的利益。对于投资项目的合理性、可行性，相关部门要精准评估、及时提醒，未雨绸缪做好风险防范和预警，避免农村沦为新一轮资本的围猎场。

四、以农民工市民化政策为依托

农民工市民化同样是新型城镇化的重要内容，但是，它更是促进城乡健康发展和推进城乡一体化的重要依托和保障。

（一）完善农民工就业创业服务体系

开展农民工大培训，将农民工纳入终身职业培训体系，及时提供职业技能鉴定（考核）服务，对符合规定的农民工核发职业资格证书、职业技能等级证书、专项职业能力证书。利用专场招聘会、送岗位下乡、进园入企、劳务协作、网络发布等方式，实现"线上＋线下"搭建农民工共享就业信息对接平台，健全覆盖城乡劳动者的农民工就业创业公共服务体系。

（二）落实农民工权益维护制度

进一步加强保障农民工工资支付工作，全面排查解决欠薪隐患，及时受理和查处拖欠工资违法行为。推动农民工与城镇职工平等参加失业保险，并扩大异地就医联网医疗机构覆盖范围，方便农民工异地就医。完善安全生产责任制，严格执行高危行业从业人员和特种作业人员安全技能培训合格后上岗制度。

（三）设立"农民工服务绿色通道"

设立"农民工服务绿色通道"，为广大农民工优先办理各类证件。开通异地办理身份证业务，方便农民工在务工地办证。畅通子女就学绿色通道，确保农民工随迁子女接受义务教育后，在流入地顺利参加中考，做好农民工随迁子女高考工作。强化农民工外出务工往返的交通便捷服务。

（四）促进农民工社会融合

深入开展"民主管理进民企"活动，指导民营企业健全以职工代表大会为基本形式的企业民主管理制度。要保障农民工依法享有民主政治权利，重视从农民工中发展党员，加强农民工中的党组织建设和管理服务。积极推荐优秀农民工作为各级党代会、人大、政协的代表、委员，在评选劳动模范、先进工作者和报考公务员等方面与城镇职工同等对待。把农民工纳入城市公共文化服务体系范畴，推进公共图书馆等文化场馆向农民工免费开放。

参考文献

［1］埃比尼泽·霍华德．明日——真正改革的和平之路［M］.包志禹，卢健松，吴家琦，译．北京：中国建筑工业出版社，2020.

［2］安虎森，吴浩波．我国城乡结构调整和城镇化关系研究——一种新经济地理学的视角［J］.中国地质大学学报（社会科学版），2013（7）：85－89＋140.

［3］安虎森．空间经济学的一些理论问题［J］.河北经贸大学学报，2021（1）：71－78＋89.

［4］白永秀，王颂吉．城乡一体化发展的实质及实现路径［J］.复旦学报，2013（4）：149－171.

［5］白永秀，岳利萍．陕西城乡一体化水平判断与城乡协调发展对策研究［J］.西北工业大学学报，2006（6）：39－44.

［6］伯克．二元社会的经济学和经济政策［M］∥王大伟.城乡关系视角下的农村土地制度变迁绩效．北京：商务印书馆，2012.

［7］蔡昉．农村剩余劳动力流动的制度性障碍分析［J］.经济学动态，2005（1）：35－39.

［8］曹飞．城乡统筹进程中的要素整合机制研究［J］.贵州社会科学，2013（3）：76－80.

［9］常野．要素流动对城乡发展一体化的影响研究——以江苏省为例［D］.西安：西北大学，2015.

［10］陈斌开，张鹏飞，杨汝岱．政府教育投入、人力资本投资与中国城乡收入差距［J］.管理世界，2010（1）：36－43.

［11］陈光普．中国农村劳动力流动对缩小城乡收入的实证研究——基

于全国30个省级面板数据［J］. 山东财政学院学报，2014（3）：102－111.

［12］陈磊，胡立君，何芳. 要素流动、市场一体化与经济发展——基于中国省级面板数据的实证研究［J］. 经济问题探索，2019（12）：56－69.

［13］陈柳钦. 农村产业结构调整的内涵、特点及应采取对策［J］. 求实，2003（8）：56－58.

［14］成新华. 我国农业产业体系存在的问题与重建对策［J］. 生产力研究，2001（6）：97－99＋115.

［15］崔垚，杨剩富，张鹏，余德. 城乡融合背景下建设用地一体化定级方法研究［J］. 中国土地科学，2021（4）：35－43.

［16］丁凯. 以技术变革推动城乡融合发展［J］. 人民论坛·学术前沿，2021（2）：43－51.

［17］丁志国，赵晶，赵宣凯，吕长征. 我国收入城乡差距的库兹涅茨效应识别与农村金融政策应对路径选择［J］. 金融研究，2011（7）：142－151.

［18］杜能. 孤立国同农业和国民经济的关系［M］. 吴衡康，译. 北京：商务印书馆，1986.

［19］樊纲. "三农"问题的根本出路在于非农产业化［J］. 农村经济与科技，2003（2）：12－13.

［20］范垚，杨庆媛，张瑞颀，匡垚瑶. 基于城乡统筹发展的农村土地综合整治绩效研究——以重庆市典型项目区为例［J］. 中国土地科学，2016（11）：68－77.

［21］方辉振. 城乡一体化的核心机制——以苏州市城乡一体化发展综合配套改革试点为例［J］. 中共中央党校学报，2010（10）：47－51.

［22］冯雷. 中国城乡一体化的理论与实践［J］. 中国农村经济，1999（1）：69－72.

［23］付娜. 发达国家城乡一体化经验对中国进一步城乡统筹发展的启示研究［J］. 世界农业，2014（8）：47－53.

［24］高帆. 农业劳动生产率提高的国际经验与中国的选择［J］. 复旦学报（社会科学版），2015（1）：116－124.

［25］高耿子．从二元分割到城乡融合发展新思路——中国农村经济高质量发展研究［J］．现代经济探讨，2020（1）：108－116.

［26］郜亮亮．中国种植类家庭农场的土地形成及使用特征［J］．管理世界，2020（4）：181－195.

［27］龚斌磊．投入要素与生产率对中国农业增长的贡献研究［J］．农业技术经济，2018（6）：4－18.

［28］顾益康．城乡一体化评估指标体系研究［J］．浙江社会科学，2004（11）：95－99.

［29］郭朝先．大力推进制造业和服务业融合发展［J］．中国国情国力，2019（7）：26－29.

［30］郭海红，刘新民，刘录敬．中国城乡融合发展的区域差距及动态演化［J］．经济问题探索，2020（10）：1－14.

［31］郭芸芸，胡冰川，方子恒．2019中国新型农业经营主体发展分析报告（1）［N］．农民日报，2019－02－22（7）.

［32］国家发展改革委宏观院和农经司课题组．推进我国农村一二三产业融合发展问题研究［J］．经济研究参考，2016（4）：3－28.

［33］国务院全国工业普查领导小组办公室．中国工业经济统计资料（1986）［M］．北京：中国统计出版社，1987：117，181.

［34］何仁伟．城乡融合与乡村振兴：理论探讨，机理阐释与实现路径［J］．地理研究，2018（11）：2127－2140.

［35］洪银兴，陈雯．城市化和城乡一体化［J］．经济理论与经济管理，2003（4）：5－11.

［36］胡金林．我国城乡一体化发展的动力机制研究［J］．农村经济，2009（12）：30－33.

［37］胡世明．工业反哺农业，城市支持农村的社会经济分析［J］．农村经济，2007（2）：6－9.

［38］黄桂婵，胡卫东．我国传统城镇化的特征与新型城镇化的路径探讨［J］．农业现代化研究，2013（6）：672－675.

［39］黄燕芬，张超．"十四五"期间健全城乡融合发展机制研究［J］．中国人口科学，2021（1）：12－22，126.

［40］姜长云. 推进农村一二三产业融合发展的路径和着力点［J］. 中州学刊，2016（5）：43－49.

［41］姜作培. 资源配置：城乡统筹发展的关键［J］. 福建论坛（人文社会科学版），2005（2）：23－28.

［42］蒋贵凰. 城乡统筹视域下乡村内部动力机制的形成［J］. 农业经济，2009（1）：50－52.

［43］蒋和平，郭超然，蒋黎. 乡村振兴背景下我国农业产业的发展思路与政策建议［J］. 农业经济与管理，2020（1）：5－14.

［44］蒋志勇. 城市化，城镇化和城乡一体化的演进与发展关系研究——基于新兴古典经济学分工和城市化理论的分析［J］. 城市发展研究，2015，22（1）：1－3＋8.

［45］金成武. 中国城乡融合发展与理论融合——兼谈当代发展经济学理论的批判借鉴［J］. 经济研究，2019（8）：183－197.

［46］金三林，曹丹丘，林晓莉. 从城乡二元到城乡融合——新中国成立70年来城乡关系的演进及启示［J］. 经济纵横，2019（8）：13－19.

［47］李爱民. 我国城乡融合发展的进程、问题与路径［J］. 宏观经济管理，2019（2）：35－42.

［48］李红霞. 城乡之间生产要素流动优化配置与城乡统筹发展——以重庆市为研究对象［J］. 商业经济研究，2016（3）：206－207.

［49］李梦其，高伟. Desakota 理论对珠三角城市化进程研究的影响及启示［J］. 南方建筑，2011（4）：94－95.

［50］李实，朱梦冰. 中国经济转型40年中居民收入差距的变动［J］. 管理世界，2018（12）：19－28.

［51］李同升，库向阳. 城乡一体化发展的动力机制及其演变分析——以宝鸡市为例［J］. 西北大学学报（自然科学版），2000（3）：256－260.

［52］李文宇. 城乡分割会走向城乡融合吗——基于空间经济学的理论和实证分析［J］. 财经科学，2015（6）：71－83.

［53］李鑫，马晓冬，Khuong Manh－ha，祝金燕. 城乡融合导向下乡村发展动力机制［J］. 自然资源学报，2020（8）：1926－1939.

［54］李岳云．城乡一体化的框架体系与基本思路［J］．江苏农村经济，2010（2）：32－34.

［55］李长坡，李青雨．半城市化地区城乡一体化动力机制与发展模式研究——以许昌市城乡一体化推进区为例［J］．安徽农业科学，2010（17）：9067－9069＋9323.

［56］李志杰．我国城乡一体化评价设计及实证分析［J］．经济与管理研究，2009（12）：95－101.

［57］李志强．城乡融合演进历程的乡村振兴：阶段特征，动力逻辑与发展导向［J］．贵州社会科学，2020（9）：162－168.

［58］梁书民．新技术变革下的我国城乡融合发展前瞻［J］．人民论坛·学术前沿，2021（7）：126－134.

［59］林毅夫.90年代中国农村改革的主要问题与展望［J］．管理世界，1994（3）：139－144.

［60］林毅夫．深化农村体制改革，加速农村劳动力转移［J］．中国行政管理，2003（11）：20－22.

［61］刘春芳，张志英．从城乡一体化到城乡融合：新型城乡关系的思考［J］．地理科学，2018（10）：1624－1633.

［62］刘国斌，韩世博．新型城镇化与城乡一体化协调发展实证研究［J］．黑龙江社会科学，2016（3）：57－63.

［63］刘军辉，张古．户籍制度改革对农村劳动力流动影响模拟研究——基于新经济地理学视角［J］．财经研究，2016（10）：80－93.

［64］刘明辉，卢飞．城乡要素错配与城乡融合发展——基于中国省级面板数据的实证研究［J］．农村技术经济，2019（2）：33－46.

［65］刘瑞强．城乡一体化的动力机制构建与发展策略研究［J］．生产力研究，2018（1）：60－63＋88.

［66］刘守英．中国城乡二元土地制度的特征，问题与改革［J］．国际经济评论，2014（3）：9－25＋4.

［67］刘维奇，韩媛媛．城镇化，非农技术与农业技术变迁——基于SVAR模型的研究［J］．科学学研究，2014（2）：211－217.

［68］刘伟．建国后党的城乡政策调整与城乡二元结构的形成［J］．中

国延安干部学院学报，2009（2）：101－105.

［69］刘卫柏，李中．基于统筹城乡发展视角的农业科技创新研究［J］.科学管理研究，2011（8）：46－48.

［70］刘彦随，严镔，王艳飞．新时期中国城乡发展的主要问题与转型对策［J］.经济地理，2016（7）：1－8.

［71］刘永强，苏昌贵，龙花楼，侯学钢．城乡一体化发展背景下中国农村土地管理制度创新研究［J］.经济地理，2013（10）：138－144.

［72］刘玉，冯健．城乡结合部农业地域功能实现程度及变化趋势——以北京为例［J］.地理研究，2017（4）：673－683.

［73］刘震，徐国亮．新型城镇化中的城市反哺农村［J］.甘肃社会科学，2017（6）：182－186.

［74］龙启蒙等．城乡一体化的资本困境与突破路径——基于西方马克思主义资本三循环理论的思考［J］.中国农村经，2016（9）：2－15.

［75］龙玉国．中美农业科技资金投入比较及对策［J］.湖南省社会主义学院学报，2008（5）：75－77.

［76］罗楚亮，李实，岳希明．中国居民收入差距变动分析（2013—2018）［J］.中国社会科学，2021（1）：33－54，204－205.

［77］马永欢，张丽君，徐卫华．科学理解新型城镇化推进城乡一体化发展［J］.城市发展研究，2013（7）：98－103.

［78］毛泽东．毛泽东选集（第四卷）［M］.北京：人民出版社，1991：1427.

［79］牛飞."两条腿"并行发展下的新型城镇化建设［J］.人民论坛，2020（Z2）：92－93.

［80］彭小辉，史清华."卢卡斯之谜"与中国城乡资本流动［J］.经济与管理研究，2012（3）：65－72.

［81］皮亚彬．区域一体化对社会福利改善的异质效应研究［J］.现代财经（天津财经大学学报），2016（8）：3－14.

［82］齐成喜，陈柳钦．农业产业化经营的金融支持体系研究［J］.农业经济问题，2005（8）：43－46.

［83］盛开．以城乡融合发展推动乡村振兴战略［J］.调研世界，2018

（6）：62 – 65.

［84］石培基，李得发，李巍，王录仓．城乡一体化导向的村庄整治与布局规划［J］．中国人口·资源与环境，2013（4）：147 – 152.

［85］史丹，李晓华，李鹏飞，邓洲，渠慎宁．"十四五"时期我国工业的重要作用，战略任务与重点领域［J］．机械工业标准化与质量，2021（1）：32 – 35.

［86］宋建，王静．人口迁移，户籍城市化与城乡收入差距的动态收敛性分析——来自262个地级市的证据［J］．人口学刊，2018（5）：86 – 99.

［87］苏毅清，游玉婷，王志刚．农村一二三产业融合发展：理论探讨，现状分析与对策建议［J］．中国软科学，2016（8）：17 – 28.

［88］孙文凯，白重恩，谢沛初．户籍制度改革对中国农村劳动力流动的影响［J］．经济研究，2011（1）：28 – 41.

［89］谭策天，何文．户籍歧视，城市体系与城市化——基于新经济地理学视角的理论和实证研究［J］．南开经济研究，2019（1）：46 – 65.

［90］唐颂，黄亮雄．新经济地理学视角下的劳动力转移机制及其实证分析［J］．产业经济研究，2013（2）：1 – 9，84.

［91］王彩红．城乡一体化的动力机制分析与路径选择［J］．吉林农业，2011（7）：280 – 281.

［92］王大伟．加快推进国家城乡融合发展试验区改革探索［J］．广西城镇建设，2021（5）：2 – 9.

［93］王恩涌．文化地理学导论［M］．北京：高等教育出版社，1989：317.

［94］王丽艳，杨楠，王振坡．土地产权制度、户籍制度与城乡统筹发展研究［J］．农村经济，2017（7）：41 – 50.

［95］王茂林．以新型城镇化统领城乡一体新发展［J］．学习与实践，2014（1）：5 – 8.

［96］王鹏．中国产业结构演变与城镇化协调发展研究［D］．长春：吉林大学，2017.

［97］王其藩．系统动力学［M］．北京：清华大学出版社，1987.

［98］王桥，毛锋．运用系统动态学方法研究区域可持续发展问题的一

些探讨［J］. 地理科学，1998（6）：574－580.

［99］王水平. 农产品商品化设备使用率调查研究［J］. 中国农业资源与区划，2021（6）：1－10.

［100］魏后凯. 新常态下中国城乡一体化格局及推进战略［J］. 江苏农村经济，2016（1）：2－16.

［101］翁计传，闫小培. 中山市农村就地城市化特征和动力机制研究［J］. 世界地理研究，2011（2）：76－83.

［102］吴伟年. 城乡一体化的动力机制与对策思路——以浙江省金华市为例［J］. 世界地理研究，2002（4）：46－53.

［103］吴向伟. 转变农业发展方式的内涵与途径［J］. 经济纵横，2008（2）：23－27.

［104］吴燕，李红波. 大都市城乡融合区空间演进及内在关联性测度——基于武汉市夜间灯光数据［J］. 地理科学进展，2020（1）：13－23.

［105］武小龙. 英国乡村振兴的政策框架与实践逻辑［J］. 华南农业大学学报（社会科学版），2020（6）：23－33.

［106］奚建武. 新型城镇化：对过往城镇化的解构与超越［J］. 理论视野，2014（6）：35－40.

［107］项继权，周长友. "新三农"问题的演变与政策选择［J］. 中国农村经济，2017（10）：13－25.

［108］谢燮，杨开忠. 交通成本，劳动力流动与区域经济差异：新经济地理学透视［M］. 长春：吉林出版集团股份公司，2016：26.

［109］解安，朱慧勇. 新型城镇化：内涵式城镇化发展之路［J］. 中国党政干部论坛，2013（12）：97－98.

［110］解安. 三产融合：构建中国现代农业经济体系的有效路径［J］. 河北学刊，2018（2）：124－128.

［111］徐美银. 乡村振兴战略的科学内涵——动力机制与实现路径研究［J］. 农业经济，2019（12）：3－5.

［112］徐玮，谢文君. 国外城乡发展经验对我国中部地区城乡统筹的启示——从生产要素流动性角度分析［J］. 江西社会科学，2011（7）：250－254.

[113] 许彩玲，李建建．城乡融合发展的科学内涵与实现路径——基于马克思主义城乡关系理论的思考 [J]．经济学家，2019 (1)：96 - 103.

[114] 薛德升，陈文娟，侯启章．"乡村城市化"和"城乡一体化"等几个概念的辨析 [J]．城市问题，1998 (1)：14 - 16.

[115] 亚当·斯密．国富论 [M]．杨敬年，译．西安：陕西人民出版社，1999.

[116] 杨荣南．城乡一体化及其评价指标体系初探 [J]．城市研究，1997 (2)：22 - 23.

[117] 杨小凯．杨小凯谈经济 [M]．北京：中国社会科学出版社，2004：124 - 125.

[118] 杨志恒．城乡融合发展的理论溯源、内涵与机制分析 [J]．地理与地理信息科学，2019 (4)：111 - 116.

[119] 袁方成，宋江帆．中部县域城乡统筹发展的动力机制与实践模式——以 X 县为表述对象 [J]．湖北行政学院学报，2012 (5)：49 - 51.

[120] 袁中许．新型城镇化与城乡一体化的内在关系 [J]．社会科学研究，2018 (4)：19 - 24.

[121] 约翰·斯顿．人文地理学词典 [M]．北京：商务印书馆，2004，769.

[122] 约翰·伊特韦尔，默里·米尔盖特，彼得·纽曼．新帕尔格雷夫经济学大词典（第一卷）[M]．北京：经济科学出版社，1996：10000.

[123] 中共中央马克思恩格斯列宁斯大林著作编译局．马克思恩格斯全集（第三卷）[M]．北京：人民出版社，1956：57.

[124] 中共中央马克思恩格斯列宁斯大林著作编译局．马克思恩格斯全集（第三卷）[M]．北京：人民出版社，1960：24 - 25.

[125] 中共中央马克思恩格斯列宁斯大林著作编译局．马克思恩格斯文集（第九卷）[M]．北京：人民出版社，2009：21.

[126] 中共中央马克思恩格斯列宁斯大林著作编译局．马克思恩格斯选集（第一卷）[M]．北京：人民出版社，2012：104 - 105.

[127] 中共中央马克思恩格斯列宁斯大林著作编译局．列宁全集（第四卷）[M]．北京：人民出版社，1990：136.

［128］中共中央马克思恩格斯列宁斯大林著作编译局．列宁全集（第4卷）［M］．北京：人民出版社，1990：136.

［129］中共中央马克思恩格斯列宁斯大林著作编译局．斯大林：苏联社会主义经济问题［M］．北京：人民出版社，1985：23.

［130］中共中央马克思恩格斯列宁斯大林著作编译局．邓小平文选（第一卷）［M］.北京：人民出版社，1994：326.

［131］中共中央文献编辑委员会．邓小平文选（第三卷）［M］．北京：人民出版社，1994：326.

［132］曾福生，吴雄周，刘辉．城论我国目前城乡统筹发展的实现形式［J］.农业现代化研究，2010（1）：19 – 23.

［133］张登国．我国城乡一体化的动力体系研究［J］．乡镇经济，2009（11）：91 – 94.

［134］张东辉．经济机制理论：回顾与发展［J］．福建论坛·经济社会版，2003（8）：2 – 6.

［135］张果，曾永明，王群，刘宗鑫．统筹城乡可持续发展动力机制研究——以宜宾市南溪区为例［J］．四川师范大学学报（自然科学版），2014（2）：259 – 267.

［136］张果，任平，周介铭，何景熙．城乡一体化发展的动力机制研究——以成都市为例［J］．地域研究与开发，2007（6）：33 – 36 + 42.

［137］张海鹏．中国城乡关系演变70年：从分割到融合［J］．中国农村经济，2019（3）：2 – 18.

［138］张泓，柳秋红，肖怡然．基于要素流动的城乡一体化协调发展新思路［J］．经济体制改革，2007（6）：100 – 103.

［139］张来武．创新驱动城乡一体化发展的理论思考与实践探索［J］．中国软科学，2015（4）：1 – 7.

［140］张莉，陆玉麒．"点—轴系统"的空间分析方法研究：以长江三角洲为例［J］．地理学报，2010（12）：534 – 1537.

［141］张沛，张中华，孙海军．城乡一体化研究的国际进展及典型国家发展经验［J］．国际城市规划，2014（1）：42 – 49.

［142］张雅光．第二次世界大战后日本城乡一体化发展对策研究［J］.

世界农业，2018（1）：78 - 83.

［143］张永岳，陈承明．论城乡一体化的理论与实践——兼论中国特色城乡一体化的联动机制［J］．毛泽东邓小平理论研究，2011（3）：16 - 20.

［144］张志新，杨琬琨，何双良．农村劳动力流动对城乡收入差距的影响——基于山东省 17 地市的面板数据分析［J］．华东经济管理，2018（5）：27 - 31.

［145］赵德起，陈娜．中国城乡融合发展水平测度研究［J］．经济问题探索，2019（12）：1 - 28.

［146］赵康杰，景普秋．要素流动对中国城乡经济一体化发展的非线性效应研究——基于省域面板数据的实证检验［J］．经济问题探索，2019（10）：1 - 12.

［147］周加来．城市化·城镇化·农村城市化·城乡一体化——城市化概念辨析［J］．中国农村经济，2001（5）：40 - 44.

［148］周佳宁，毕雪昊，邹伟．"流空间"视域下淮海经济区城乡融合发展驱动机制［J］．自然资源学报，2020，35（8）：1881 - 1896.

［149］周佳宁，秦富仓，刘佳，朱高立，邹伟．多维视域下中国城乡融合水平测度，时空演变与影响机制［J］．中国人口·资源与环境，2019（9）：166 - 176.

［150］周江燕，白永秀．中国城乡发展一体化水平的时序变化与地区差异分析［J］．中国工业经济，2014（12）：43 - 50.

［151］周一星．"desaote"一词的由来和涵义［J］．城市问题，1993（10）：13.

［152］周月书，王悦雯．我国城乡资本流动研究：1981 - 2012——基于城乡资本边际生产率的分析［J］．江淮论坛，2015（1）：41 - 47.

［153］周振，伍振军，孔祥智．中国农村资金净流出的机理，规模与趋势：1978 ~ 2012 年［J］．管理世界，2015（1）：63 - 74.

［154］朱德云，高焱域．地方财政支出结构对城乡居民收入差距的影响研究——基于包含虚拟变量的省级面板数据的实证研究［J］．财政科学，2020（9）：98 - 113.

［155］朱颖. 城乡一体化评价指标体系研究［J］. 农村经济与科技，2008（7）：51－56.

［156］朱志萍. 城乡二元结构的制度变迁与城乡一体化［J］. 软科学，2008（6）：104－108.

［157］邹军，刘晓磊. 城乡一体化理论研究框架［J］. 城市规划，1997（1）：14－15.

［158］Aylor P. J. ，Derudder B. World city network：A global urban analysis［J］. International Social Science Journal，2007，31（4）：641－642.

［159］Boudeville J. R. Problems of regional economic planning［M］. Edinburgh：Edinburgh University Press，1966.

［160］Castells M. The informational city：Information technology，economic restructuring and the urban-regional progress［M］. Oxford UK & Cambridge USA：Blackwell，1989.

［161］Castele E. N. ，Wu J. J. ，Weber B A. Place orientation and rural-urban interdependence［J］. Applied Economic Perspectives and Policy，2011，33（2）：179－204.

［162］Douglass M. A regional network strategy for reciprocal rural-urban linkages［J］. An Agenda for Policy Research with Reference to Indonesia Third World Planning Review，1998a，20（1）.

［163］Fel C. H. ，Rains G. A. Theory of economics development［J］. American Economic Review，1961（9）：533－565.

［164］Francois. P. Economic space：Theory and applications［J］. The Quarterly Journal of Economics，1950，64（1）：89－104.

［165］Friedman J. R. A general theory of polarized development［M］// N. M. Hansen，eds. Growth Centers in Regional Economic Development. New York：The Free Press，1972.

［166］Friedman J. R. Regional development policy：A case study of Venezuela［M］. Cambridge：MIT Press，1966.

［167］Friedman J. R. ，Douglass M. Agropolitan development：Towards a new strategy for regional planning in Asia［M］. LosAngeles：University of California, 1975.

[168] Gustav R. , John C. H. , Fel. A Theory of economic development [J]. American Economic Review, 1961 (51): 533 – 565.

[169] Harris, J. R. and Todaro, M. P. Migration, unemployment and development: A two-sector analysis [J]. American Economic Review, 1970 (60): 126 – 142.

[170] Hirschman, A. O. The strategy of economic development [M]. Yale University Press, New Haven, 1958.

[171] Ibrahim, M. B. , Zulu, L. C. Development without intervention: A successful self-reliance initiative of rural development and urbgan growth in The Sudan [J]. Geographical Review, 2014, 104 (4).

[172] Itoh R. Economic development and non – monotonic spatial transitions [J]. Japanese Economic Review, 2010, 61 (2): 234 – 251.

[173] Jorgenson D. W. The deveiopment of a dual economy [J]. Economic Journal, 1961 (11): 309 – 334.

[174] Krugman P. Increasing returns and economic geography [J]. Journal of Political Economy, 1991, 99 (3): 483 – 499.

[175] Kūle L. Urban-rural interactions in Latvian changing policy and practice context [J]. European Planning Studies, 2014, 22 (4): 758 – 774.

[176] Lewia W. A. Economic development with unlimited supply of labor [J]. The Manchester School of Economic and Social Studies, 1954 (5): 139 – 191.

[177] Lewis, W. A. Reflections on unlimited labor [M] // DiMarco, International Economics and Development, New York: Elsevier, 1972: 75 – 96.

[178] Liu Y. , Chen C. , Li Y. Differentiation regularity of urban-rural equalized development at prefecture-level city in China [J]. Journal of Geographical Sciences, 2015, 25 (9): 1075 – 1088.

[179] Liu Y. , Lu S. , Chen Y. Spatio-temporal change of urban-rural equalized development patterns in China and its driving factors [J]. Journal of Rural Studies, 2013, 32 (32): 320 – 330.

[180] Lynch K. Rural-urban interaction in the developing world [M].

London, New York: Routledge Press, 2005.

[181] Michael L. Why poor people stay poor: urban bias in world development [M]. Cambridge: Harvard University Press, 1977.

[182] Myrdal G. Economic theory and underdeveloped regions [M]. London: Duckworth, 1957.

[183] Myrdal. G. Rich Lands and poor: The road to the world prosperity [J]. Revue Économique, 1960, 11 (1): 146 – 147.

[184] Nishida K. Rural-urban interdependence, structural change, and development [J]. Economics Letters, 2016, 142 (May): 83 – 86.

[185] Ottaviano G. , Peri G. Rethinking the Effect of Immigration on Wages [J]. Journal of the European Economic Association, 2012, 10.

[186] Ottaviano G. Integration, geography and the burden of history [J]. Regional Science and Urban Economics, 1999: 29.

[187] P G. City development, a report to the carnegie dunfermline trust [M]. New Brunswick: Rutgers University Press, 1904.

[188] P K. Geography and trade [M]. Cambridge, MA: MIT Press, 1991.

[189] Pesaran, M. H. , Shin, Y. An autoregressive sistributed lag modelling approach to cointegration analysis [C]. S. Strom (Ed.). Econometrics and Economic Theory in the 20th Century the Ragnar Frisch Centennial Symposium. Cambridge: Cambridge University Press, 1999: 371 – 413.

[190] Rondineli D. A. Secondary cities in developing countries: Policies for diffusing urbanization [M]. Beverly Hills: Sage Publications, 1983.

[191] Samuelsin P. A. The transfer problem and transport costs II: Analysis of effects of trade impediments [J]. Economic Journal, 1954, 64: 264 – 289.

[192] Satterthwaite D. , Tacoli C. The urban part of rural development: The role of small and intermediate urban centres inrural and regional development and poverty reduction [R]. IIED Working Paper, 2003: 9.

[193] Stohr W. , Todtling F. Spatial equity: some antitheses to current regional development doctrine [A] //H. Folmer, J. Oosterhaven, Eds. Spatial Inequalities and Regional Development [C]. Leiden: Martinus Nijhoff, 1978.

［194］Tabuchi T. On interregional price differentials ［J］. The Japanese Economic Review, 2001, 52 (1): 104 – 115.

［195］Wang X. , Weaver N. Surplus labor and urbanization in China ［J］. Eurasian Economic Review, 2013 (3).

后　记

历经数年、数次修改，《生产要素流动视角下城乡一体化发展机制研究》终于成书。撰写此书这几年，是我人生发生重大转变的几年。为人母、为人师，言之乃至轻松、至平凡之事，行之却当真不易，胜任之则是难上加难。小儿啼哭时的手足无措、初登讲台时的惴惴不安、初遇生活与工作冲突时的心烦意乱……仿佛就在昨日。

然而，数年的困惑、"折磨"与汗水，在付梓带来的巨大喜悦之下，已然不值一提。此时，心中油然而生的，除了浓浓的喜悦之意，还有深深的自责与羞愧。此书的成书之途之所以如此漫长和充满波折，我难辞其咎。初为人母时，面对生活与工作，不知如何去协调二者，彷徨、徘徊，最后滋生懒惰；初为人师时，面对崭新的角色，不知如何才能胜任，好奇、不安，却又止步不前。学海无涯、天道酬勤，当时刻谨记。

付梓之际难以言表的，除了喜悦与自责，还有深深的感激之情：感谢深爱的爱人给予我的鼓励和包容，感谢可爱的宝宝们给予我的爱和动力，感谢慈爱的父母们给予我的关心与支持，感谢亲爱的同学、同事们给予我的启发与帮助……这里，还要特别感谢崔格格、卫文静、贺富斌、梁坤丽等课题组成员，感谢资助此书出版的山西省高等教育"1331工程"提质增效建设计划服务转型经济产业创新学科集群建设项目以及为此书出版而付出汗水的各位工作人员。

身居学园多年，未免对城乡发展之事难以深谙，著此书颇有隔靴搔痒之嫌。学术之途，路漫漫其修远兮，吾将上下而求索。

韩媛媛

2023 年 4 月